LES OPÉRATIONS LES PLUS EXTRAORDINAIRES DE LA SECONDE GUERRE MONDIALE

Du même auteur

Les Fous et leurs médecines, de la Renaissance au XXe siècle (en collaboration avec Pierre Morel), Hachette Littérature, 1979 ; Pluriel, 1985.

De par le Roy. Essai sur les lettres de cachet, Privat, 1981.

L'Histoire de France racontée par le jeu de l'oie (en collaboration avec Alain Girard), Balland, 1982.

Nouvelle histoire de la psychiatrie (codirection et corédaction), Privat, 1983 ; rééd. Dunod, 1994 et 2009.

Le Mal de Naples. Histoire de la syphilis, Seghers, 1986.

Histoire des maladies mentales (en collaboration avec Michel Collée), PUF, coll. « Que sais-je ? », 1987 et 1994.

La Bastille. Histoire vraie d'une prison légendaire, Robert Laffont, 1989 ; nouvelle édition entièrement revue sous le titre : *L'Histoire véritable de la Bastille*, Larousse, 2006 ; Tallandier, coll. « Texto », 2013.

Le Mont-Saint-Michel, Bordas, 1991.

Le Grand Livre du Mémorial, Éditions du Regard, 1992 et 2003.

1945. De la guerre à la paix en douze événements, Casterman/Mémorial, 1994.

Caen, 1940-1944, Éditions Ouest-France/Mémorial, 1994.

Bien manger en Normandie, Éditions Ouest-France, 1996.

La Seconde Guerre mondiale, Mémorial, 2003.

Robert Capa, l'œil du 6 juin 1944, Gallimard, coll. « Découvertes », 2003.

Jour J. La bataille de Normandie (DVD) (en collaboration avec Pascal Vannier), Mémorial/Éditions Montparnasse, 2004.

Larousse de la Seconde Guerre mondiale (direction et corédaction), Larousse, 2004 et 2007 ; rééd. 2015 (*39-45, histoire d'un monde en guerre*).

Femmes dans la guerre, 1939-1945, Larousse, 2004 et 2006.

Une ombre sur le Roi-Soleil. L'affaire des Poisons, Larousse, 2007 et 2010 ; Tallandier, coll. « Texto », 2015.

Dictionnaire de la guerre froide (direction et corédaction), Larousse, 2008.

Histoire de la folie, Tallandier, 2009 ; coll. « Texto », 2012.

Histoire de la Normandie (en collaboration avec Roger Jouet), OREP, 2009.

L'Impardonnable Défaite. 1918-1940, J.-C. Lattès, 2010 ; Perrin, coll. « Tempus », 2012.

3

Claude Quétel

LES OPÉRATIONS LES PLUS EXTRAORDINAIRES DE LA SECONDE GUERRE MONDIALE

PERRIN

12, avenue d'Italie
75013 Paris
Tél. : 01 44 16 09 00
Fax : 01 44 16 09 01

ISBN : 978-2-262-07436-4
Dépôt légal : août 2019

Mise en pages : Facompo, Rouen
Achevé d'imprimé par Normandie Roto Impression s.a.s. (1902965)

Introduction

De par sa durée, sa dimension planétaire, son caractère nouveau de guerre totale, la Seconde Guerre mondiale, plus que toute autre, s'est déclinée en une succession d'opérations innombrables, aux noms de code obscurs ou saugrenus. Il y en a eu des grandes et des petites (et des petites à l'intérieur de grandes), des réussies (*Overlord, Bagration*) et des ratées (*Wacht am Rhein, Market Garden*). Si l'on regarde de plus près, le débarquement du 6 juin 1944 en Normandie, dont on ne cesse de vanter la puissance des moyens mis en œuvre et l'extrême rigueur de la préparation, était quelque peu livré aux caprices de la météo. Et pour n'en rester qu'aux grands débarquements, notons qu'il était assez hasardeux de faire traverser l'Atlantique sans escorte à la flotte chargée de l'attaque du littoral marocain, lors de l'opération *Torch*, en novembre 1942.

On pourrait évoquer bien d'autres épisodes aberrants, comme l'invasion de la Grèce par l'Italie fasciste le 28 octobre 1940, sans logistique, sans liaisons ferroviaires et à la veille de la mauvaise saison sur des routes de montagne. Et que dire de la folle aventure de Pearl Harbor ? Mais ce ne sont pas ces grandes folies-là, au demeurant bien connues, que nous voulons raconter, pas plus que celle des bombardements stratégiques (30 000 civils tués à Dresde le 13 février 1945, en l'absence d'objectif militaire ou industriel) ou celle du feu nucléaire d'Hiroshima et de Nagasaki, œuvre d'apprentis sorciers qui a empoisonné l'histoire du second XXe siècle et qui oblitère aujourd'hui encore l'avenir de l'humanité.

La Seconde Guerre mondiale n'a toutefois pas été seulement une affaire de stratégies globales s'opposant à l'échelle de la planète sur terre, sur mer et dans les airs, de chocs d'armées se chiffrant par centaines de milliers, par millions d'hommes, de compétition de matériels et de logistique. Il y a eu place – petite, il est vrai – pour l'initiative et l'audace, l'invention et l'imagination à l'échelle humaine : opérations de commando, raids suicides, ruses de guerre...

Toutes ces opérations n'ont pas été couronnées de succès, loin de là, et leur caractère dominant, leur ressort, n'a pas été le même de l'une à l'autre. La typologie adoptée dans ce livre pourra d'ailleurs être discutée : l'audace d'abord (mais d'une certaine façon, tout a été audace), l'occasion, la guerre psychologique, l'imagination, la ruse, l'aberration de certaines opérations et la persévérance, pour ne pas dire l'obstination, d'autres.

Nous entendons dans ce livre comprendre le mot « opérations » dans son sens le plus large, celui d'actions, de missions n'ayant pas reçu forcément un nom de code. La « grande évasion » du Stalag Luft III n'a pas été une opération militaire, mais menée comme telle. La guerre psychologique qu'animent sur les ondes « le traître de Stuttgart », lord Haw Haw et Rose de Tokyo est une entreprise à long terme et non une opération ponctuelle. Hanna Reitsch au *Führerbunker* n'est pas une opération, mais une mission ô combien spéciale.

On regrettera au passage que certaines opérations tout à fait étonnantes ne figurent pas ici faute d'une documentation suffisante. Sait-on, par exemple, que le premier bombardement de Berlin fut français ? Le 8 juin 1940, un vieux bombardier quadrimoteur Farman 222 de l'aéronavale, le *Jules-Verne*, piloté par le capitaine de corvette Henri-Laurent Daillère et peint en noir pour la circonstance, bombarda Berlin de nuit après avoir survolé la Manche, la mer du Nord, puis coupé à travers le Danemark. Bombardement des plus modestes, symbolique même, mais surprise totale et… indignation du IIIe Reich qui parla d'« acte de piraterie » alors que ses armées avaient envahi la France depuis un mois.

Cette absence d'une documentation suffisante vaut d'ailleurs pour nombre d'exploits extraordinaires accomplis par la Résistance. On aurait aimé raconter l'histoire de « Dédée », surnom de guerre donné à Andrée De Jongh, une comtesse belge, cofondatrice à 25 ans du réseau d'exfiltration de pilotes alliés *Comète*. Mais c'est toute l'histoire de la Résistance qu'il aurait fallu faire ainsi, à commencer par celle des femmes, Marie-Madeleine Fourcade notamment, chef à 31 ans du réseau *Alliance*, lequel comptait à la fin de la guerre 3 000 membres, dont 760 femmes, en dépit de 438 exécutions. C'est finalement un autre sujet.

Le chemin ainsi balisé, voici 32 opérations de la Seconde Guerre mondiale, toutes plus incroyables les unes que les autres. À la guerre, qui est l'anormalité même, il est déjà insensé de courir sus à l'ennemi sous le feu de ses mitrailleuses, mais que dire alors des pilotes de chasse du *Sonderkommando Elbe* prétendant percuter l'empennage de queue des bombardiers alliés et s'en sortir vivants ! Et quoi de plus fou aussi que d'envisager très sérieusement d'empoisonner les pâtures du Reich avec le bacille du charbon ou encore de lâcher sur le Japon un million de chauves-souris incendiaires !

AUDACE

Le succès fut toujours un enfant de l'audace.

(Voltaire, *Catilina*)

Des biplans à l'assaut de la flotte italienne

Le 1er novembre 1940, dans le grand port militaire de Tarente, le Duce vient inspecter sa flotte, la Regia Marina. Il est fier, non sans raison, de sa marine de guerre, la cinquième du monde, qui aligne 6 cuirassés, 7 croiseurs lourds, 24 croiseurs, 60 torpilleurs et contre-torpilleurs, 113 sous-marins (le premier rang mondial du nombre d'unités pour ces derniers).

Toutefois, cette belle flotte fait illusion. Les navires de ligne, quoique modernes et rénovés, ne sont pas encore équipés de radars. Par ailleurs, l'Italie fasciste a fait l'impasse sur l'arme aéronavale, en partant du raisonnement simpliste que la Botte italienne et ses îles constituent autant de porte-avions incoulables. Le résultat est que l'aviation italienne, au demeurant insuffisamment dotée, est absente au-delà de 150 milles[1] des côtes. De toute façon, en ces premiers mois de l'année 1940, le porte-avions ne s'est pas encore imposé sur le théâtre des opérations. Pour l'heure, l'alpha et l'oméga de la guerre sur mer restent le duel classique entre navires de ligne.

1. Mille marin ou nautique = 1 852 mètres.

Encore leur faut-il du carburant en énormes quantités. Un cuirassé consomme la bagatelle de 12 tonnes de mazout par heure à vitesse modérée (18 nœuds[2]) et beaucoup plus à pleine vitesse (30 nœuds[3]). Le cuirassé *Bismarck*, orgueil de la Kriegsmarine, doit embarquer 8 600 tonnes de mazout avant chaque appareillage (17 % de son tonnage à pleine charge). Or l'Italie n'a pas de pétrole, ce qui ne fait qu'ajouter à l'extrême prudence de ses amiraux qui préfèrent laisser en sûreté leurs navires dans les ports.

Mais qu'importent à Mussolini ces considérations, si d'aventure elles l'assaillent. De son propre aveu, il ne connaît rien à la marine. Il a déclaré la guerre à la Grande-Bretagne et à la France le 10 juin 1940 en « volant au secours de la victoire » de son allié nazi, croyant la guerre déjà finie alors qu'elle ne faisait que commencer. Il vient d'ordonner l'invasion de la Grèce qu'il considère bien à tort comme une proie facile. À propos de la Méditerranée, il a repris à son compte la devise du *mare nostrum* de l'antique grandeur romaine et parle même de « faire sauter les barreaux de la prison italienne » que constituent Gibraltar et Alexandrie. C'est que le *mare nostrum* en question est plutôt celui des Britanniques, dont deux escadres se tiennent en effet à chaque extrémité. En dépit de la bataille vitale qui s'est engagée dans l'Atlantique, la Grande-Bretagne ne peut ni ne veut abandonner la Méditerranée. Il lui faut notamment garder le contrôle du canal de Suez. Elle entend aussi défendre la Grèce. Et puisque la flotte

2. 33,336 kilomètres par heure.
3. 55,56 kilomètres par heure.

italienne évite le combat en haute mer, il va falloir l'attaquer au gîte.

L'amiral Bergamini, qui commande à Tarente, a déclaré fièrement au Duce : « Que la flotte anglaise pointe donc le bout de son nez et elle sera bien reçue ! » La DCA a été considérablement renforcée et 87 ballons captifs arrimés pour interdire toute attaque aérienne en piqué. Cependant – toujours en ce mois de novembre 1940 –, une tempête vient de rompre les amarres des trois quarts des ballons, qui se sont envolés pour de bon. On a manqué d'hydrogène pour en gonfler de nouveaux. Les filets antitorpilles ne sont pas assez nombreux. Enfin, et surtout, il n'y a pas plus de radars sur le port que sur les navires.

La flotte d'Alexandrie que commande l'amiral Cunningham compte quatre cuirassés mais aussi deux porte-avions : le vieil *HMS Eagle* (un vieux cuirassé reconverti en 1924) et le tout nouveau *HMS Illustrious*, premier navire de sa classe. Jaugeant 27 950 tonneaux et filant 30,5 nœuds, il est puissamment blindé (ceinture, hangars et, grande innovation, le pont) et doté d'une artillerie DCA surdimensionnée (16 pièces de 114 mm et 48 de 40 mm). Sa capacité d'emport est modeste : 15 Fairey Fulmar, chasseurs d'escorte embarqués monoplans modernes mais peu rapides, et 18 Fairey Swordfish, des bombardiers torpilleurs qui donnent l'impression de retarder d'une guerre. Ce sont des biplans à l'empennage et au fuselage de bois entoilé, au cockpit ouvert et au train d'atterrissage non rentrant. Leur plafond est bas (3 260 mètres), leur vitesse ascensionnelle des plus médiocres (152 m/min) et leur vitesse maximum dérisoire (224 km/h)[4]. En revanche, ils ont les qualités de leurs défauts et se montrent très maniables et très stables, capables de décoller et d'apponter à très basse vitesse. Ils peuvent aussi voler très bas – jusqu'à 2 mètres au ras des flots, atout essentiel pour échapper à la DCA et lancer une torpille au plus près de sa cible. Leur équipage est formé d'un pilote, d'un navigateur torpilleur et d'un mitrailleur arrière. Les Swordfish (« espadon », en anglais) peuvent emporter 800 kilos d'à peu près n'importe quoi (une torpille, des bombes de poids divers, des mines, des grenades anti-sous-marines). Cette polyvalence leur a valu le surnom de *stringbags* (« filets à provisions »).

À l'automne 1940, l'amiral Cunningham a décidé de frapper un grand coup. Il avait d'abord choisi le 21 octobre, date anniversaire de la bataille de Trafalgar, mais des avaries subies sur le *HMS Illustrious* l'ont obligé à retarder son opération. Au dernier moment, c'est au tour du porte-avions *Eagle* d'être indisponible. Cinq de ses Swordfish sont alors transférés sur l'*Illustrious* et stationnés sur son pont d'envol.

Le 6 novembre, l'escadre d'Alexandrie prend la mer en assurant la couverture d'un convoi à destination de l'île de Malte, point névralgique dans le canal de Sicile, à mi-chemin sur la route des convois en Méditerranée. Le 11, Cunningham décide de lancer l'opération *Judgement* sur Tarente. « Les faisans sont dans le nid », lui a câblé le contre-amiral Lyster, chef de l'opération. C'est une

4. Par comparaison, le Spitfire qui se bat au même moment contre la Luftwaffe dans la bataille d'Angleterre a un plafond de 11 125 mètres, une vitesse ascensionnelle de 810 m/min et une vitesse maximum de 650 km/h.

grande première : jamais jusqu'alors, on n'a lancé une opération à partir d'un porte-avions, ce parent pauvre de la construction navale.

Dans les hangars et sur le pont d'envol de l'*Illustrious*, les mécanos et les armuriers s'activent. On arrime tant bien que mal sur les Swordfish des réservoirs d'essence supplémentaires à la place du mitrailleur de queue. Onze avions sont armés d'une torpille Mk XII de 760 kilos ; les dix autres emportent des bombes de 250 livres et des bombes éclairantes à parachute, car l'opération se fera de nuit. Deux vagues d'assaut sont prévues, dont l'ordre d'attaque est tiré au sort.

À 18 heures, ce 11 novembre, l'*Illustrious* se détache du convoi, escorté de croiseurs et de destroyers. Le porte-avions atteint son point de largage à 20 heures. La première « vague » (numériquement bien modeste) décolle à 20 h 35 et arrive au-dessus de son objectif quelques minutes avant 23 heures, se scindant en quatre sections de trois appareils. Loin d'être surprise, la DCA se déchaîne, zébrant de balles traçantes un ciel sans nuage.

Un premier Swordfish pique sur l'avant-port (*Mar Grande*), se glisse entre deux ballons au ras de l'eau et lance sa torpille sur l'un des cuirassés. Il s'agit du *Conte di Cavour*, qui est touché dans une soute à munitions proche de l'arrière. Allégé de sa charge, le biplan bondit en l'air et entame sa remontée lorsqu'une salve de DCA le touche de plein fouet. Un second Swordfish puis un troisième attaquent de la même façon et réussissent à se dégager. La seconde section suit, distinguant parfaitement les navires de ligne alignés comme à la parade. Elle lâche ses torpilles et se fond dans la nuit, échappant par miracle au feu d'enfer des canons antiaériens. La troisième section, gréée en bombardiers, attaque dans le même temps le port intérieur (*Mar Picolo*), larguant ses bombes sur des croiseurs et des destroyers accostés « comme des sardines dans une boîte », dira l'un des pilotes. Deux bombes ratent le dépôt de mazout. La première attaque est terminée. Il est 23 h 30.

La seconde vague de sept appareils suit dix minutes plus tard, guidée par la lumière des explosions. Également en proie au feu de la DCA, elle attaque à son tour. Un premier Swordfish lance sa torpille sur le cuirassé *Caio Duilio*, qui est touché à tribord. Un autre fait coup au but sur le cuirassé *Littorio*, déjà frappé d'une torpille lors de la première attaque. Un avion est abattu par la DCA du croiseur lourd *Gorizia*, qu'il tentait d'attaquer. Un retardataire survient alors que les tirs ont cessé et lâche ses bombes sur le croiseur lourd *Trento*, l'endommageant gravement. D'autres bombes ont atteint cette fois les dépôts de carburant ainsi que la base d'hydravions. Il est 00 h 30.

En quatre-vingt-dix minutes, les biplans de la Royal Navy, désuets et presque ridicules, ont dévasté le port de Tarente et ses navires de ligne. Un avion de reconnaissance Martin Maryland survole le port le lendemain matin, et ce que voit son pilote lui fait plus d'effet que « toute une caisse de whisky ». Le *Cavour* a sombré en eau peu profonde. Il sera renfloué, mais sans jamais être véritablement remis en état. Le *Caio Duilio*, touché lui aussi d'une seule torpille, échoué dans la rade, demandera six mois de remise en état. Le grand cuirassé moderne *Littorio*, armé de 9 canons de 381 mm, de 12 canons de 152 mm, sans compter ses 62 pièces de moindre calibre, a été atteint trois fois. Il a dû s'échouer volontairement pour éviter de couler par l'avant. Il va être immobilisé lui aussi pendant de longs mois. Les croiseurs lourds *Bolzano* et *Trieste* sont sévèrement endommagés par des bombes.

Vingt et un biplans Swordfish ont réussi cela et deux équipages seulement ont été perdus. Celui de la première vague (Williamson et Scarlett) a échappé à la mort et a été fait prisonnier, tandis que celui de la seconde vague (Baily et Slaughter) a été tué. La moitié du corps naval italien est hors de combat, tandis que les navires rescapés doivent se replier sur Naples et jusqu'à La Spezia et Gênes, en oblitérant du même coup la capacité d'intervention italienne en Méditerranée orientale, voire centrale. Le rapport des forces, tant numérique que psychologique, entre la Regia Marina et la Royal Navy vient de s'inverser. En outre, cette victoire vient à point nommé réconforter le moral des Britanniques, qui se battent alors pour leur survie dans la bataille de l'Atlantique. Le Premier lord de l'Amirauté câble à l'amiral Cunningham : « Avant Tarente, le Cabinet broyait du noir, mais l'effet produit fut stupéfiant. »

L'opération *Judgement* vient de mettre en évidence l'importance de l'arme aéronavale jusqu'alors totalement sous-estimée. Face au seul porte-avions *HMS Illustrious* et à ses biplans obsolètes (mais ils n'ont pas dit leur dernier mot), l'armada italienne s'est révélée totalement vulnérable quoique à l'abri d'un port fortifié. Il s'agit d'une véritable révolution dans la conception de la guerre sur mer. En mai 1941, l'attaché naval du Japon à Berlin, Takeshi Naito, se rend à Tarente avec pour mission d'analyser cet incroyable raid aérien. L'amirauté japonaise va en tirer des leçons pour Pearl Harbor.

Torpilles humaines

Au cours de l'automne 1935, deux ingénieurs mécaniciens italiens de la grande base de sous-marins de La Spezia ont obtenu l'autorisation d'expérimenter un projet original : une torpille à vitesse lente pilotée par deux hommes… Déjà, le 1er novembre 1918, dans la baie de Pula (Croatie), deux officiers de la Regia Marina avaient piloté en surface une torpille bricolée et réussi à couler le cuirassé autrichien *SMS Viribus Unitis*. Le navire de 20 000 tonnes avait sombré en quinze minutes.

Pour être à peu près au point lorsque le Duce déclare la guerre le 10 juin 1940, l'invention n'en est pas moins un peu folle. Le *maiale* (« cochon », en italien), comme le surnomment ses concepteurs, se présente sous la forme d'une torpille de 6,7 mètres de long et de 53 cm de diamètre mue par deux hélices propulsées par un moteur électrique. Deux hommes-grenouilles chevauchent le cochon en question, revêtus d'une combinaison étanche de fort caoutchouc noir et d'un masque à visière qu'alimente un sac respiratoire des plus sommaires. Le premier conduit l'engin à l'aide d'un manche à balai analogue à celui des avions : à gauche ou à droite, en montant ou en descendant. Devant lui un petit tableau de bord lumineux protégé par un pare-vagues lui donne les indications d'une boussole, d'une montre, d'un manomètre de plongée et d'un ampèremètre. Derrière le pilote, un « plongeur » commande l'admission d'eau à la caisse de plongée. À l'arrière, une malle contient un scaphandre de rechange et divers outils coupants pour cisailler les filets antitorpilles.

L'autonomie du cochon est d'une dizaine de milles à une vitesse de croisière de 3 nœuds. L'approche s'effectue torpille à peine immergée, les têtes des deux hommes dépassant la surface de l'eau. Ce n'est que parvenue jusqu'au flanc de la cible que la torpille doit s'enfoncer lentement et, bien entendu, silencieusement sous sa coque. Le cône avant contient 250 kilos d'explosifs qu'il suffit (si l'on ose dire) de détacher et de placer sous la quille du navire ciblé.

Il ne s'agit en aucun cas d'une mission suicide : l'équipage, une fois amarrée la partie explosive sous la quille de roulis[1] et mis en marche le mécanisme d'horlogerie qui fera exploser la charge, doit pouvoir repartir en continuant à piloter ce qui reste du « cochon » ou fuir à la nage. Voilà pour la théorie et les expérimentations qui ont donné satisfaction, mais que va devenir tout cela au combat ? Il en va de même pour le *barchino*, un canot explosif fondé, lui, sur la vitesse (32 nœuds) et l'autonomie (5 heures) et contenant à l'avant 300 kilos d'explosifs. L'unique pilote doit cette fois s'éjecter au dernier moment, grâce à un dispositif spécial[2].

1. Au-dessus de la quille proprement dite, deux quilles sont fixées de chaque côté de la coque, destinées à réduire l'amplitude du roulis.
2. Une torpille « maiale » est exposée au Museo Sacrario delle Bandiere delle Forze Armate de Rome et une autre dans les jardins publics de Taormina en Sicile.

Dès l'entrée en guerre de l'Italie, la Regia Marina a créé une flottille spéciale MAS[3] : la Decima Flottiglia MAS est placée sous le commandement du prince Valerio Borghese, sous-marinier émérite et fasciste convaincu. Très tôt, celui-ci a œuvré pour la création de nageurs de combat, d'où son surnom de « Prince grenouille ». Au début de la guerre, il commande le sous-marin *Scirè*, modifié pour pouvoir transporter dans des conteneurs spéciaux trois *maiali*. Seulement vingt-cinq officiers et sous-officiers composent la Decima-Mas, mais l'équipe, bien entraînée, brûle d'en découdre et les opérations commencent aussitôt.

Alexandrie, la grande rade britannique qui garde l'est de la Méditerranée, et Gibraltar à l'extrême ouest, constituent les objectifs principaux. En 1940, deux opérations sur Alexandrie échouent, car les sous-marins porteurs des *maiali* sont coulés avant d'avoir pu mettre à la mer leurs commandos. L'attaque de trois « cochons » sur Gibraltar, fin septembre 1940, n'aboutit pas davantage. L'année suivante est plus faste pour la Decima-Mas. Dans la nuit du 25 au 26 mars 1941, dans la baie de la Sude, en Crète, alors défendue par les Britanniques, six vedettes explosives se lancent à l'assaut à pleine vitesse. À 05 h 15, le croiseur lourd *HMS York* est touché en son centre par deux *barchini*. Un pétrolier grec s'enflamme et trois cargos coulent bas. La DCA britannique s'est déchaînée, croyant à une attaque aérienne. Le *York* est achevé quelques jours plus tard par les Stuka de la Luftwaffe.

Cette première victoire de la Decima-Mas est suivie, le 20 septembre 1941, d'un raid victorieux à Gibraltar.

---

3. *Motoscafi Anti Sommergibili* (« Engins automobiles contre les sous-marins »).

Trois *maiali* coulent deux navires-citernes et un cargo. Cinq autres raids de torpilles humaines contre Gibraltar auront lieu au cours de la guerre, mais en cette année 1941, il reste au prince Borghese, enhardi par ses succès, de frapper un grand coup. Le 3 décembre 1941, le sous-marin *Scirè* appareille de La Spezia avec trois *maiali* à son bord sous le commandement du lieutenant de vaisseau Luigi Durand della Penne, qui a participé à plusieurs opérations précédentes.

Après le désastre du raid des Swordfish sur Tarente en novembre 1940[4], la flotte italienne a subi, le 28 mars 1941, une terrible défaite au cours d'un duel contre la Royal Navy au large du cap Matapan au cours duquel le porte-avions a démontré sa supériorité. Les pertes sont lourdes : un cuirassé flambant neuf, le *Vittorio Veneto* (9 tourelles de 381 mm) sévèrement endommagé, 3 croiseurs lourds et 2 destroyers coulés, sans oublier 2 300 marins tués contre 3 du côté britannique. Le sort de la Regia Marina est scellé, mais l'intervention du IIIe Reich en Méditerranée change la donne. Le X. Fliegerkorps (10e corps aérien) est transféré de Norvège en Sicile et entreprend d'attaquer les convois britanniques avec la coopération de l'aviation italienne. Déjà, le 10 janvier 1941, le *HMS Illustrious* a été attaqué et touché par cinq bombes. Seul son pont blindé l'a sauvé du naufrage. De nouveau attaqué par la Luftwaffe, il doit rallier les États-Unis pour de longues réparations. Ce même 10 janvier, un croiseur et un destroyer britanniques ont été coulés. Le porte-avions *HMS Ark Royal* de 22 000 tonnes est torpillé par un *U-Boot* le 13 novembre 1941 et sombre

4. Cf. chapitre précédent.

le jour suivant. Onze jours plus tard, c'est au tour du cuirassé *HMS Barham* d'être atteint par trois torpilles qui le font chavirer et couler. L'explosion de sa soute à munitions précipite le naufrage et entraîne dans la mort la quasi-totalité des 861 membres de son équipage[5].

Le *HMS Barham* (31 000 tonnes) naviguait de conserve au large de Tobrouk avec deux autres cuirassés : le *HMS Queen Elizabeth* et le *HMS Valiant*. Ce dernier a fait feu de toutes ses pièces sur l'*U-331* qui venait de torpiller le *Barham* et qui, brusquement allégé de ses torpilles, avait malencontreusement fait surface. Le sous-marin était si proche que les pièces d'artillerie, même pointées au plus bas, n'ont pu l'atteindre. Le *Valiant* a alors tenté de l'éperonner, mais l'*U-Boot* a pu plonger en passant sous la proue du cuirassé. Il s'en est fallu d'une minute. Indemne, il regagnera sa base de Salamine.

Après ces désastres, la flotte d'Alexandrie se trouve réduite, pour ses vaisseaux de ligne, au *Valiant* et au *Queen Elizabeth*, qui sont alors précieusement mis à l'ancre à l'abri de la rade d'Alexandrie, protégés de filets antitorpilles, de DCA et de forces aériennes toujours prêtes à décoller. Pas question de leur refaire reprendre la mer dans l'immédiat. C'est dire que le raid qui a été préparé dans le plus grand secret et qui vient de commencer avec l'appareillage du *Scirè* est de la plus haute importance stratégique. La reconnaissance aérienne italienne a permis de dresser avec précision le plan de mouillage de la flotte d'Alexandrie. Des améliorations

5. Le naufrage et l'explosion du *HMS Barham* ont été filmés : cf. YouTube, *HMS Barham Explodes and Sinks* (1'12).

ont été apportées aux fantasques *maiali*. Leurs équipages embarquent secrètement sur le *Scirè* à l'île de Leros le 15 décembre afin de conserver au mieux leur condition physique sans éprouver les fatigues d'un long voyage en sous-marin.

18 décembre 1941, 20 h 30. Par une nuit choisie sans lune, le *Scirè* fait surface devant la rade d'Alexandrie, que signalent quelques feux discrets. Les six hommes torpilles s'équipent, tandis que leurs « cochons » sont extraits avec précaution de leurs conteneurs. Tout doit s'effectuer dans le silence le plus absolu, car la moindre alerte serait fatale. Les *maiali* sont parés. Ils commencent aussitôt leur progression vers l'entrée du port avec leurs équipages. Le *Scirè* entame sa plongée avant de mettre le cap sur Leros.

Les trois torpilles humaines doivent d'abord naviguer au milieu d'un champ de mines, puis franchir l'imposant filet de protection qui barre l'entrée de la rade. Le commando joue de chance et d'audace en se plaçant dans le sillage de trois torpilleurs qui rentrent au port. L'eau est glacée et pénètre progressivement dans les combinaisons fort peu étanches. Chaque *maiale* a son objectif désigné. Durand della Penne se dirige aussitôt sur la masse noire et imposante des 32 000 tonnes du *Valiant*. Un autre équipage s'approche du *Queen Elizabeth*, tandis que le troisième a pour objectif un porte-avions s'il s'en trouve ou, à défaut, un pétrolier. Mais de porte-avions, il n'y a pas. Ce sera donc un pétrolier norvégien, le *Savona* (7 600 tonnes).

02 h 19. Le *maiale* de Durand della Penne accoste sans bruit contre le *Valiant* après avoir franchi en surface son filet de protection. La manœuvre de descente commence, mais voilà que le *maiale* pique du nez vers le fond. Son pilote finit par le rattraper, mais constate alors que son coéquipier a disparu. Il doit poursuivre sa mission seul et faire vite, car les sentinelles risquent de repérer son camarade qui doit flotter à la surface. Ce sera alors le branle-bas de combat ; des grenades sous-marines seront lancées. À bout de forces, le nageur réussit finalement à remonter son « cochon » et à arrimer sa charge en réglant l'explosion sur 6 heures (heure locale). Il laisse couler son engin sur le fond, qui est à 17 mètres, et entame une nage pour s'éloigner du cuirassé. Pris aussitôt dans le faisceau d'un projecteur, il est fait prisonnier et retrouve sur le *Valiant* son coéquipier qui s'était évanoui. Revenu à lui, il s'était caché sur la bouée d'amarrage pour ne pas donner l'alerte.

Les deux hommes sont interrogés, mais ne parlent pas, en se bornant à décliner leur identité militaire. Sous leur combinaison, ils sont d'ailleurs en uniforme. Dix minutes avant l'heure prévue pour l'explosion, Durand della Penne demande à parler au commandant. Il lui annonce que son navire va sauter dans quelques minutes. Le commandant Morgan ordonne l'évacuation, mais devant le refus de son prisonnier d'en dire davantage, il le fait mettre à fond de cale avec Emilio Bianchi, son coéquipier. Les deux hommes s'aperçoivent qu'ils sont à une dizaine de mètres près au-dessus de la charge qu'ils ont fixée sous la coque.

Pendant ce temps, le deuxième équipage a posé sans encombre et amorcé sa charge explosive sous la coque du *sistership*[6] du *Valiant*, le *HMS Queen Elizabeth*, le navire amiral. La troisième équipe a fait de même sous le pétrolier *Savona*.

À 06 h 15, une première explosion retentit. Le *Valiant* est touché, engouffrant aussitôt des tonnes d'eau. Durand della Penne et Bianchi s'en tirent miraculeusement avec quelques blessures. Un quart d'heure plus tard, c'est au tour du *Queen Elizabeth* de sauter, suivi presque aussitôt du pétrolier *Sagona*. L'explosion sur ce dernier endommage le croiseur *HMS Jervis* qui était amarré à couple.

Les deux autres équipages ont été également faits prisonniers. Celui qui a attaqué le *HMS Queen Elizabeth* a tout de même réussi à regagner la côte, transi de froid après être resté huit heures dans l'eau. À vrai dire, rien de bien solide n'avait été prévu pour l'exfiltration. De l'argent en livres sterling avait été distribué aux six nageurs de combat, à charge pour eux de se débrouiller ensuite : se cacher et trouver une embarcation pour rejoindre un sous-marin qui ferait surface au large du phare de Rosette à l'est d'Alexandrie, à minuit J + 4, J + 5, J + 6. Autant dire, mission impossible. Les deux Italiens avaient d'abord réussi à se faire passer pour des marins français du cuirassé *Lorraine*, interné à Alexandrie, puis à prendre un train pour Rosette, mais avaient finalement été arrêtés, leurs livres sterling n'ayant plus cours (!).

---

6. « Navire jumeau » : bâtiment de même taille et de mêmes caractéristiques, dit de même classe. Le nom de la classe est celui du premier navire lancé (le *Tirpitz* est de la classe *Bismarck*). La technique des *sisterships*, en usage dans toutes les marines du monde, économise le temps et le coût d'une nouvelle étude.

Les deux cuirassés britanniques ont coulé en eau peu profonde et vont pouvoir être renfloués et remis en service, mais cela va demander six mois pour le *Valiant* en Afrique du Sud et neuf pour le *Queen Elizabeth* aux États-Unis[7].

---

7. Les hommes torpilles de l'Italie fasciste ont inspiré deux films : *Panique à Gibraltar,* film franco-italien, en 1953, et *Alerte sur le Valiant,* film italo-britannique, en 1962. Dans ce dernier, Luigi Durand della Penne est à l'honneur, mais le film ne raconte pas la suite de son histoire : prisonnier de guerre, il accepte après l'armistice italien du 8 septembre 1943, de reprendre des missions de nageur de combat avec les Britanniques contre le IIIe Reich. Pour son action d'éclat, il avait été décoré par l'Italie fasciste de la médaille d'or de la Valeur militaire, la plus haute distinction. En mai 1945, à Tarente, Durand della Penne reçoit enfin sa décoration. Et des mains de qui ? De celles de l'amiral Charles Morgan qui était, lors du raid d'Alexandrie, le commandant du *HMS Valiant.*

Le raid de Saint-Nazaire

À la fin de l'année 1941, le sort de la Grande-Bretagne reste critique. Certes, la bataille d'Angleterre a été gagnée par la RAF et Hitler a renoncé à ses plans d'invasion en se tournant vers l'Union soviétique, mais rien n'est joué encore dans l'Atlantique, où la bataille fait rage à la fois contre les sous-marins et les navires de ligne de la Kriegsmarine. La Royal Navy aligne certes la plus puissante flotte du monde (à parité toutefois avec les États-Unis), mais ses navires de ligne sont moins modernes que ceux, flambant neufs, du IIIe Reich. La poursuite du « cuirassé de poche » *Graf Spee* (conforme aux restrictions de tonnage du traité de Versailles) n'a mobilisé pas moins de vingt navires, dont quatre porte-avions, pour l'amener à se saborder devant Montevideo le 17 décembre 1939. Le croiseur lourd *Hipper* et les croiseurs de bataille *Scharnhorst* et *Gneisenau* ont coulé vingt-deux cargos et pétroliers (115 000 tonnes) au cours des trois premiers mois de 1941.

L'amiral Raeder, commandant en chef de la Kriegsmarine, a aussi envoyé dans l'Atlantique le *Bismarck,* orgueil du Reich avec ses 51 000 tonnes à pleine charge, ses 30 nœuds et ses huit pièces de 380 mm. Il a fallu à la Royal Navy beaucoup d'acharnement et surtout de la chance pour parvenir à le couler, le 27 mai 1941[1]. Le *Scharnhorst*, le *Gneisenau* ainsi que le croiseur lourd *Prinz Eugen*, qui accompagnait le *Bismarck* au début de son périple, ont dû s'enfermer à Brest. Les raids permanents de la RAF les dissuadent d'en sortir, mais il faut les surveiller de près. Toute une partie de la *Home Fleet* est immobilisée à cet effet dans la grande base navale de Scapa Flow. Il en va de même pour le cuirassé *Tirpitz*, *sistership* du *Bismarck*, qui vient de terminer ses essais et croise dans les eaux norvégiennes. Après le *Bismarck*, c'est au tour du *Tirpitz* d'obséder l'amirauté britannique.

Cependant, le *Tirpitz* ne saurait opérer dans l'Atlantique Nord sans avoir recours, en cas d'avarie, à une cale sèche. Or, pour un navire de cette taille, il n'y en a qu'une sur toute la façade atlantique : la forme-écluse de Saint-Nazaire, longue de 350 mètres et large de 46 mètres, mise en service en 1933 pour recevoir les paquebots *Île-de-France* et *Normandie* (on l'appelle d'ailleurs la « cale Normandie » plutôt que de son nom officiel – la forme Joubert). Si le *Bismarck* avait échappé à ses poursuivants, c'est dans cette forme-écluse seule qu'il aurait pu être réparé. La détruire permettrait d'empêcher le *Tirpitz* d'intervenir dans l'Atlantique.

L'état-major britannique a d'abord songé à attaquer Saint-Nazaire par mer, mais le port, situé dans l'es-

1. Poursuivi par toute une flotte et retrouvé par hasard par ses poursuivants alors qu'il regagnait Brest après avoir coulé le croiseur *HMS Hood*, une torpille lancée par un biplan Swordfish l'a atteint à l'arrière et a bloqué son gouvernail. Son sort a dès lors été scellé, le laissant désemparé et vulnérable. Ravagé par les obus et incendié, il s'est finalement sabordé. Cent dix marins seulement ont survécu sur un équipage de 1 665 hommes (et 4 sur 1 418 pour le *HMS Hood*).

tuaire de la Loire et soumis aux caprices des courants et des marées, est puissamment défendu par une artillerie côtière, une flottille de guerre et une garnison de 6 000 hommes. Un bombardement d'envergure n'est pas envisageable non plus, car le *Bomber Command* est tout entier tourné vers un premier grand bombardement du Reich. Il n'est d'ailleurs pas certain que la cale Normandie serait durablement détruite. Reste une attaque par surprise.

Winston Churchill est un fervent du genre. Le lendemain même de l'évacuation de Dunkerque, soulignant « qu'on ne gagne pas les guerres avec des évacuations », il écrivait aux chefs d'état-major des trois armes : « Nous ne devons pas permettre que la mentalité exclusivement défensive qui a causé la perte des Français compromette également toutes nos initiatives. Il est de la plus haute importance que nous nous mettions en état de lancer des raids contre les côtes dont les populations nous sont acquises. Ces raids seront effectués par des unités autonomes, parfaitement équipées, comprenant environ 1 000 hommes, et au maximum 10 000 hommes lorsqu'il s'agirait d'opérations combinées (...). » Dès juillet 1940, l'indomptable Premier Ministre a créé à cet effet le SOE (*Special Operations Executive*) ainsi que le DCO (*Directorate of Combined Operations*). Rien ne plaît tant à Churchill que l'action des commandos – le petit nombre contre le grand, mais, au premier, l'initiative...

En octobre 1941, il a nommé avec rang de vice-amiral lord Mountbatten à la tête des *Combined Operations*. Né en 1900, *midship* pendant la Grande Guerre, aide de camp du prince de Galles, celui-ci est resté un marin et s'est illustré en Norvège, puis en Crète. Il crée des unités spéciales issues à la fois du corps d'élite des *Royal marines*, spécialisé dans les opérations amphibies, et des *British commandos*, un corps spécial créé dès juin 1940, à l'entraînement particulièrement difficile et sélectif pour les missions les plus dangereuses, bientôt imité de la plupart des autres belligérants[2].

Ainsi naît l'opération *Chariot*. Si son idée est simple, son exécution ne l'est pas. Devant le haut commandement, Mountbatten a déplié des cartes et montré des photographies. La plus impressionnante est celle du caisson-porte qui ferme la cale Normandie du côté de l'estuaire. Large de 52 mètres et haute de 16 mètres, son épaisseur atteint 11 mètres. Ses deux battants se déplacent sur d'énormes roulettes pour s'encastrer dans le quai. « Mon idée, explique Mountbatten, est de percuter ce caisson-porte par un navire qui transportera de surcroît une très grande charge explosive à l'avant. Des équipes de commandos compléteront la destruction en sabotant les diverses machineries qui actionnent la porte. » Mountbatten n'a pas caché les difficultés de l'opération. Déjà, pour que celle-ci puisse être menée de nuit, il faudra faire route de jour, en courant le risque d'être repéré. La réussite n'est en rien assurée.

Est-ce pour cette raison que les moyens accordés au chef des opérations combinées sont plutôt dérisoires ? Il n'a pu obtenir, et non sans peine, qu'un vieux destroyer cédé par les Américains et lancé en 1919, le *USS Buchanan*, devenu le *HMS Campbeltown*. Une flottille d'une quinzaine de petites vedettes côtières à coque de

2. Notamment, les rangers dans l'armée américaine.

bois contre-plaqué, non blindée, accompagnera le navire en transportant les commandos. Cette maigre dotation ne décourage pas l'amiral Mountbatten, qui confie le commandement de l'expédition au capitaine de frégate Robert Ryder, 34 ans, qui s'est illustré depuis le début de la guerre et qui a fait preuve d'une endurance exceptionnelle en restant quatre jours dans l'eau et le mazout, accroché à un espar après le torpillage de son navire. Le commandement des commandos est confié au lieutenant-colonel Charles Newman, 38 ans, chef du commando n° 2, l'un des douze qui composent le *Special Service Brigade* qui vient d'être créé.

L'opération *Chariot* mobilise 611 hommes triés sur le volet, tant pour leur moral élevé que pour leurs compétences qui doivent être multiples : maniement d'explosifs et d'armes les plus diverses, aptitude à escalader une falaise, à manœuvrer tous types d'embarcations, à nager en tenue de combat, à se déplacer la nuit. Un entraînement en grandeur réelle a aussitôt commencé, où rien n'a été laissé au hasard. L'expédition partira du petit port de Falmouth, à l'extrémité des Cornouailles, mais des exercices intensifs ont lieu sur l'écluse du port de Southampton. Le plan est devenu plus ambitieux, ajoutant à la destruction du caisson-porte celle des huit portes d'écluse de la base sous-marine en construction, des ponts sur les bassins, des centrales commandant la station de pompage, sans oublier les batteries côtières qui devront être neutralisées pour permettre le rembarquement (au demeurant, assez imprécis).

De son côté, le *Campbeltown* est préparé pour sa mission. Il a fallu l'alléger au maximum pour réduire son tirant d'eau. Il est hors de question, en effet, que l'expédition emprunte le chenal côtier, trop près de la côte et étroitement surveillé. Il faudra passer plus loin, à marée haute, au-dessus des bancs de sable dont les cartes ont été soigneusement étudiées. On démonte une grande partie de l'armement et deux des quatre cheminées. On enlève tout le matériel de rechange, les embarcations. La quantité de mazout est strictement calculée. En revanche, 24 grenades anti-sous-marines constituant une charge explosive de 4 250 kilos de TNT sont installées à l'avant et munies de plusieurs dispositifs de mise à feu. Enfin, il faut déguiser le navire en torpilleur allemand de la classe du *Möwe*, qui est affecté à la base de Saint-Nazaire. Pour ce faire, les mâts ont été retirés et les deux cheminées restantes sciées en pan incliné.

Pendant ce temps, l'amirauté britannique a subi une terrible humiliation. Le 11 février 1942, le *Scharnhorst*, le *Gneisenau* et le *Prinz Eugen* ont filé à l'anglaise, si l'on ose dire, en quittant de nuit le port de Brest, puissamment escortés de 6 destroyers, 14 torpilleurs, 32 vedettes lance-torpilles (opération *Cerberus*). Pour rejoindre l'Allemagne, ils ont emprunté le chemin le plus court : la Manche – un choix audacieux, puisqu'il fallait forcer le passage du Pas-de-Calais. Repérée par la RAF, canonnée par les batteries côtières de Douvres, attaquée par l'aviation, mais bien protégée par une couverture aérienne de la Luftwaffe, la flotte a néanmoins réussi à passer et à rejoindre Wilhelmshaven tôt le matin du 13, non sans que le *Scharnhorst* ait heurté deux mines, hâtivement larguées par la RAF, qui vont lui demander six mois de réparations.

L'opération *Cerberus* marque un repli opérationnel, avec la fin des sorties des grands bâtiments de la Kriegsmarine en Atlantique, jugées trop dangereuses. C'est un grand soulagement pour la Royal Navy, mais il n'empêche que depuis l'Invincible Armada, en 1588, c'est la première fois qu'une flotte ennemie passe aussi près des côtes anglaises. Le Parlement, indigné, a ordonné une enquête approfondie, laquelle va révéler un certain nombre de dysfonctionnements dans la défense côtière. Toujours est-il que le raid qui se prépare sur Saint-Nazaire prend une importance accrue aux yeux du commandement, tout comme un autre de moindre envergure qui se prépare sur le grand radar côtier de Bruneval, sur la falaise d'Étretat. Il est plus que temps, pour les Britanniques, de prendre des initiatives et de passer à l'offensive.

Le 26 mars 1942, à 14 heures, par beau soleil et petite brise de nord-est, la « Force 10 » quitte Falmouth. Il n'y a pas moins de 216 milles à parcourir[3]. Deux destroyers chargés de la protection anti-sous-marine font escorte, mais resteront au large lorsque la flottille d'assaut s'engagera dans l'estuaire. Le raid manque de tourner court lorsque le 27 mars, au deuxième jour de mer, l'un des destroyers ouvre le feu sur un *U-Boot* qui disparaît aussitôt, mais ne va pas manquer de donner l'alarme. Ryder décide cependant de poursuivre l'opération. Le sous-marin a bien vu le convoi, mais sans imaginer qu'il puisse être britannique. Informé, le commandement allemand est également bien loin de songer à une attaque. Un peu plus tard, ce sont des chalutiers français qui sont en vue. Très souvent, à leur corps défendant, leurs équipages doivent embarquer un guetteur allemand. Ryder ne peut pas prendre ce risque et fait couler les chalutiers après que leurs équipages ont été hissés à bord des des-

3. 347,5 kilomètres.

troyers. La flottille aura eu de la chance de ne pas être repérée par un avion de surveillance.

En mars, la nuit tombe tôt. Il est 20 heures lorsqu'on s'approche de l'estuaire de la Loire. Un sous-marin britannique est posté là qui indique le chemin par de discrets signaux lumineux. Les destroyers font demi-tour et s'en vont croiser au large pour attendre le retour des vedettes tandis que la flottille se place en ordre de bataille : trois vedettes ouvrent la marche, avec en pointe une vedette canonnière plus puissamment armée[4], en quelque sorte le navire de commandement sur lequel ont pris place Ryder et Newman. Elles sont suivies du *Campbeltown*, un peu en avant d'une double ligne de douze vedettes armées chacune d'une mitrailleuse double. Deux autres ferment la marche, dont, en queue, une vedette lance-torpilles. On est dans les temps, à marée haute comme prévu. Il y a encore 60 kilomètres à parcourir. À peine entré dans l'estuaire, le *Campbeltown* talonne. C'est un nouveau moment d'angoisse. Va-t-on s'échouer si près du but ? Mais non, le bâtiment continue d'avancer.

À 23 h 30, une attaque aérienne sur le port est censée faire diversion, mais le plafond très bas (il pleut) limite considérablement celle-ci et tendrait plutôt à mettre le secteur en alerte. Le *Campbeltown* talonne de nouveau. Sa vitesse tombe à 5 nœuds, mais il franchit tout de même le nouveau banc de sable. Chacun attend avec angoisse le moment inévitable où le convoi sera découvert. C'est finalement le cas à 1 heure du matin quand s'allume un premier projecteur. Toutefois, le guetteur,

4. Un canon automatique à tir rapide (Pom-pom Vickers de 40 mm) à l'avant, deux mitrailleuses doubles au centre, une mitrailleuse à l'arrière.

tout comme ceux qui vont suivre, ne pense pas un seul instant que des bâtiments ennemis aient l'impudence de se présenter ainsi sous son nez. Il ne peut s'agir que d'un convoi allemand qui n'a pas été annoncé et qui cherche peut-être refuge après une mission.

Tout se joue en cet instant, car on est encore à une demi-heure de l'objectif. Le timonier fait semblant de ne pas comprendre les interrogations de plus en plus rageuses que lui envoie la côte par morse optique. Puis il répond de façon incohérente. Enfin, il tente de se faire passer pour un bâtiment allemand désemparé après un engagement avec l'ennemi. Des tirs sporadiques commencent à retentir tandis que le *Campbeltown* augmente son allure. On vient de gagner plus de vingt précieuses minutes quand s'ouvre le feu. Les Allemands ont enfin compris.

Il est 01 h 28. Cinq minutes encore et l'objectif sera en vue. Balles et obus s'abattent sur le destroyer qui a heureusement dépassé les batteries de gros calibre. « On voyait des obus éclater tout le long de lui, des deux bords », rapportera Newman. Les Anglais répliquent : des servants sont tués ou blessés. En dépit des boucliers blindés qui protègent le pont, des commandos embarqués sur le vieux destroyer sont atteints. Soudain, le chef timonier, qui tient la barre d'une main extraordinairement ferme, voit la vedette de tête virer sur tribord. À 200 mètres, l'immense porte de l'écluse se dresse droit devant, toute noire. Comme au temps de la marine à voile, un cri retentit : « Paré pour l'abordage ! » Chacun s'accroche où il peut dans l'attente du choc. Celui-ci est terrible. Parfaitement alignée, l'étrave du *Campbeltown*, dont l'avant vient d'être atteint par un obus incendiaire et flambe, vient enfoncer de toute sa masse le caisson-porte dans un effroyable bruit de tôles déchirées. Le navire s'encastre dans sa cible sur une profondeur de dix mètres, sa plage avant se dressant au-dessus d'elle tandis que l'arrière, sabordé, s'enfonce lentement dans l'eau.

La mise à feu des charges explosives est enclenchée à + 6 heures et le navire évacué, toujours sous le feu de l'ennemi, quasiment à bout portant maintenant. Les quatre-vingts commandos qui étaient à bord sautent sur le quai et s'élancent vers leurs objectifs. Ceux des vedettes qui ont d'abord appuyé du feu de leurs mitrailleuses le dernier élan du *Campbeltown* se ruent à leur tour. Beaucoup sont blessés.

L'objectif principal est atteint, mais, faute de blindage, plusieurs vedettes flambent après que leur réservoir a été touché. L'essence enflammée se répand sur le port et livre aux flammes des commandos qui ont dû se jeter à l'eau. Si la plupart des objectifs sont atteints, tous ne sont pas entièrement détruits, car les Allemands se sont ressaisis et se défendent avec acharnement. La station de pompage et les mécanismes d'ouverture du caisson-porte sont, en tout cas, mis hors d'usage.

Les pertes des commandos s'alourdissent. L'un d'entre eux est le lieutenant Watson, surnommé Tiger par ses compagnons. À des commandos qui hésitent un instant à se lancer sur un pont battu par le tir d'une mitrailleuse, il lance : « Vous avez envie de vivre éternellement ? » Il est blessé trois fois en une heure. Les combats font rage dans la vieille ville de Saint-Nazaire. Voyant que tout rembarquement est impossible pour les commandos qui s'y sont aventurés, Newman donne l'ordre aux survivants de se disperser et de rejoindre l'arrière-pays par leurs propres moyens. Ils vont être, pour la plupart, tués ou faits prisonniers. Cinq hommes seulement parviendront à sortir de la ville, où les combats ont fait rage, et gagneront l'Espagne. Newman, quant à lui, est fait prisonnier.

Ailleurs, d'autres groupes de combat parviennent tout de même à rejoindre des vedettes encore capables de manœuvrer. À 10 heures, les combats ont pris fin. Cent soixante-neuf marins et commandos ont été tués, et 215 capturés. À 10 h 30, le *Campbeltown* explose avec un énorme retard. À l'évidence, le système de mise à feu a été déréglé par le choc de l'abordage. Plusieurs dizaines d'officiers allemands en train d'inspecter l'épave sont tués dans l'explosion. La porte du dock, qui était restée en place, est projetée hors de son rail. La mer se rue à l'intérieur de la cale sèche, chavirant et endommageant sérieusement deux pétroliers qui s'y trouvaient en radoub.

Le retour des survivants est une nouvelle épopée. Rares sont les commandos se hissant sur les vedettes rescapées qui ne sont pas blessés. Évoquant la vedette canonnière qui parvient à s'échapper sous un orage de feu grâce à ses brusques manœuvres et à sa grande vitesse, Ryder, qui s'en sort indemne, écrira : « Le bateau ressemblait à un abattoir. » Alors même qu'un obus traverse l'un de ses réservoirs supplémentaires sans, miraculeusement, y mettre le feu, elle parvient à rejoindre le point de rendez-vous avec les destroyers à 04 h 30.

Neuf autres vedettes réussissent à s'extraire de cet enfer, mais deux sont détruites alors qu'elles remontent l'estuaire. En pleine mer, alors qu'elle tente de parvenir au lieu du rendez-vous avec les destroyers, une autre est prise en chasse par un torpilleur allemand et entame contre lui un duel sans espoir qui va durer une heure.

Quand elle est finalement arraisonnée, vingt morts et blessés graves gisent sur le pont (sur un total de vingt-huit hommes). Enfin, trois vedettes, qui n'ont pas pu rejoindre le point de ralliement, parviennent à rallier isolément l'Angleterre.

La population de Saint-Nazaire ne sort pas indemne de l'aventure. Persuadés que des Anglais se cachent dans la ville, les Allemands tuent seize habitants et en blessent trente-six autres. Les Nazairiens ne comprennent d'ailleurs pas le véritable but du raid, croyant, aux dires de la propagande de l'occupant, qu'un débarquement a été repoussé. L'opération *Chariot* est en tout cas un succès, en dépit des pertes. La cale Normandie est hors d'usage pour longtemps[5].

5. En fait, pour toute la durée de la guerre.

Commandos en canoës

Tandis qu'approche la fin de l'année 1942, l'amiral Louis Mountbatten, chef des opérations combinées, considère que l'opération *Torch*, qui a commencé dans la nuit du 7 au 9 novembre avec le débarquement anglo-américain en Afrique du Nord, ne le dispense pas de continuer à agir à bien plus petite échelle mais sur les côtes françaises, là où aura lieu plus tard, quand les conditions seront réunies, le grand débarquement à l'Ouest que ne cesse de réclamer Staline. Il ne s'agit pas seulement de harceler l'ennemi, ni de réussir des opérations ponctuelles et forcément limitées, mais aussi de tester les défenses et les réactions de l'ennemi qui est train de construire le « mur de l'Atlantique » pour défendre la « forteresse Europe ».

Un raid de 70 parachutistes a été mené avec succès dans la nuit du 27 au 28 février 1942 sur la station radar de Bruneval au-dessus de la falaise d'Étretat. Il s'agissait de détruire les radars après en avoir prélevé, pour les étudier, les pièces essentielles. Un mois plus tard, c'était le raid tout aussi réussi, en dépit des pertes, sur Saint-Nazaire. Les forces engagées avaient été alors multipliées par neuf, prélude au raid sur Dieppe (opération *Jubilee*) le 29 août 1942, engageant cette fois 4 963 soldats canadiens et 1 075 soldats britanniques (et 50 rangers américains). Échec sanglant (50 % de pertes, dont 1 050 tués), mais riche d'enseignements pour un futur débarquement. Il apparaissait dès lors qu'il ne faudrait pas chercher à s'emparer d'un port dans un assaut direct. Les Allemands allaient faire le calcul inverse et en déduire que les ports seraient les objectifs d'un débarquement futur.

L'idée d'un raid sur le port de Bordeaux procède pour une part de ces considérations, même si sa raison principale émane d'une requête du ministre anglais de l'Économie en temps de guerre, lord Selborne. Celui-ci déplore que des cargos rapides, souvent des bâtiments allemands se camouflant sous pavillon neutre, réussissent à forcer le blocus britannique devant l'estuaire de la Gironde et à apporter d'Extrême-Orient des denrées utiles à l'effort de guerre allemand, du caoutchouc principalement.

Une opération d'envergure n'est pas envisageable après l'expérience de Dieppe, d'autant que Bordeaux se niche au fond d'un estuaire de 90 kilomètres, solidement défendu. Et puis les priorités sont ailleurs : à l'opération *Torch*, à la guerre du Désert contre les Italiens et l'Afrikakorps, à la guerre en Extrême-Orient contre le Japon. Reste l'idée d'une action de commando.

Saisi par lord Selborne et approuvé à la mi-octobre par le haut commandement, Mountbatten prépare ainsi l'opération *Frankton*. Pas question cette fois, pour aller châtier les cargos forceurs de blocus, de plusieurs milliers d'hommes, ni même de plusieurs centaines, mais de douze. Il fallait s'appeler Mountbatten pour que le projet d'un certain Herbert Hasler ne parût pas hautement fantaisiste et ne fût pas aussitôt rejeté.

L'idée, pour le moins audacieuse, est de transporter par sous-marin six canoës-kayaks pliables. Mis à l'eau devant l'estuaire de la Gironde, mus chacun par deux commandos pagayeurs, ils devront progresser jusqu'à Bordeaux. Les six équipes se cacheront sur la berge pendant le jour. Des mines magnétiques seront posées de nuit sur les cargos forceurs de blocus. Les commandos sont censés pouvoir se jouer à la fois des éléments et de la surveillance allemande sur la Gironde.

Pour une telle aventure, il faut des hommes d'exception, à commencer par un leader. Les services de Mountbatten ont repéré un certain lieutenant-colonel Hasler, militaire de carrière, âgé de 28 ans, qui a intégré depuis 1932 le corps d'élite des Royal Marines. Cet homme, que tout désigne pour cet emploi, s'est distingué pendant la campagne de Norvège et se passionne depuis son plus jeune âge pour la navigation à voile. À 14 ans, il a fabriqué lui-même un petit voilier. Pour l'heure, c'est un grand gaillard athlétique de 1,80 m, rompu aux exercices physiques, mais que guette une calvitie précoce. En revanche, une superbe moustache « *so british* », relevée aux pointes, de la même couleur que ses cheveux blond-roux lui a valu le surnom de « Blondie ». Hasler, qui a mis sur pied en juillet 1942 un détachement spécial, le *Royal Marines Boom Patrol Detachment*, basé à Southsea (Portsmouth), se fait fort de mener en personne l'opération.

Pour ce faire, il commence un entraînement forcené avec des volontaires qu'il élimine à la moindre défaillance. Indépendamment des performances multiples qui doivent être celles d'un commando, il faut se familiariser avec le maniement de nuit d'une embarcation construite pour la circonstance, avec un fond plat et rigide, suffisamment léger mais solide pour pouvoir être halé sur un lit de cailloux. Aussitôt, cette embarcation qui hésite entre le canoë et le kayak a reçu le surnom de *cockleshell* (« coquille de noix »), ce qui ne plaît pas du tout à Blondie, qui est bien le seul à prendre ce fragile esquif au sérieux. Aux critiques d'une embarcation trop petite, frêle et fragile, il répond qu'elle a les qualités de ses défauts : elle est peu visible, silencieuse, assez légère pour être portée par son équipage, en somme capable de se faufiler dans les eaux ennemies.

L'entraînement, en tout cas, est des plus durs, et le plus étonnant est que, Hasler mis à part, aucun des hommes n'a l'expérience des petits bateaux. Blondie n'en a pas trouvé et ce qui lui importe, c'est la forme physique de ses hommes. Depuis que l'équipe des douze a été définitivement constituée, la dynamique de groupe est à son meilleur. Les exercices durent six mois dans la grande base navale de Portsmouth. Chacun doit apprendre à pagayer de nuit, sans bruit, à descendre et remonter dans un canoë sans le faire chavirer, à se déplacer sous l'eau en respirant avec un tuyau allant jusqu'à la surface, à se servir des mines magnétiques spéciales (*Limpet Mine*) prévues pour l'opération. Les « *cokles* » s'exercent à franchir sans être vus les sorties pourtant bien gardées du port de Portsmouth. Aussi l'humiliation des commandos est-elle grande lorsque, répétant l'exercice cette fois dans l'embouchure de la Tamise et se perdant dans le brouillard, ils se font cueillir par des gardes-côtes.

Personne n'est informé de l'opération, hormis Hasler. On a conseillé aux hommes d'aviser leurs familles qu'ils partent pour un long exercice en mer et qu'ils ne reviendront pas avant un certain temps. Plusieurs de ces missives ressemblent à des lettres d'adieu. Chacun a compris que cette fois, c'était pour de bon, car la tenue qui a été remise n'est pas celle de l'entraînement habituel. Outre le poignard traditionnel, un Colt 45 avec plusieurs chargeurs a été remis à chaque homme et un fusil avec silencieux à chaque embarcation. À quoi s'ajoutent, bien entendu, les lourdes mines – pas moins de huit par canoë.

La tenue est composite avec pour l'essentiel un blouson imperméable vert olive camouflé qui s'adapte au cockpit du canoë-kayak. Un capuchon et un bonnet passe-montagne bleu gomment le profil de la tête. Des bottes cuissardes, également vert olive camouflé, recouvrent un pantalon de *battle dress* kaki. L'insigne des Royal Marines ainsi que celui des Opérations combinées (une ancre, des ailes et un fusil) figurent sur le bras gauche ; sur le bras droit, le grade. Il s'agit d'une opération militaire et non d'une action de sabotage, et on se plaît encore à penser que les soldats du IIIe Reich feront la différence. C'était encore le cas lors des raids de Saint-Nazaire et de Dieppe, mais ce ne l'est plus depuis que Hitler, furieux de tant d'audace, a dicté le 18 octobre 1942 un ordre secret, le *Kommandobefehl* : « À partir de maintenant, tous les hommes qui mèneront en Europe ou en Afrique des opérations contre les troupes allemandes, sous le soi-disant nom de raids de commandos, devront être abattus sur-le-champ et jusqu'au dernier. »

Le 30 novembre 1942, le sous-marin *HMS Tuna* appareille d'Écosse pour une traversée d'une semaine en emportant à son bord les douze commandos. Les conditions du voyage sont exécrables, les hommes jusqu'alors habitués au grand air se voyant confinés dans la chambre des torpilles. Blondie leur révèle enfin leur destination. De longues heures sont consacrées à étudier sur des cartes le plan d'approche et celui du port de

Bordeaux. Chaque *cockleshell* a un nom de code : *Coalfish* (« morue noire »), *Conger* (« congre »), *Cachalot, Cuttlefish* (« seiche »), *Crayfish* (« écrevisse »), *Catfish* (« poisson-chat »). C'est sur ce dernier qu'embarquera Hasler, en compagnie de William Sparks, un Londonien des faubourgs au rire contagieux.

Plusieurs mains se sont levées pour la question que chacun se pose : « Comment serons-nous récupérés ? » Il faut tout le charisme de Blondie pour faire passer la cruelle réponse : il n'y a pas de récupération possible. Tout l'estuaire sera en alerte. Il faudra poursuivre séparément d'abord en canoë, puis à pied en tentant de rejoindre l'Espagne. Hasler croit-il rassurer ses hommes en leur rappelant qu'ils sont munis d'un « kit d'évasion » et que la Résistance française les prendra en charge (mais où ? mais quand ?) ? Ce n'est ni la première ni la dernière fois dans ce genre d'opération que la mission seule a retenu toute l'attention du commandement et que l'exfiltration de ses acteurs (un « matériel humain » pourtant spécialisé et précieux) est traitée avec la plus grande désinvolture.

Le sous-marin britannique fait surface dans la nuit du 7 décembre à 10 milles de la pointe de Grave et commence à extraire les canoës de son cockpit. Au cours de cette opération délicate, le flanc de toile du *Cachalot*[1] se déchire. Cinq embarcations seulement prennent le départ, et ce n'est que le début d'une longue nuit émaillée de désastres.

Une fois contourné la pointe de Grave, il faut franchir un premier mascaret avant de s'engager dans la Gi-

1. Le *cockleshell Cachalot* et son équipement sont exposés au *Combined Military Services Museum* à Maldon (Essex).

ronde. Le *Coalfish* y disparaît corps et biens. Transis de froid, les autres équipages attendent le plus longtemps possible avant de se résoudre à poursuivre. Quelques heures plus tard, il faut franchir un second mascaret. Le *Conger* chavire. Son équipage est sauf, mais leur embarcation est irrécupérable et doit être sabordée. Épuisés et glacés, les rescapés vont devoir rejoindre la côte à la nage après avoir été remorqués un temps par leurs camarades. Il ne reste plus que trois *cockleshells*, ou plutôt deux car l'arrivée de plusieurs patrouilleurs fait perdre définitivement le contact avec le *Cuttlefish*.

Il faut pourtant poursuivre la mission en se dissimulant le jour sous des filets de camouflage. En bons Britanniques qui se respectent, les commandos parviennent tout de même à se faire du thé avec le peu d'eau potable emportée et de l'alcool solide, dont la flamme est à peine visible même de jour. Il faut encore deux nuits et un jour pour parvenir enfin à Bordeaux dans la nuit du 11 au 12 décembre. Le port est brillamment éclairé et encore en activité. Les deux *cokles* rescapés progressent de chaque côté des docks et choisissent soigneusement leurs cibles. Cette opération paraît presque facile au regard de l'épouvantable odyssée qui l'a précédée. Seize mines sont posées sous les lignes de flottaison des cibles avant que, soulagées de leur poids, les deux *cokles* ne filent rapidement en s'éloignant le plus possible du port.

Sept heures plus tard, cinq cargos et un pétrolier sautent l'un après l'autre. Les deux *cokles* sont échoués un peu au nord de Blaye. Il a été décidé que ceux qui sont désormais des fugitifs ne tenteront pas, *via* l'amont, la route du sud vers l'Espagne qui va être activement surveillée, mais *via* l'aval, celle de l'est vers Lyon, puis

Marseille. Les deux équipes décident d'un commun accord de cheminer séparément afin d'être moins remarquées. Elles ne se reverront jamais. Par une succession de hasards, Hasler et Sparks vont pouvoir profiter d'un réseau d'évasion de la Résistance. Ce ne sera pas le cas de Laver et de Mills, les deux commandos du *Crayfish*, arrêtés au bout de 30 kilomètres par la gendarmerie française alors aux ordres de Vichy. D'abord enfermés à la maison d'arrêt de Bordeaux, ils vont être livrés aux Allemands.

Le *Kommandobefehl* va s'appliquer dans toute sa rigueur, d'autant plus que Berlin est mortifié et furieux. Laver et Mills sont fusillés. Fusillés également Conway et Mackinnon, les hommes du *Cuttlefish*. Après avoir perdu le contact avec la formation, l'équipage a d'abord poursuivi seul sa mission. On ne sait exactement dans quelles conditions il a fait naufrage et comment les deux hommes ont été faits prisonniers. Fusillés encore Wallace et Ewart, les naufragés du *Coalfish*. Moffat du *Conger* a été retrouvé mort d'hypothermie, tandis que Sheard, son coéquipier, a disparu. Son corps ne sera jamais retrouvé. Seuls Hasler[2] et Sparks échappent à l'hécatombe et parviennent à gagner l'Espagne. Ce ne sera pas, d'ailleurs, une mince affaire pour qu'ils puissent ensuite rejoindre l'Angleterre.

---

2. Blondie Hasler fut décoré de la très enviée DSO (*Distinguished Service Order*). Il devint après la guerre un yachtman réputé, créant en 1960 (avec Francis Chichester) la première Transat anglaise à laquelle il ne manqua pas de participer. Il fut aussi l'un des inventeurs du pilote automatique pour les voiliers. En 1955, il avait été le conseiller technique avec Bill Sparks, l'autre rescapé de l'opération *Frankton*, du film *The Cockleshell Heroes*, l'un des tout premiers films en Cinémascope. Il décéda en 1987 (et Bill Sparks en 2002).

Wingate et les Chindits

La guerre est un révélateur de personnages hors du commun et permet d'ailleurs à ceux-ci, souvent, de se révéler à eux-mêmes. Orde Charles Wingate est de ceux-là. Né en 1903 en Inde, dans une famille militaire coloniale et protestante puritaine, imprégné de traditions d'ordre et de patriotisme, il intègre à 18 ans l'Académie royale militaire de Woolwich, dont il sort en 1923 avec le grade de sous-lieutenant d'artillerie. Il apprend l'arabe avant d'être affecté au Soudan, dont son cousin est gouverneur général. Son caractère indiscipliné et excentrique le conduit à mener des expéditions peu conventionnelles, au cours desquelles il innove, par exemple en montant des embuscades contre des bandes de trafiquants d'esclaves et de contrebandiers d'ivoire.

Il se marie en 1935 et est affecté l'année suivante en Palestine, alors sous mandat britannique. Officier de renseignement auprès de l'état-major, il épouse aussitôt la cause du sionisme et réussit à convaincre le général Wavell, commandant en chef, de former des commandos juifs conduits par des officiers britanniques.

Ainsi naissent en 1938 les *Special Night Squads*. Agissant principalement la nuit, comme leur nom l'indique, ces patrouilles sont mixtes, les Britanniques apportant leur connaissance du combat et les Juifs celle du terrain et de la population. À leurs missions de protection (notamment celle de l'oléoduc de l'Iraq Petroleum Company, régulièrement saboté) s'ajoutent bientôt celles offensives et de plus en plus controversées de « contre-terrorisme », avec des expéditions punitives contre des villages abritant des « terroristes ». Dès cette époque, la doctrine de Wingate vise à « porter le combat au cœur du secteur d'activité de l'ennemi » plutôt que de se cantonner à la défensive[1]. Ses méthodes expéditives lui valent un rappel en métropole en mai 1939 avec une affectation de bureau à l'état-major. Il y ronge son frein tandis que la guerre approche à grands pas.

En janvier 1941, de nouveau sous les ordres du général Wavell, Wingate est envoyé en Éthiopie avec mission d'organiser l'insurrection des Éthiopiens contre l'Italie fasciste. À la tête de troupes mixtes (force *Gideon* composée de Soudanais et d'Abyssiniens), il opère avec succès sur les arrières de l'ennemi. C'est sous son escorte que l'empereur Hailé Sélassié rentre triomphalement d'exil le 5 mai 1941. La guerre est finie en Éthiopie, mais elle va bientôt commencer en Asie.

Après ses échecs face à Rommel, le général Wavell a reçu en juillet 1941 un « commandement d'exil » en Inde, pour lors dénuée d'intérêt stratégique. L'attaque japonaise de Pearl Harbor change tout, et Wavell se retrouve en 1942 commandant en chef des forces alliées du Sud-Est asiatique (britanniques, australiennes,

---

1. Moshe Dayan, après avoir rallié à 14 ans la Haganah, l'organisation paramilitaire sioniste, sera affecté aux SNS (*Special Night Squads*). Il sera marqué par la doctrine de Wingate qu'il fera sienne dans l'armée israélienne.

hollandaises, américaines). Il manque cruellement de moyens aériens et ne peut empêcher le raz-de-marée japonais. La Birmanie est attaquée en même temps que Pearl Harbor. Sa conquête (680 000 km^2 de jungle et de reliefs infranchissables) demande plus de temps, mais l'importance stratégique de ce pays est primordiale en tant que seule voie terrestre de ravitaillement de l'Inde vers la Chine. Rangoon, la capitale, tombe en mars, Mandalay et Lasio en avril. Après une retraite terriblement éprouvante et au prix de pertes sévères (dont la totalité de leur matériel), les Indo-Britanniques sont rejetés à Imphal, à la frontière indienne. La route de Birmanie est coupée. En attendant une reconquête pour lors bien hypothétique, il reste au général Wavell à organiser la résistance par la guérilla. C'est dans ce contexte qu'il se souvient de Wingate.

À peine débarqué en Inde, en mars 1942, avec le grade de colonel, celui-ci préconise la création de forces de pénétration à longue distance (*Long Range Penetration – LRP*). Loin des petits effectifs de commandos, il s'agit de mettre sur pied des forces importantes, de l'ordre d'une brigade (3 000 à 5 000 hommes) – un solide fer de lance frappant l'ennemi, loin derrière ses lignes, mais sans bataille rangée, sans position à tenir. L'objectif est de couper les lignes de communication des Japonais, de harceler les états-majors et les bases arrière et, au-delà, de désorganiser et décourager des tentatives d'offensive vers l'Inde. Il faut aussi mener une guerre psychologique en redonnant confiance aux Britanniques et en s'employant à entamer le moral de vainqueur de l'envahisseur japonais.

La 77e brigade indienne est réorganisée dans cette intention, toujours dans un esprit de mixité des troupes :

soldats britanniques, fusiliers birmans, Gurkhas traditionnellement recrutés au Népal et réputés pour leur vaillance. Le 4e bataillon du *1st Gurkhas Rifles* constitue le noyau de cette nouvelle troupe qui va prendre le nom de *Chindits,* inspiré de celui d'un animal mythologique, le *chinthe,* mi-lion mi-aigle dont les statues gardent les portes des pagodes birmanes. Par ce choix, Wingate a voulu souligner la nécessité d'une étroite coopération terre-air pour les opérations qui se préparent.

En 1943, l'avenir de la guerre en Chine se joue essentiellement en Birmanie, que les Britanniques et les Américains s'évertuent à reprendre aux 250 000 Japonais qui l'occupent. Une première opération est montée en février 1943. Les 3 200 hommes de la brigade sont divisés en quatre bataillons, eux-mêmes fractionnés en colonnes de 400 à 500 Chindits environ, auxquels s'ajoutent plus de cent mulets lourdement chargés, seul moyen logistique de progresser rapidement dans la jungle. Mais il faut aussi que ce soit silencieusement et le braiement d'une mule vaut un coup de clairon. Alors, Wingate leur fait couper les cordes vocales.

Ces colonnes légères franchissent séparément les lignes ennemies avant de se rejoindre pour frapper. Quand il s'agira de se disperser, la brigade se fractionnera de nouveau en colonnes pour rejoindre son point de départ. À la différence de la troupe traditionnelle de partisans armés de bric et de broc, chaque colonne se répartit en sections spécialisées et séparées : une de reconnaissance, une du génie, quatre d'infanterie, une d'appui d'artillerie équipée de mortiers, une enfin de commandement avec des équipes de liaison avec l'aviation, de renseignement, de soutien sanitaire. Chaque Chindit doit se révéler meilleur combattant qu'un Japonais et capable, à l'instar des commandos, de pratiquer le combat rapproché ou de manier les explosifs.

Dans la nuit du 14 février 1943, les Chindits de Wingate, aidés par des actions de diversion, franchissent la rivière Chindwin. Cinq colonnes progressent au nord (2 200 hommes et 850 mulets) et deux au sud (1 000 hommes et 250 mulets). Ces dernières ont pour objectif de faire croire que c'est là que se produit l'effort principal, ce qui ne les empêche pas d'agir. Elles ont même exhibé un faux général pour abuser d'éventuels espions avant de s'enfoncer dans la jungle.

Un mois plus tard, les Chindits ont progressé de plusieurs centaines de kilomètres, faisant sauter les ponts et les lignes de chemin de fer, dressant des embuscades sur les routes. Les Japonais barrent les routes sans comprendre que les hommes de Wingate sont exclusivement ravitaillés par air. Ils ne déploient, à cet effet, pas moins de trois divisions sur les cinq qui occupent la Birmanie. Les Chindits doivent finalement se replier, ayant perdu un tiers de leurs effectifs et la plus grande partie de leur matériel. Épuisés par quatre mois de marche dans la jungle (1 600 kilomètres !), beaucoup devront être hospitalisés. Le général américain Charles Willoughby a décrit la jungle non de Birmanie mais de Papouasie, en tous points semblable : « La fièvre de dengue, la dysenterie bacillaire, le typhus, les ulcères tropicaux étaient le lot habituel des soldats. Nuit et jour, des nuages de moustiques, de mouches, de tiques, de fourmis, de puces et d'autres parasites torturaient les hommes. La maladie était un ennemi intraitable et qui ne se reposait jamais. »

Le bilan de cette première opération est mitigé, surtout au regard des pertes. Mais si les dommages infligés aux Japonais sont finalement assez minimes, Wingate a démontré la faisabilité de sa théorie de la pénétration à longue distance. Il apparaît aussi que les Japonais peuvent être vaincus sur leur propre terrain : la jungle. Sur le plan stratégique, l'incursion en profondeur des Chindits aura contribué, pour une part au moins, à dissuader le haut commandement japonais d'entreprendre une offensive vers l'Inde dès l'été 1943. Enfin, les exploits de ces hommes ont enthousiasmé Londres et tout particulièrement Churchill, grand amateur d'actions originales et d'opérations spéciales. Après tout, c'est la première bonne nouvelle qui parvient du *Far East*.

Le *Prime Minister* invite Wingate à Londres, puis insiste, non sans mécontenter son chef d'état-major, pour que ce soit celui-ci en personne qui présente son rapport et ses théories à la conférence de Québec qui se tient en août 1943. Imperturbable, Wingate planche devant les grands chefs américains et britanniques du CCS (*Combined Chiefs of Staff*) le 17 août, dès le premier jour de la conférence[2]. Il réussit parfaitement son opération de communication, glanant au passage ses galons de général de division et obtenant des Américains[3] une unité aérienne en propre.

---

2. En font notamment partie, côté britannique, Alan Brooke, chef de l'état-major impérial, et l'amiral Mountbatten, ancien chef des opérations combinées et tout juste nommé commandant des forces en Asie du Sud-Est, et, côté américain, George Marshall, chef d'état-major de l'US Army, ainsi que l'amiral King, commandant suprême des opérations navales.

3. Le commandement américain décide à cette occasion de créer une unité semblable à celle des Chindits : les *Merrill's Marauders*.

Ce *1st Air Commando Group* de l'USAAF, formé en mars 1944, est à l'image des Chindits. D'ailleurs, son emblème représente une tête de mulet avec des ailes aux oreilles et un coutelas de Gurkha entre les dents. Son commandant, tout aussi non conformiste et indiscipliné que Wingate, est le colonel américain Philip G. Cochran, 34 ans, qui s'est distingué pendant la campagne de Tunisie. Divers types d'appareils composent cette unité expérimentale, notamment des gros planeurs WACO et des transports C-47 justement dénommés Skytrain. Ces bimoteurs rustiques et solides peuvent transporter des parachutistes (28) ou du fret (4,5 tonnes), ou encore remorquer un planeur, voire deux. Ils illustrent à eux seuls le soutien logistique aérien dont les Chindits dépendent totalement. Le groupe aérien de Cochran compte également des bombardiers B 25 Mitchell, les meilleurs bombardiers moyens tactiques de la guerre, et des P 51 Mustang, redoutables chasseurs polyvalents[4], capables aussi bien de missions d'appui air-sol que de missions de reconnaissance à basse altitude. Cette unité, aussi peu conventionnelle que celle des Chindits, teste en outre les tout premiers hélicoptères de la guerre (six Sikorsky R-4) prévus pour l'évacuation des blessés. Onze escadrilles au total composent ce qu'on appelle déjà le « cirque Cochran ».

Au début de 1944, les forces de Wingate sont rebaptisées *Special Force* ou encore, plus discrètement, 3e division indienne. Les effectifs ont été portés à six brigades. Les rescapés de la première expédition encadrent les nouvelles recrues qui, pour la plupart, ne sont pas des volontaires. Un entraînement intensif (qui provoque

---

4. Ils sont armés de six mitrailleuses 12,7 mm et de dix roquettes.

des pertes non négligeables) les a transformées en futurs combattants de la jungle, prêts à participer à l'opération *Thursday*. Celle-ci commence le 9 mars 1944, avec une navette de planeurs qui va transporter 9 000 Chindits, 1 300 mulets et 250 tonnes d'armes et de matériel, soit l'effectif de deux brigades. Une troisième doit rejoindre par voie terrestre et les autres sont tenues en réserve. Cette fois, il ne s'agit plus de harceler l'ennemi, mais de l'attaquer frontalement.

L'opération paraît mal s'engager quand il apparaît, au tout dernier moment, que deux des quatre zones d'atterrissage qui ont été prévues à 300 kilomètres du point de départ sont jalonnées d'arbres abattus (en fait, par des bûcherons et non par les Japonais). Wingate ne saurait renoncer pour autant et des atterrissages ont lieu quand même, non sans casse. Sur Broadway, l'une des clairières prévues, plusieurs planeurs s'écrasent tandis que d'autres se perdent dans la jungle. Néanmoins, les premiers Chindits parvenus au sol remettent ladite clairière en état en douze heures à l'aide de petits bulldozers débarqués des planeurs. En quelques jours, une véritable base aérienne est établie sur les arrières de l'ennemi. Le 13 mars, la totalité des Chindits et de leurs mulets a été débarquée des planeurs, tandis que la 16e brigade LRP a progressé par voie de terre, en dépit d'effroyables difficultés de terrain.

Le 23 mars, la principale voie ferrée Rangoon-Myitkyina est coupée à plusieurs endroits, mais les Japonais réagissent. La piste Chowringhee, la plus à l'est, attaquée par l'aviation japonaise, doit être abandonnée. Le lendemain, Wingate s'envole de Broadway pour rejoindre Imphal à la frontière de l'Inde. Un peu avant l'atterrissage, son B 25 Mitchell du « cirque Cochran » est pris dans une tempête et s'écrase dans la jungle.

Wingate est tué ainsi que tout l'équipage. Une photographie prise quelques jours avant sa mort le montre au milieu de ses officiers, barbu (à l'instar de nombreux Chindits), le visage émacié et le regard fiévreux. Au lieu du large chapeau de brousse qui coiffe la plupart de ses hommes, il s'est affublé d'un casque colonial, aussi peu conformiste que son propriétaire.

L'opération *Thursday* se poursuit sous le commandement du général Lentaigne, avec des résultats de nouveau mitigés. Le 26 mars, une attaque directe lancée par la 16e brigade contre Indaw échoue. Elle avait été programmée par Wingate juste avant sa mort. Partout ailleurs, les Japonais résistent assez bien, car les batailles rangées ne conviennent pas aux Chindits, qui n'ont ni les effectifs ni l'armement lourd nécessaires. Le célèbre historien militaire britannique Basil Henry Liddell Hart écrit, à propos de Wingate, que « ses plans hautement élaborés mais assez mal conçus, commençaient à se désagréger ». Son supérieur hiérarchique, le maréchal Slim, qui commandait la XIVe armée en Birmanie, aurait dit de lui après la guerre : « Je pense qu'il n'était pas tout à fait sain d'esprit. » Lord Moran, le médecin personnel de Churchill, qui rapporte ce propos, écrit de son côté que c'était « un excentrique doué » et évoque plus loin « un être assez déséquilibré ». Il critique par la même occasion Churchill, qui s'était entiché du personnage, le prenant pour un nouveau Lawrence d'Arabie et célébrant son audace et son génie. Et lord Moran de conclure que « Wingate était d'une taille au-dessus de ce que j'imaginais, et de plusieurs tailles au-dessous de l'évaluation impulsive du P. M. ».

Une razzia hors de saison

Au début de mars 1945, la guerre contre le IIIe Reich s'achève. L'Armée rouge est prête à marcher sur Berlin, tandis que les Alliés sont en train de franchir le Rhin. Dans une Normandie en ruines, la guerre est finie depuis la fin de l'été 1944. La puissante logistique américaine continue à acheminer à partir du port de Cherbourg des millions de tonnes d'approvisionnements vers le front (*Normandy Base Section*). Des dizaines de milliers de prisonniers allemands sont employés au déblaiement des ruines, au déminage. Dans le petit port de Granville, ils sont une centaine, affectés au déchargement des cargos et, pour beaucoup, trop heureux d'en avoir fini avec la guerre. Personne, à commencer par eux, ne se soucie de la garnison allemande des îles Anglo-Normandes.

Au large de la côte ouest du Cotentin, Jersey, Guernesey, Sercq et Aurigny sont anglaises sans l'être, tout en l'étant. Hitler, qui a l'impression d'occuper ainsi une partie de l'Angleterre, y a fait installer une troupe d'occupation surdimensionnée : la 319.ID, une division d'infanterie de bonne qualité, renforcée par trois régiments d'infanterie et un régiment d'artillerie – l'équivalent de deux divisions. S'y ajoutent une flottille de petits bâtiments de la Kriegsmarine, quelques éléments de la Luftwaffe et des chars français de prise. Ces 35 000 hommes ont instauré une occupation relativement paisible avec la population, s'entraînant toutefois et s'employant à installer aux points névralgiques fortifications et batteries d'artillerie.

Cette occupation change de visage en 1942 avec l'installation à Aurigny de prisonniers de guerre polonais et russes, qui y subissent les conditions d'un camp de concentration[1]. Toujours est-il qu'en dépit d'exercices d'alerte sur les plages de Jersey et de Guernesey, la plupart des soldats allemands qui sont là espèrent bien y finir la guerre en toute tranquillité. Ne se sont-ils pas surnommés eux-mêmes la « division Canada » – celle qui est destinée à se retrouver bientôt prisonnière quelque part, bien à l'abri, au Canada ?

Vient le débarquement en Normandie. Ce serait l'occasion de jeter aussitôt ces soldats dans la bataille du Cotentin, notamment pour barrer aux Américains la route de Cherbourg. En dépit des demandes répétées de ses généraux, Hitler refuse. Dans son ordre du 4 mars 1944, suscité par l'approche de l'*Invasion*[2], il a érigé les îles Anglo-Normandes, en même temps que Cherbourg, en *Festungen* (« forteresses »). Là se résume la doctrine stratégique du Führer : ne pas reculer et se battre jusqu'au dernier homme. Mais le commandement allié de la grande opération *Overlord* n'a pas la moindre intention de perdre du temps et des hommes

1. Les quatre camps construits sur l'île d'Aurigny dépendent d'ailleurs du camp de concentration de Neuengamme.
2. C'est le même mot pour les Allemands et les Anglo-Américains (et aussi les Soviétiques). Le « Débarquement », avec une majuscule, est un terme spécifiquement français.

à débarquer sur les îles Anglo-Normandes. Le Cotentin est libéré fin juillet 1944 après de très durs combats, meurtriers pour les deux camps. Avranches l'est le 30, Granville le 31. La guerre s'éloigne et plus personne ne se préoccupe des Allemands retranchés dans les *Channel Islands*. Churchill dit d'eux que ce sont autant de prisonniers de guerre qui se gardent eux-mêmes. Le commandement d'*Overlord* se soucie si peu d'eux que le QG avancé du SHAEF[3] s'installe au cours de l'été 1944 à Jullouville, un petit village à quelques kilomètres au sud de Granville. Eisenhower, chef suprême de l'opération *Overlord*, est ravi de dormir dans une chambre avec vue sur la baie du Mont-Saint-Michel. Il ignore superbement les 35 000 soldats du Reich qui sont pratiquement en face de lui.

Les Allemands ont pour chef le contre-amiral Friedrich Hüffmeier, commandant les *Kanalinseln* (« îles de la Manche »). Celui qui a commandé le croiseur *Scharnhorst* de mars 1942 à octobre 1943 entend maintenir la valeur combative de ses troupes. Il ne désarme pas, faisant régulièrement tirer la batterie d'Aurigny sur La Hague, même si tous les ports de la Manche sont tombés dès la fin de 1944, à l'exception de Dunkerque, *Festung* commandée par un autre amiral à poigne, Friedrich Frisius.

Cependant, Hüffmeier doit composer avec la disette de plus en plus sévère qui sévit sur les îles Anglo-Normandes. L'arrivée, le 27 décembre 1944, d'un cargo suédois chargé de 100 000 colis de la Croix-Rouge, que les Allemands ont exceptionnellement autorisée, sauve momentanément la population civile de la famine. Le

3. *Supreme Headquarters Allied Expeditionary Force.*

sort de l'occupant n'est pas meilleur avec une ration quotidienne qui tombe en janvier 1945 à 1 250 calories (il en faudrait au moins le double). À la famine s'ajoute le froid d'un hiver exceptionnellement rigoureux. Il n'y a plus de charbon.

Cinq prisonniers allemands (dont quatre parachutistes justement réputés pour leur pugnacité) se sont évadés de Granville le 27 décembre 1944 pour rejoindre Jersey à bord d'un LCVP[4] dont ils se sont emparés. Les renseignements qu'ils ont fournis sur l'activité du port, son organisation intérieure ont donné à l'amiral Hüffmeier l'idée d'un coup de main. Granville est alors un « port charbonnier » à destination de la population civile. Il est de ce fait très peu gardé. Qui aurait l'idée, en effet, de s'attaquer à des cargos chargés de charbon ? Eh bien, les Allemands des îles Anglo-Normandes, justement. L'amiral voit aussi là l'occasion de remotiver ses troupes. Il faudra aussi rendre le port inutilisable. La guerre n'est pas finie.

Une première opération a été tentée pendant la nuit du 6 au 7 février 1945, mais elle a avorté en raison des conditions de navigation, souvent difficiles dans ce secteur de la Manche. Il faut attendre une nouvelle marée favorable, avec une nuit de pleine lune. Ce sera pour le 8 mars, sous le commandement du capitaine de corvette Mohr. Trois petites flottilles prennent alors la mer. La principale est composée de quatre avisos dragueurs de mines (600 tonnes) fortement armés et relativement

4. *Landing Craft Vehicle and Personnel* (l'une des petites barges du Débarquement).

rapides (17 nœuds). Ils ont pour mission l'attaque du port. Des commandos devront détruire les installations portuaires, incendier les dépôts et saborder les cargos qui ne pourront pas être emmenés. Un remorqueur les accompagne, qui devra extraire du port l'un des cargos à quai. Un deuxième groupe, avec trois barges porte-canons, protégera la flottille principale en engageant si nécessaire des patrouilleurs américains. Enfin, trois petits patrouilleurs rapides transportant un commando de 140 hommes feront diversion sur la basse ville avec mission de capturer des officiers américains.

Les trois chalands porte-canons appareillent de Saint-Hélier (le port de Jersey) vers 9 heures du soir. Ils sont armés chacun de deux pièces du redoutable « 88 » qui a fait ses preuves sur tous les champs de bataille de la guerre[5]. Le radar de Coutainville les repère aussitôt et ils sont pris à partie un peu après minuit, devant l'île de Chausey, par le *PC 564*, un patrouilleur plus rapide mais moins bien armé. Les 88 ont aussitôt raison de lui par deux coups au but. Par miracle, le navire ne coule pas et va parvenir à aller s'échouer, de longues heures plus tard, au nord de Cancale. La diversion est parfaite : dans le port, tous ceux qui ont aperçu les lueurs du combat se disent : « Ce n'est pas pour nous. » On se contente de retenir les cargos en partance : « Les Allemands patrouillent en mer ; vous serez plus en sécurité dans le bassin. »

Pendant ce temps, la flottille allemande s'approche. Le radar de Coutainville a enregistré tardivement ses échos et les a signalés au 156e RI stationné à Barneville.

5. Du fait de leur grande vélocité (820 m/s), de leur portée (efficace à 14 600 mètres) et de leur cadence de tir (11 coups/min).

Celui-ci fait mouvement sur Coutances sans soupçonner un seul instant que Granville est menacé. Il est 01 h 00 du matin lorsque les Allemands font irruption dans l'avant-port. La surprise est totale et la résistance à peu près nulle. Il n'y a ni batterie, ni même le canon d'un char pour tirer sur les intrus. Seul l'équipage d'un cargo britannique s'emploie à faire feu de ses armes légères.

Hélas pour eux, les assaillants ont mal calculé les heures de marée auxquelles est soumis le port de Granville. Un de leurs navires s'échoue sur la vase et va devoir être sabordé, faute de pouvoir attendre la marée remontante pour se renflouer.

Le choix de Mohr se porte sur le cargo *Eskwood,* dans les soutes duquel il ne reste que 112 tonnes de charbon. C'est relativement peu, mais les autres cargos qui sont encore à pleine charge commencent à talonner les fonds de vase avec la marée descendante. Seul l'*Eskwood* peut être remorqué. L'heure du coup de main a été décidément mal calculée. Pour la même raison, il ne sera pas possible de remorquer un cargo pour le couler dans la passe et rendre ainsi le port inutilisable pour longtemps. Les Allemands sont pourtant maîtres de la place de 01 h 30 à 03 h 00. Les cargos sont sabordés, mais pourront être assez facilement renfloués. Un remorqueur et une vedette sont coulés, les grues des docks détruites.

Pendant ce temps, les commandos allemands sèment la panique dans la ville basse, dans le secteur chic du casino et des grands hôtels. À l'hôtel des Bains, réquisitionné par les Américains, les Allemands surgissent dans les chambres et font des prisonniers. On entend cet ordre avisé : « Laissez les filles ! » Une fusillade éclate lorsqu'une Jeep survient à l'improviste. Le colonel américain qui rentrait se coucher au bien mauvais moment ainsi que son chauffeur sont tués. Le même scénario se répète à l'hôtel Normandy, mais cette fois les clients ont eu le temps, pour la plupart, de déguerpir. Au total, neuf prisonniers sont enlevés, dont quatre officiers.

03 h 00. Les renforts ne vont pas tarder à arriver et il faut se replier. Le remorqueur a déjà sorti l'*Eskwood* du port. L'équipage a dû se résoudre à mettre en chauffe. Le retour s'opère sans problème. Il n'y a pas de poursuivants et l'aviation, quoique réclamée, continue à briller par son absence. Décidément, la guerre est ailleurs. À l'aube, la flottille pénètre dans les eaux de Jersey. On ne dénombre que six tués et douze blessés. Soixante prisonniers allemands qui étaient cantonnés sur le port sont triomphalement ramenés dans le giron du IIIe Reich. Pour ces malchanceux, la guerre qui était finie recommence. Ils vont devoir de surcroît se contenter des rations de famine de la garnison allemande, eux qui s'étaient si bien habitués aux somptueuses rations K[6] de l'US Army.

---

6. La *Field Ration* de l'US Army ne compte pas moins de six catégories : la plus répandue, et très convoitée par une population civile affamée par quatre ans d'Occupation, est la ration K, pesant 1,4 kilos et composée de trois boîtes, une pour chaque repas de la journée. Au menu : viande, barre de pâte de fruits, café soluble pour le petit déjeuner (*Breakfast Unit*) ; fromage en conserve, tablettes vitaminées, jus de fruits en poudre pour le déjeuner (*Dinner Unit*) ; boîte de *corneed beef*, barre de chocolat, bouillon concentré pour le dîner (*Supper Unit*). Chacune des boîtes contient en outre : 3 morceaux de sucre, 2 paquets de biscuits crackers, 1 tablette de chewing-gum, 1 paquet de 4 cigarettes.

L'amiral des *Kanalinseln* pavoise et obtient la croix de fer pour Mohr, le chef de l'expédition. Le communiqué est triomphal, en dépit du maigre butin. Un nouveau raid est aussitôt préparé. Dans la nuit du 5 au 6 avril, une équipe de sabotage de dix-huit hommes amenés par un cotre débarque en canots pneumatiques sur plusieurs plages au sud du nez de Jobourg. Ils sont presque aussitôt faits prisonniers, mais trois d'entre eux réussissent à s'infiltrer jusque dans les faubourgs de Cherbourg, provoquant un branle-bas général. Ce n'est pas encore assez pour le bouillant amiral, qui prépare un nouveau raid sur Granville pour la nuit du... 7 mai 1945. On connaît la suite. Hitler suicidé, son successeur le grand amiral Dönitz a lancé aussitôt (et en vain) des émissaires pour une capitulation séparée à l'Ouest. Ce n'est pas le moment de repartir en guerre[7].

7. La population des îles Anglo-Normandes craignait une défense forcenée de l'amiral Hüffmeier, qui opère au contraire une reddition en bon ordre le 9 mai 1945. Sa « division Canada » n'est pas emprisonnée au Canada mais en Écosse. L'amiral est transféré le 11 juin 1946 au camp spécial de Island Farm (au sud du pays de Galles), réservé aux prisonniers de haut grade en attente du procès de Nuremberg. Outre von Rundstedt, il y retrouve l'amiral Frisius, défenseur de la *Festung* de Dunkerque. Il est libéré le 2 avril 1948 et décède en 1972 à l'âge de 74 ans.

OCCASION

— Qui es-tu ?
— L'occasion qui dompte tout.
— Et ta chevelure, pourquoi est-elle sur ton front ?
— Pour qu'on me saisisse quand on me rencontre.
— Et par-derrière, pourquoi es-tu chauve ?
— Pour que celui qui m'a laissé passer devant lui
de mes pieds ailés ne puisse plus me saisir,
au gré de son caprice, par-derrière.

(Posidippos – IIIe siècle avant J.-C.
– interrogeant une statue de la Fortune)

« Coup de cymbales »

À la fin de l'année 1941, la guerre sous-marine fait rage dans l'Atlantique et le tonnage coulé des convois à destination de la Grande-Bretagne ne cesse de croître : 3,9 millions de tonnes en 1940, 4,3 millions en 1941... Toutefois, l'action des sous-marins allemands est en partie paralysée parce qu'ils ne peuvent s'attaquer aux navires battant pavillon américain, officiellement « neutres » alors qu'il est patent qu'ils transportent du matériel de guerre à destination de la Grande-Bretagne. Le 4 septembre 1941, des destroyers américains, notamment l'*USS Greer*, ont été attaqués par des *U-Boote*. Le président Roosevelt a donné pour consigne de « tirer à vue » sur eux, mais le Führer a refusé à l'amiral Dönitz, commandant en chef de l'arme sous-marine, le droit d'en faire autant. L'amiral ronge son frein, et avec lui tous les équipages des *U-Boote*.

L'attaque de Pearl Harbor, le 7 décembre 1941, modifie la donne : les États-Unis déclarent la guerre au Japon, et Hitler entre en guerre contre les États-Unis quatre jours plus tard. On s'interroge aujourd'hui encore sur les motivations d'une décision aussi hasardeuse, mais en tout cas, dans la bataille de l'Atlantique, elle va permettre le passage d'une guerre couverte à une guerre ouverte. Dönitz peut lâcher ses meutes de « loups gris », comme seront bientôt surnommés les *U-Boote*.

Pour l'heure, ces meutes sont encore peu nombreuses : 91 sous-marins au total (mais 393 à la fin de 1942), dont 32 en Méditerranée ou à l'ouest de Gibraltar. En outre, pour un submersible en opération, il faut en compter un autre qui fait route (et souvent une longue route) soit aller soit retour, et un autre encore en révision ou en réparation. C'est pour cette raison que Dönitz ne cesse de plaider en faveur d'une construction massive. Mais il ne veut pas attendre pour frapper les États-Unis, pour donner ce qu'il appelle un « coup de cymbales » (*Paukenschlag*). C'est d'ailleurs par ce terme qu'il baptise l'opération qu'il médite depuis des mois et présente aux commandants des cinq *U-Boote* (seulement cinq) qu'il a réunis à la base sous-marine de Lorient, alors en pleine construction : « Vous allez opérer sur les côtes américaines. L'inexpérience des Américains ne durera qu'un temps. Il faut frapper vite. Durant toute la traversée, vous n'attaquerez pas, sauf un grand navire de guerre ou un navire marchand au-dessus de 10 000 tonnes. (...) Je me réserve la date de l'opération *Paukenschlag.* »

Le mot d'ordre « *Paukenschlag 13* » parvient aux commandants des *U-Boote* le 9 janvier alors qu'ils sont au milieu de l'Atlantique. Les attaques devant les côtes américaines devront commencer le 13 janvier à 00 h 00. Les équipages ont entamé leur longue route dans l'enthousiasme. Tous sont aguerris et leurs *U-Boote* se prévalent déjà de nombreux navires coulés. Ce sont des sous-marins de type IX à long rayon d'action, de 76,6 mètres de long, déplaçant 1 032 tonnes en surface et 1 152 tonnes en plongée. Ils sont armés de 22 torpilles que peuvent lancer six tubes, quatre en proue et deux en poupe. Ils sont pourvus d'un canon de pont de 105 pouvant tirer 110 obus et peuvent mouiller 44 à 66 mines (selon les types) à partir de leurs tubes lance-torpilles. Leur équipage compte 48 à 56 hommes, tous très jeunes comme leurs commandants. Le *Kapitänleutnant* Reinhard Hardegen, qui commande l'*U-123,* n'a que 27 ans. Il faut d'ailleurs être jeune pour supporter les dures conditions de vie à bord d'un sous-marin, en dehors même du combat. Pour une mission aussi lointaine, une partie de l'eau potable a été sacrifiée au profit de suppléments de mazout.

L'*U-123* n'a pas attendu le 13 janvier pour frapper, car le 11 à minuit le cargo britannique *SS Cyclope* de 9 000 tonnes croise sa route. Une torpille l'envoie par le fond. Deux nuits plus tard, l'*U-Boot* est devant New York, brillamment éclairé comme si les États-Unis n'étaient pas en guerre. Par dizaines, cargos, pétroliers, paquebots se croisent impunément, tous feux allumés. Ébahis, les autres commandants de sous-marins parvenus sur leur zone d'opération contemplent le même spectacle devant Boston, Norfolk. Ils aperçoivent même les phares des voitures qui circulent en bord de mer. Pour seule précaution, le trafic maritime s'applique à naviguer au plus près des côtes, à des profondeurs qui n'excèdent pas 30, voire 20 mètres, en faisant le calcul que jamais des sous-marins n'iront s'aventurer là : il leur faut des fonds d'au moins 150 mètres, sous peine d'être aperçus et détruits par un destroyer ou un avion.

C'est effectivement à cette profondeur, plus au large, que les *U-Boote* se posent sur des fonds sablonneux où ils restent tapis le jour. La nuit venue, ils font surface et viennent au plus près de la côte et des ports. Les torpillages commencent le 14 janvier. Dans son journal de bord, le commandant de l'*U-123* se désole que les sous-marins ne soient pas plus nombreux au milieu de tant de cibles. Le 14, il coule un cargo panaméen de 9 077 tonnes, le 15 un pétrolier de 6 768 tonnes, le 17 un vapeur plus modeste de 1 932 tonnes. Le 19, devant le cap Hatteras (Caroline du Nord), il en est à économiser ses torpilles. Il ne lui en reste que cinq et la première manque son but. Deux nouvelles coulent un cargo de 5 200 tonnes et un autre de 3 779 tonnes. Alors, pour épargner les deux torpilles qui lui restent, l'*U-123* fait surface derrière un pétrolier de 8 026 tonnes, le *Malay*, et l'attaque au canon. Bientôt, le pétrolier est en flammes. L'*U-Boot* plonge aussitôt pour couler un cargo tout proche, puis refait surface pour donner le coup de grâce au pétrolier qui entre-temps avait réussi à maîtriser son incendie et à câbler : « Nous sommes saufs. » Il y a encore bien d'autres proies, mais le sous-marin n'a plus de torpilles. Il lui faut rentrer à sa base.

Sur le chemin de retour, le 25 janvier, il coule encore au canon un cargo britannique de 3 044 tonnes, lui-même armé d'un canon de petit calibre mais qui a néanmoins engagé le combat avant d'être neutralisé. Le lendemain, c'est au tour d'un pétrolier norvégien de 9 231 tonnes d'être attaqué, toujours au canon et même à la mitrailleuse qui arme le kiosque. Lui aussi faiblement armé, le pétrolier a tenté de se défendre avant de chavirer et de s'enfoncer lentement dans les flots.

Le commandant de l'*U-123* relate qu'à cette occasion, il obligea un navire naviguant sous pavillon suisse à repêcher et recueillir les rescapés – ce qui pose la délicate question des lois de la guerre (et, de surcroît, de la guerre des nazis) lorsqu'elles se heurtent à la loi de la mer, laquelle depuis tout temps exige que l'on n'abandonne pas un naufragé. Cependant, un sous-marin en surface est toujours en danger et son commandant peut estimer qu'il ne doit pas risquer la vie de son bâtiment et de son équipage[1].

Les autres *U-Boote* de l'opération *Paukenschlag* ne sont pas en reste. L'*U-130* a coulé six navires pour un total de 36 993 tonnes ; l'*U-66*, cinq (33 456 tonnes) ; l'*U-109*, quatre (24 764 tonnes). L'*U-125*, quant à lui, n'a coulé qu'un navire de 5 666 tonnes. Cette première offensive sur les côtes américaines (que les Américains vont traduire par *Drumbeat Operation*), avec 158 585 tonnes de navires de commerce envoyés par le fond, s'accompagne d'une opération simultanée dans le golfe du Mexique et la mer des Antilles, où les pétroliers sont en priorité pris pour cible : 62 (327 000 tonnes) sont coulés en janvier 1942 et 69 (380 000 tonnes) en février. Des réservoirs de pétrole sur la côte sont incendiés à coups de canon.

Pour permettre aux *U-Boote* d'être opérationnels plus longtemps, en économisant un retour et un nouvel aller à travers l'Atlantique (11 000 kilomètres), l'amirauté

1. C'est dans cette « logique » de guerre que l'amiral Dönitz, après qu'en septembre 1942 trois *U-Boote* portant secours au transport de troupes britannique *Laconia* qui venait d'être torpillé auront été attaqués (dont l'*U-156*, auteur du torpillage), édictera l'ordre *Triton null* : interdiction à tous les *U-Boote* de toute opération de secours en mer. Cet ordre ne sera pas retenu dans l'acte d'accusation du procès de Nuremberg lorsqu'il apparaîtra que tous les sous-marins belligérants avaient des instructions analogues.

de la Kriegsmarine met progressivement en place un nouveau sous-marin de type XIV, aussitôt surnommé *Milchkuh* (« vache à lait »). Exclusivement affectés au ravitaillement, ils « livrent à domicile » du carburant, des torpilles, des pièces détachées, de l'eau potable et des vivres. Ils sont même dotés d'une boulangerie offrant le luxe du pain frais aux équipages au combat. Du personnel médical et des mécaniciens spécialisés sont à bord. Bien entendu, ces « vaches à lait » deviennent des cibles prioritaires pour la lutte anti-sous-marine qui se met en place.

Le 14 avril, les Américains font le compte des pertes, qui est effroyable : 198 navires, dont près de la moitié sont des pétroliers, ont été coulés pour un tonnage de 1 150 675 tonnes. Un seul *U-Boot* a été coulé. Les Britanniques sont exaspérés par autant d'insouciance, plaidant pour la tactique des convois qu'ils ont adoptée depuis longtemps. Cependant, la machine de guerre américaine se met en marche. Au printemps 1943, quatre *U-Boote* ont mystérieusement disparu dans le carré *BE*[2]. Dönitz s'interroge. Il n'a pas encore réalisé que ses *U-Boote* venaient de faire connaissance avec le radar et l'avion.

2. La Kriegsmarine a divisé l'Atlantique Nord et l'Atlantique Sud en zones quadrilatères désignées par deux lettres, elles-mêmes subdivisées en neuf carrés. *BE* se trouve sensiblement au centre de l'Atlantique Nord.

« *Get Yamamoto !* »

Après la victoire américaine de Midway (5 au 7 juin 1942), qui a rétabli l'équilibre des forces dans la guerre du Pacifique, une longue bataille d'usure s'est concentrée d'août 1942 au 7 février 1943 sur Guadalcanal, une grande île de l'archipel des Salomon. Au terme de ce qu'on a appelé parfois « le Verdun du Pacifique », une cinquantaine de navires de guerre tant américains que japonais ont été coulés rien qu'au large de Guadalcanal, dont les eaux seront baptisées « le fond de ferraille ». La différence des pertes en hommes est significative dans la façon qu'ont les États-Unis et le Japon de mener la guerre : 1 600 tués du côté américain contre 15 000 à 24 000 du côté japonais. Avant cette campagne, le Japon restait triomphant en dépit de Midway. Après, il va se trouver réduit à la défensive. Mais la guerre n'est pas finie pour autant et elle promet même d'être longue. Un correspondant de guerre américain fait remarquer : « Jusqu'alors, ce sont les Japs qui ont été obligés de venir nous chercher. Bientôt, ce sera à notre tour de le faire. »

Le chef suprême de l'aéronavale japonaise, dite « flotte combinée », est l'amiral Isoroku Yamamoto. Il n'est plus tout jeune (59 ans en 1943), lui qui a participé à la célèbre bataille de Tsushima contre la Russie, en 1905. Une brillante carrière l'a notamment conduit à Washington, comme attaché naval, de 1925 à 1928. Il a même été inscrit à Harvard de 1919 à 1921. Ce passé américain ne l'a pourtant pas empêché de pousser à la guerre contre les États-Unis. Promoteur dans son pays du porte-avions, il a été nommé en 1939 chef de la flotte combinée – une véritable révolution en termes de pensée stratégique. Promu amiral en 1940, il est celui qui a conçu et imposé la décision de l'attaque de Pearl Harbor. Il envisageait même sérieusement un débarquement sur Hawaï, à 6 000 kilomètres de ses bases, avant de se montrer plus réaliste en avertissant Tokyo que le Japon ne pourrait pas rester vainqueur au-delà de six mois de conflit.

Les Américains ne lui pardonnent naturellement pas l'attaque sans déclaration de guerre de Pearl Harbor. L'amiral japonais ne brille pourtant pas par ses qualités de chef de guerre. À Midway, escomptant que les porte-avions américains ne sortiraient pas de Pearl Harbor avant l'annonce du débarquement sur l'île, il a divisé sa formidable armada en trois formations distinctes, séparées par d'énormes intervalles. Ce faisant, il a ignoré l'efficience des services de renseignement américains. Depuis 1923, le service de décryptage de l'armée américaine MAGIC « écoute » les Japonais, dont il parvient à « casser » les codes successifs (mais pas totalement ceux de la marine, très difficiles à décrypter[1]).

Après Midway, qui lui a coûté 4 porte-avions (contre un américain), 332 avions (contre 147 américains) et 2 croiseurs lourds, Yamamoto a perdu la face, mais

1. D'où l'ignorance de l'attaque de Pearl Harbor.

se maintient au commandement pour ne pas démotiver ses équipages. De toute façon, porté au pinacle par l'intense propagande de son pays, il ne saurait être brutalement limogé. Son immense prestige au Japon est inversement proportionnel aux qualités de stratège dont il a fait preuve à Guadalcanal, lui qui s'est refusé à engager le gros de la flotte combinée pendant qu'elle surclassait encore les forces américaines. Par ailleurs, la coordination dans les opérations de débarquement entre la marine impériale et l'armée de terre souffre d'insuffisance, tout comme la logistique.

Alors que la perte de Guadalcanal rend impossible une victoire ultérieure dans les îles Salomon, Yamamoto n'en médite pas moins une contre-offensive aérienne (opération *I-Go*) visant à sécuriser, plus à l'est, la grande base aérienne de Rabaul, dans l'archipel Bismarck. C'est dans cette perspective qu'il décide de partir en tournée d'inspection afin de remotiver ses troupes. La première étape est l'île de Bougainville, à mi-chemin précisément entre Guadalcanal et la Nouvelle-Bretagne où se trouve la base de Rabaul.

C'est ainsi que le 14 avril 1943, les opérateurs de MAGIC interceptent et déchiffrent un message qui donne dans ses moindres détails la feuille de route de l'amiral avec un départ de Rabaul le matin du 18 avril pour l'aérodrome de Ballale, un îlot à proximité immédiate de Bougainville. Tout est précisément indiqué : horaires, dispositif de transport, escorte. L'occasion est trop belle, d'autant que le délai laissé permet de préparer une interception et, avant cela, d'en référer à la chaîne du commandement qui, pour une opération aussi névralgique, va jusqu'à la Maison Blanche. On ne prêtait pas au président Roosevelt un caractère aussi expéditif quand il répond : « Get Yamamoto » – ce qui signifie en clair : « Tuez-le »[2].

L'amiral Nimitz, commandant en chef des forces du Pacifique, après concertation avec l'amiral Halsey, commandant en chef de la zone du Pacifique Sud, lance ainsi l'opération *Vengeance*[3] visant à intercepter et abattre en plein vol l'avion de Yamamoto. Jamais dans l'histoire de la guerre, une interception n'a dû s'opérer à une aussi longue distance. De la piste d'envol sur Guadalcanal à celle prévue pour l'atterrissage de Yamamoto sur l'îlot de Ballale devant Bougainville, il y a 400 milles. Mais plutôt qu'un vol direct dont les intentions pourraient être devinées, une approche latérale a été décidée – ce qui porte le trajet aller à 600 milles auxquels s'ajoutent les 400 d'un retour présumé. Au total, donc : 1 000 milles (1 610 kilomètres). Le seul avion à posséder une telle autonomie, à condition d'emporter sous ses ailes des réservoirs supplémentaires largables, est le Lockheed P38, dit *Lightning* (« éclair »). C'est un chasseur intercepteur lourd, bimoteur à double fuselage, puissamment blindé et pourtant capable de voler à 666 km/h. Son plafond exceptionnel de 13 400 mètres, son armement (un canon de 20, 4 mitrailleuses 12,7 et 10 roquettes) et son

2. Selon Nicolas Bernard (*La Guerre du Pacifique*, Tallandier, 2016), aucun document n'atteste que Roosevelt ait donné un tel ordre. La décision en reviendrait donc à l'amiral Nimitz, mais on voit mal, dans cette affaire hautement politique, ce dernier ne pas en référer à la Maison Blanche *via* Frank Knox, secrétaire d'État à la Marine.

3. C'est le même mot en anglais et en français.

long rayon d'action le destinent tout particulièrement à la guerre du Pacifique[4].

L'honneur de mener l'opération *Vengeance* échoit au 339e escadron du 347e groupe de chasseurs de la 13e Air Force. Lors des briefings, les pilotes des dix-huit P38 engagés ont simplement été informés que la mission est d'abattre l'avion d'un haut dignitaire japonais. Le nom de Yamamoto n'a pas été prononcé. Ils sont, en revanche, parfaitement renseignés sur les avions japonais qu'ils vont devoir rencontrer : 6 chasseurs Zero[5] escortant 2 Betty. Pour ne pas se perdre dans les noms des avions japonais, les Américains, toujours pratiques, ont inventé une nomenclature simple pour leur désignation : des prénoms masculins pour les chasseurs et féminins pour les autres. « Betty » désigne le bombardier

4. C'est l'un et l'autre sur un P38 que se distingueront les deux plus grands as de l'armée de l'air américaine : Richard L. Bong (40 victoires) et Thomas McGuire (38 victoires). Par comparaison, Pierre Clostermann fut crédité de 33 victoires dans la RAF. Quant aux as allemands, ils parvinrent aux nombres parfois contestés de 100, voire 200 et même 300 victoires – mais pour beaucoup sur le front de l'Est avant que l'Union soviétique ne se dote d'appareils capables de lutter. Eric Hartmann, principalement sur un Messerschmitt BF109-G, est le détenteur du « record » mondial de la Seconde Guerre mondiale avec 352 victoires. Il est mort dans son lit en 1993.

5. Le « Zero » (Mitsubishi A6M5 type 0) est le plus célèbre et le plus fabriqué des avions japonais de la Seconde Guerre mondiale. C'est un modèle de manœuvrabilité et de rapidité, conçu pour le combat tournoyant. Son rayon d'action est impressionnant (3 105 kilomètres), mais son blindage est inexistant, car tout a été sacrifié pour sa légèreté. Il est donc très vulnérable. Son indéniable supériorité sur les avions américains à la fin de 1941 n'a été que provisoire. En 1943, il est totalement surclassé par les avions américains.

léger bimoteur de la marine impériale Mitsubishi G4M, le plus construit, la bonne à tout faire de l'aéronavale, servant tout autant de transport de matériel que de personnel. Un avion, à l'image du Zero, moins cher à construire que ses adversaires américains, mais dépourvu de blindage et de réservoirs d'essence auto-obturants. Ils s'enflamment si facilement que les pilotes américains le surnomment *One shot lighter* (« briquet à un coup ») ou encore le « Zippo volant ».

Les dix-huit P38 décollent de Kukum Field sur Guadalcanal le 18 avril à 07 h 25. Deux d'entre eux ratent leur décollage, mais seuls quatre appareils ont été désignés comme *Flight Killer* (« le vol tueur » – ceux qui sont chargés d'abattre les deux Betty), les autres devant assurer la couverture et prendre à partie les Zero de l'escorte.

Peu de temps auparavant, les deux Betty japonais ont décollé de Rabaul pour un vol de 500 kilomètres, l'un transportant l'amiral Yamamoto et son chef d'état-major et l'autre son état-major. Pour les P38, assignés au silence radio, l'impondérable majeur réside dans le respect ou non des horaires. L'atterrissage de Yamamoto a été prévu à 09 h 40 (heure de Tokyo). Heureusement, l'amiral est réputé pour être un maniaque de la ponctualité. L'heure, c'est l'heure. Il va être servi !

Les pilotes américains sont parvenus aux approches du terrain d'atterrissage japonais avec cinq minutes d'avance sur l'horaire présumé. Ils ne vont pas pouvoir tourner longtemps sans donner l'alerte et commencent à douter de leurs chances d'interception quand ils aperçoivent au-dessus d'eux les avions japonais qui entament leur descente. Il est 09 h 34, ce 18 avril 1943. Un combat inégal commence aussitôt entre les 6 Zero et les 12 P38, tandis que les 4 appareils du *Killer Flight* fondent sur les deux Betty, qui tentent de s'esquiver en volant au ras des flots. Mais ils n'ont aucune chance d'en réchapper. L'avion de Yamamoto s'écrase dans la jungle tandis que l'autre s'abîme en mer. L'un des pilotes du *Killer Flight*, le lieutenant K. Hine, ne rentre pas de mission. Ce sera la seule perte américaine de l'opération *Vengeance*.

Les circonstances exactes de ce qui s'est passé durant ces quelques minutes sont mal connues et les informations assez contradictoires quant à savoir quel pilote précisément a abattu l'avion de Yamamoto (les avions de chasse n'ont pas encore de caméras couplées à leurs canons et à leurs mitrailleuses). On pourrait certes invoquer « le travail d'équipe », mais dans toutes les aviations militaires du monde, l'homologation d'une victoire ne peut être attribuée qu'à un seul pilote[6].

Une patrouille de secours découvre le lendemain l'épave du bombardier dans la jungle, au sud de l'île de Bougainville[7]. Yamamoto a été éjecté de l'avion avec son siège sur lequel il se tient droit, sa main revêtue d'un gant blanc tenant son sabre de samouraï (à en croire le rapport édifiant de la patrouille japonaise). Après autopsie, il apparaît que l'amiral a reçu deux balles de mitrailleuse avant le crash, dont une dans la

6. Avec parfois le compromis d'une demi-victoire. « *Who shot down Yamamoto ?* » fait encore aujourd'hui de temps à autre le sujet de revues américaines d'histoire militaire.

7. Le site du crash et ce qui reste de la carcasse du Betty après le pillage des collectionneurs, se visitent encore aujourd'hui. L'accès n'est pas évident, comme on peut le constater sur YouTube (*Yamamoto's Plane Wreck*).

tête. Ses cendres sont rapatriées au Japon sur le cuirassé *Musashi* et sa mort est considérée comme une telle catastrophe qu'elle est tenue secrète jusqu'au 21 mai. Le speaker japonais qui l'annonce à la radio termine son communiqué en fondant en larmes. Les funérailles ont lieu le 3 juin 1943 et le titre d'amiral de la Flotte est accordé à Yamamoto à titre posthume, ainsi que l'ordre du Chrysanthème, la plus haute distinction du Japon, très rarement accordée. Il est aussi le seul étranger à recevoir la plus haute distinction de l'Allemagne nazie : la croix de fer de chevalier avec feuilles de chêne et glaives.

Chez les Américains, on exulte, mais on attend l'annonce officielle de sa mort pour diffuser la nouvelle. Il faut impérativement laisser les écoutes de MAGIC dans l'ombre. La presse américaine pavoise : « *YAMAMOTO SHOT DOWN !* » À la radio, on passe en boucle le chant de marche *Remember Pearl Harbor !* À coup sûr, un coup terrible vient d'être porté au moral des Japonais au moment même où les victoires ont cessé de leur sourire[8].

8. Après la guerre, le célèbre correspondant de guerre américain Bob Miller créera une polémique en demandant si, au regard de l'acharnement du Japon à continuer la guerre, ce fut une bonne idée que d'éliminer Yamamoto : « Cette bévue macho-militaire, fruit du ressentiment, a éliminé le seul Japonais qui aurait pu abréger la guerre du Pacifique. »

La capture de l'*U-505*

Depuis sa mise en service à la fin d'août 1941, l'*U-Boot 505* (type IX-C à long rayon d'action) joue de malchance. Son « tableau de chasse » est maigre, avec seulement huit navires coulés (sept cargos et un pétrolier) à la mi-1944. Ceci expliquant cela, ses avaries continuelles l'obligent souvent à rebrousser chemin pour rejoindre son port d'attache, à Lorient. Il apparaît bientôt que celles-ci sont le résultat de sabotages menés par des dockers français. À la base de Lorient, c'est devenu un sujet de plaisanteries. On dit que l'*U-505* est le seul sous-marin qui reviendra toujours de mission. Le moral de l'équipage s'en trouve profondément affecté, au point que lors de sa dixième sortie, après dix longs mois de réparation à Lorient et au cours d'une sévère attaque de destroyers devant les Açores, le 24 octobre 1943, son commandant Peter Zschech, 25 ans, se tire une balle dans la tête à son poste de commande.

Le commandant en second, Paul Meyer, qui reconduit le sous-marin au port, est « absous de tout blâme » par l'amirauté tant est grande la réputation d'indiscipline à bord. Certains officiers ont conseillé à l'amiral Dönitz de disperser l'équipage, plus démoralisé que jamais,

mais celui-ci s'est contenté de nommer un nouveau commandant, Harold Lange, en qui il a toute confiance. À 40 ans, Lange est pourtant terriblement vieux pour commander un *U-Boot*.

L'équipage, qui reprend la mer pour sa onzième sortie le jour de Noël 1943, avait demandé à être dispersé dans d'autres affectations, mais Dönitz a craint que ce soit l'occasion de propager le récit de l'effroyable épisode du suicide, évidemment tenu secret. Cette nouvelle patrouille s'achève le 2 janvier 1944, sans navire coulé mais avec le sauvetage de trente-trois marins d'un torpilleur de la Kriegsmarine envoyé par le fond dans le golfe de Gascogne le 28 décembre 1943.

Pour sa douzième sortie, l'*U-505* va continuer à jouer de malchance. Il rôde au début de juin 1944 au large des côtes du Rio de Oro sans le moindre cargo à son tableau de chasse quand les écoutes britanniques d'Ultra[1] le localisent et le signalent au Task Group 22-3 qui opère dans le secteur. Ce *Hunter-killer group* américain spécialisé dans la chasse aux *U-Boote* est composé du porte-avions d'escorte flambant neuf l'*USS Guadalcanal* (7 800 tonnes) et de cinq destroyers. Vingt-sept avions sont toujours prêts à décoller pour fondre sur leur proie.

---

1. Abréviation d'*Ultrasecret*. Depuis juin 1940, les services secrets britanniques ont réussi (grâce aux services de renseignement polonais et français) à déchiffrer les messages codés allemands (machine à chiffrer *Enigma*). Nombre d'opérations allemandes, petites et grandes, sont ainsi éventées. Au plus fort de la guerre, des milliers de messages sont déchiffrés chaque jour. De façon tout à fait étonnante, le haut commandement allemand ignorera jusqu'à la fin de la guerre que le secret d'*Enigma* n'en était plus un.

Ce sont principalement des Avenger[2], véritables tueurs de sous-marins. Le porte-avions a également embarqué plusieurs chasseurs Wildcat[3].

Le *task group* que commande le capitaine de vaisseau Daniel V. Gallery, 43 ans, a coulé deux *U-Boote* au cours des mois précédents. Le commandant de l'un d'eux (*U-515*) a été fait prisonnier en même temps qu'une partie de l'équipage, mais ce dont Gallery rêve, c'est de capturer un *U-Boot* intact. Il n'a reçu aucune instruction dans ce sens, mais il a forgé cette idée un peu folle en constatant que l'équipage de l'*U-515*, fort pourtant de vingt-cinq navires coulés, n'a pas résisté ni même cherché à saborder son bâtiment quand il s'est vu cerné de toutes parts. Gallery n'a pas manqué d'informer ses adjoints de son ambition et de la leur faire partager. Il ne s'agira plus d'envoyer par le fond un *U-Boot* de plus, mais d'aller à l'abordage, comme au temps de la marine à voiles et des pirates.

Le matin du dimanche 4 juin 1944, le destroyer *USS Chatelain* signale un contact sonore[4] à 700 mètres sur

2. Avenger (TBF Grumann) : bombardier torpilleur de l'US Navy, le plus performant et le plus solide de toute la guerre. Avec une puissance de 1 900 chevaux, un plafond de 6 800 mètres et un rayon d'action à pleine charge de 1 600 kilomètres, il porte une torpille de 900 kilos ou un poids équivalent en bombes. Son équipage est de trois hommes (pilote, torpilleur-canonnier arrière, canonnier ventral).

3. Wildcat (F4F Grumann) : chasseur américain embarqué utilisé par l'US Navy et la Royal Navy, au moteur surpuissant (1 200 chevaux) et au long rayon d'action (1 360 kilomètres). Vitesse maximum : 531 km/h.

4. Détection sous-marine par ultrasons : ASDIC (*Allied Submarine Detection Investigation Committee*) ou, pour la marine américaine, SONAR (*Sound Navigation Ranging*).

son tribord. Il s'agit parfois d'une épave, mais par précaution Gallery fait appeler aux postes de combat tout en éloignant le porte-avions qui ne doit jamais rester sur les lieux d'un contact sonore, en laissant opérer ses destroyers plus rapides et manœuvriers. Quelques minutes plus tard, un nouveau message du *Chatelain* annonce la présence d'un sous-marin en ajoutant : « Nous commençons l'attaque. »

Deux autres destroyers le rejoignent, tandis que deux Wildcat décollent. En 1944, le grenadage d'un sous-marin a fait d'énormes progrès. Ce n'est plus une par une que sont lancées les lourdes grenades mais par gerbes de vingt-quatre expédiées par un *hedgehog* (« hérisson »). C'est dire qu'un *U-Boot* détecté a désormais bien peu de chances d'échapper à une meute de destroyers. Les deux Wildcat repèrent la sombre silhouette de l'*U-Boot* qui glisse sous l'eau. Ils mitraillent la surface pour indiquer la position aux destroyers qui accourent et entament leur grenadage.

Il ne s'est écoulé que quelques minutes quand le pilote d'un des Wildcat s'exclame : « Du gas-oil ! » ajoutant presque aussitôt : « Le sous-marin fait surface ! » (*Sub is surfacing !*). C'est l'*U-505* qui émerge ainsi lentement de l'eau. Toujours obsédé par son projet, Gallery a donné l'ordre de ne tirer qu'avec des pièces de petit calibre qui ne risquent pas de couler le sous-marin. Un membre de son équipage témoignera que dès avant cette attaque, le submersible était en mauvais état et que son commandant avait décidé de rentrer à la base. L'intensité du grenadage a empêché l'*U-Boot* de lancer ses torpilles et ce n'est que de justesse qu'il a pu chasser l'eau des ballasts tandis qu'il commençait à s'enfoncer.

Persuadé que son bâtiment est en train de sombrer, Lange a donné l'ordre de le saborder et de l'évacuer, mais le tir des Wildcat se concentre sur le kiosque, le blesse et tue un matelot à côté de lui. La mer grosse et la mauvaise visibilité permettent néanmoins à tout l'équipage de se jeter à l'eau. Dans la précipitation, le sabordage a été mal effectué et l'eau de mer ne pénètre que lentement dans le sous-marin. Ses machines n'ont même pas été stoppées et, son gouvernail étant bloqué, il commence à décrire lentement un cercle qui, à un moment, le rapproche du *Chatelain*. Persuadé qu'on l'attaque, celui-ci lance une torpille qui manque son but.

« Aux postes d'abordage ! » Gallery a pu donner enfin l'ordre tant attendu. Huit hommes du destroyer *Pillsbury* conduits par le lieutenant Albert David mettent un canot à la mer et se lancent à la poursuite du sous-marin qui continue à décrire des cercles. L'abordage ne se fait pas sans mal, mais David parvient cependant à sauter sur le pont et à se hisser sur le kiosque où gît le corps du matelot tué de plusieurs balles de mitrailleuse. Devant lui, le trou béant du kiosque est resté ouvert. Y a-t-il encore des Allemands qui l'attendent l'arme au poing ? Des charges à retardement sont-elles sur le point d'exploser ? L'*U-Boot* n'est-il pas en train de sombrer ? Aucune de ces questions ne retient David et ses matelots, qui se glissent dans le sous-marin. Celui-ci est vide, mais il reste à stopper les moteurs électriques, fermer les vannes de sabordage, désamorcer d'éventuels pièges. Ces actions sont d'autant plus hasardeuses que personne ne sait déchiffrer les cadrans évidemment rédigés en allemand. Gallery écrit dans ses *Mémoires* que c'est un miracle qu'un matelot n'ait pas tripoté les commandes des tubes lance-torpilles.

Dès que ses moteurs ont été coupés, le sous-marin a commencé à s'enfoncer dans l'eau. À tout hasard, l'équipe d'abordage se saisit de tous les documents du bord et les jette dans le canot. Le destroyer *USS Pillsbury* s'approche pour tenter un remorquage, mais il heurte le sous-marin et s'occasionne une voie d'eau qui le force à s'éloigner. Les heures passent. Tandis que des destroyers s'emploient à repêcher les matelots allemands, c'est le *USS Guadalcanal* lui-même qui finalement s'approche et met une chaloupe à la mer pour frapper une élingue. Le porte-avions met en avant lente et entreprend avec succès ce remorquage unique dans les annales de toutes les marines de guerre : un porte-avions tirant derrière lui un sous-marin ennemi[5].

Pour exploiter tous les secrets du sous-marin allemand, il importe de laisser croire qu'il a été coulé. Aussi est-il décidé de rejoindre les Bermudes à 1 700 miles de là (3 150 kilomètres), un pétrolier puis un remorqueur prenant le relais du *Guadalcanal*. Ce n'est que le 19 juin que l'étrange convoi fait son entrée à Port Royal Bay. La bannière étoilée flotte sur l'*U-Boot* tandis que Gallery s'est installé à son kiosque. L'*U-505* va faire désormais l'objet d'analyses attentives. Outre les précieux codes des sous-marins en opération et l'étude du journal de bord, la découverte de torpilles acoustiques dont on ignorait l'existence va se révéler riche d'enseignements.

Avant d'être promu amiral et de recevoir la *Distinguished Service Medal*, Gallery devra d'abord subir l'ire

---

5. Cf. YouTube : *United States Navy – Now it can be told – U505 Capture World War II* (16'09).

de son grand chef l'amiral King, qui lui reprochera d'avoir mis en danger le réseau Ultra. En soupçonnant la capture de l'*U-505*, les Allemands auraient pu changer tous leurs codes. King a même parlé de cour martiale, Gallery ayant dû certes se saisir des codes mais aussitôt envoyer le sous-marin par le fond.

L'*U-505* va finir la guerre « déguisé » en sous-marin américain et les hommes du Task-Group 22-3 tenus au secret. Quant à l'équipage de l'*U-Boot*, il va être détenu à part, soigneusement isolé des autres camps de prisonniers de guerre allemands[6].

6. Après la guerre, le désormais fameux *U-505* entame une grande tournée d'exposition dans différents ports de l'Atlantique. L'amiral Gallery, originaire de Chicago, obtient du Congrès les crédits nécessaires pour que l'*U-505* devienne un navire musée dans sa ville natale. En 1954, le sous-marin est remorqué le long du fleuve Saint-Laurent, traverse trois grands lacs, fait escale à Québec, Montréal, Toronto, Buffalo et Detroit avant d'arriver finalement à Chicago, le 26 juin 1954. Il est aujourd'hui exposé au musée de la science et de l'industrie de Chicago. Le transport spectaculaire de l'*U-505* et son encagement dans une fosse en béton, du 8 au 24 avril 2004, est visible sur YouTube (*Moving the U-505 Submarine* – 4'51) ainsi que sa présentation au musée (WW2 *German Submarine U-505 at the Museum of Science and Industry* – 6'38).

PSYCHOLOGIE

L'art de la guerre,
c'est de soumettre l'adversaire sans livrer bataille.

(Sun Tsu, VIe siècle avant J.-C.)

Abattre un adversaire,
c'est moins le capturer que le captiver.

(Paul Virilio)

Le taureau de Scapa Flow

Scapa Flow, une grande baie naturelle abritée des vents, nichée au sein des îles Orcades à la pointe nord-est de l'Écosse, est depuis 1913 la base navale de la *Home Fleet*, la flotte de guerre qui protège les îles Britanniques. Elle a joué un rôle considérable pendant la Grande Guerre, assurant la couverture de la mer du Nord et le blocus de l'Allemagne. C'est là que, le 21 juin 1919, la flotte de guerre allemande qui y était internée s'est sabordée (74 navires, dont 11 cuirassés et 5 croiseurs lourds).

La base est réputée inviolable. En octobre 1914, l'*U-9*, qui venait de couler le mois précédent trois croiseurs en une heure, tenta en vain d'entrer dans la baie. Le mois suivant, l'*U-8* parvint à forcer la passe sud (Hoxa Sound), mais fut aussitôt repéré, éperonné et acculé à la reddition. Des défenses anti-sous-marines ont alors été installées : *blockships*[1], filets d'acier, champs de mines... L'*U-16* a heurté l'une d'elles et a coulé, le 28 octobre 1918, en tentant à son tour une incursion dans la rade.

1. Vieux navires coulés dans les passes pour en restreindre le passage.

C'est dire que lorsque la guerre éclate en 1939, la menace d'une incursion sous-marine ne devrait pas être ignorée. Et si Churchill, appelé au poste de Premier lord de l'Amirauté (avec un siège au cabinet de la Guerre), n'a pas manqué d'aller aussitôt inspecter les installations de Scapa Flow (du 14 au 16 septembre 1939), tous les yeux sont pour lors tournés vers la Pologne que viennent d'envahir les armées du IIIe Reich. De toute façon, le bouillonnant Churchill, qui n'est pas encore le Premier Ministre, songe plus à l'attaque qu'à la défense, multipliant des projets d'envergure contre l'Allemagne. Quant à sa chère Navy, il reste marqué par le passé, avec la prédominance des grands navires de surface. À l'instar de ses amiraux, il ne croit pas vraiment à la menace des *U-Boote,* qui se sont pourtant illustrés lors du conflit précédent. Dans une lettre qu'il adresse le 25 mars 1939 au *Prime Minister* Neville Chamberlain, il écrit : « Le sous-marin a été maîtrisé. »

En Allemagne, Karl Dönitz pense exactement l'inverse. Entré dans la marine impériale en 1910, à 19 ans, il a commandé deux sous-marins pendant la Grande Guerre. Après 1919, resté dans la petite marine de guerre allemande du traité de Versailles, il n'a cessé de plaider en faveur de l'arme sous-marine, publiant *Die U-Boot Waffe* (« L'arme sous-marine »), et préconisant une flotte tout entière ou presque dédiée au sous-marin avec une stratégie ne ciblant que les navires marchands et tout particulièrement les pétroliers, en menant ainsi une guerre économique visant à asphyxier l'ennemi potentiel, « l'Anglais » pour ne pas le nommer. En 1935, après l'accord naval unilatéral avec la Grande-Bretagne qui autorise l'Allemagne à construire une marine de guerre à condition que celle-ci ne dépasse pas 35 % de la flotte britannique, Dönitz, devenu capitaine de vaisseau, est chargé de reconstituer l'arme sous-marine. Il s'oppose alors au chef de la Kriegsmarine, l'amiral Raeder, qui doute de l'efficacité du sous-marin et reste partisan de la flotte de surface. Le programme de construction qui a été décidé est le résultat d'un compromis : 2 cuirassés, 2 croiseurs de bataille, 16 destroyers et 28 sous-marins.

Dönitz est convaincu que les navires de ligne de la Kriegsmarine, trop peu nombreux, privés de bases proches et de couverture aérienne, ne pourront pas opérer valablement en Atlantique, tandis que « le sous-marin sera toujours l'épine dorsale de la lutte contre l'Angleterre et le meilleur agent de pression politique contre elle ». Il conçoit des attaques massives d'*U-Boote*, en meute (*Rudeltaktik*), mais pour cela, il faut augmenter radicalement le programme de construction des sous-marins et donc commencer par convaincre Raeder. À la veille du conflit, il demande une flotte de 300 sous-marins, mais le second traité naval de Londres interdit la guerre sous-marine à outrance et, après tout, Dönitz n'est encore que capitaine de vaisseau et, au-delà, les questions concernant la marine n'intéressent que faiblement le Führer. À la déclaration de guerre, un nouveau plan de construction de *U-Boote* prévoit 7 unités en 1939, 45 en 1940, 120 en 1941. Pour Dönitz, qui en voudrait 25 par mois, ce n'est pas assez. Il décide alors de faire une démonstration à sa hiérarchie.

C'est à bord du *Weichsel*, un ravitailleur de sous-marins basé à Kiel qui lui sert de QG, que Dönitz convoque un beau dimanche le *Kapitänleutnant* Günther Prien, 31 ans, qui commande l'*U-47*, issu d'une nouvelle classe de sous-marins océaniques, armés de 5 tubes lance-torpilles (14 torpilles en magasin) et dotés d'un équipage de 44 à 48 hommes. Mis en service en décembre 1938, l'*U-47* vient d'accomplir une première sortie dans le golfe de Gascogne où il a coulé trois cargos britanniques, les premiers de la guerre.

Dans le carré du navire où se présente Prien, se trouve auprès de Dönitz le chef de la VIIe flottille de sous-marins, basée à Kiel. Des cartes sont étalées sur la table : ce sont celles des îles Orcades avec, au beau milieu, Scapa Flow. Le chef de la VIIe flottille s'explique longuement. Lui-même, à bord d'un petit sous-marin de reconnaissance, vient d'effectuer une approche des passes. D'excellentes photographies prises par des avions météo complètent ses observations. Toutes les passes sont barrées par des filets anti-sous-marins, à l'exception de celle du Kirk Sound au nord qui est fermé par des *blockships*. Une brèche de 17 mètres subsiste, seulement à marée haute, une voie étroite qu'empruntent les patrouilleurs. La profondeur n'est que de 7 mètres et interdit évidemment toute approche en plongée. Toutes ces explications étant données, Dönitz intervient : « Croyez-vous qu'un commandant décidé puisse faire pénétrer son sous-marin dans Scapa Flow et y frapper la flotte britannique ? »

Prien a quarante-huit heures pour donner sa réponse. Il se penche à son tour sur les cartes. Il connaît évidemment le sort funeste des *U-Boote* qui ont tenté d'entrer dans Scapa Flow lors du conflit précédent. Il mesure, en revanche, l'honneur qui lui est fait, car il va sans dire que c'est à lui qu'est proposée cette folle mission. Par ailleurs, dire non est bien difficile, même si ses supérieurs l'ont assuré que cela ne changerait rien à sa carrière. La réponse est donc oui.

L'*U-47* appareille de Kiel le 8 octobre 1939. L'équipage n'est pas informé de la mission qui lui incombe et s'étonne que leur commandant laisse passer au milieu de la mer du Nord des panaches de fumée qui trahissent autant de cibles potentielles. Six jours plus tard, l'*U-Boot* est en vue des Orcades. Il se pose par 90 mètres de fond. Devant l'équipage réuni dans le poste avant, Prien annonce : « Demain, nous entrons dans Scapa Flow. » Dans la Kriegsmarine, ce genre de déclaration n'est pas suivi de questions. Maintenant, il faut se reposer, et si possible dormir.

14 octobre 1939, 16 h 00 : branle-bas. 17 h 00 : repas de jour de fête (côtes de porc fumées avec du chou frisé, précise Prien dans ses *Mémoires*). 19 h 15 : aux postes de combat. Des engins explosifs sont disposés aux endroits névralgiques (« Si nous tombons dans les mains de l'ennemi, nous ferons sauter le navire »). Lentement, l'*U-Boot* décolle du fond au bruit assourdi des machines électriques qu'on a remises en marche. Prien est au kiosque. Un premier coup de périscope l'assure que rien n'est en vue. Il ordonne de faire surface. L'*U-47* fait route vers la passe Kirk Sound. La vue d'un cargo l'oblige à plonger à 23 h 07. Quand il refait surface une demi-heure plus tard, la passe est en vue. « Je suis récompensé d'avoir minutieusement étudié la carte, notera Prien dans son journal de bord. La pénétration s'effectue à une incroyable vitesse. Je dépasse la goélette à deux mâts qui gît au 315 ; espace plus que suffisant. La minute d'après, le courant nous drosse sur la droite. J'aperçois la chaîne du bâtiment

de barrage nord à 45 degrés de l'avant. Manœuvres rapides, stoppé le moteur à bâbord, moteur tribord en avant lente, barre tout à gauche. Nous talonnons légèrement. L'arrière effleure la chaîne, le bâtiment se libère, il est rejeté à gauche puis reprend sa route par des manœuvres rapides et difficiles, mais nous sommes entrés à Scapa Flow. »

Une fois dans la place, Prien a la mauvaise surprise de constater que celle-ci est pratiquement vide. Il ne pouvait pas savoir que la flotte a appareillé la veille et croise pour l'heure en mer du Nord. L'*U-47* cherche une proie, au risque de se faire repérer. Poursuivant son investigation plus au nord, il finit par apercevoir un cuirassé. C'est le *HMS Royal Oak*, déjà âgé (il est entré en service en 1916) mais toujours opérationnel. Derrière lui se profile un autre gros bâtiment que Prien identifie comme étant le croiseur *HMS Repulse*, mais qui est en réalité un vieux transport d'hydravions, le *HMS Pegasus*. Une torpille est envoyée sur ce dernier et deux autres sur le *Royal Oak*, mais rien ne se produit. Il paraît extraordinaire que les torpilles aient pu être défectueuses.

Il est 00 h 58. Toute la base devrait être en alerte, mais rien ne bouge. Aucun destroyer n'accourt. Aucun projecteur ne s'allume. Bénéficiant d'une incroyable impunité, l'*U-47* continue d'évoluer, toujours en surface, pendant de longues minutes, rechargeant ses tubes et se remettant en position de lancement. Il est 01 h 23. Trois nouvelles torpilles sont lancées sur le *Royal Oak*. Cette fois, elles explosent contre sa coque, le point le plus vulnérable pour les bâtiments de cette classe qui ne sont pas entièrement blindés. La soute à munitions explose et le cuirassé sombre en treize minutes, entraînant dans la mort 833 marins.

La rade se réveille enfin. Il est 01 h 28. À un moment, les phares d'une voiture viennent balayer le kiosque de l'*U-47*. Son commandant remarque qu'elle repart aussitôt en sens inverse, visiblement pour donner l'alerte, mais c'est déjà fait. L'*U-Boot* se glisse de nouveau dans le Kirk Sound, en luttant cette fois contre le violent courant de marée. Le sous-marin passe à toucher l'un des *blockships* tandis que se profile à l'horizon la silhouette d'un destroyer dont les hélices tournent à plein régime. Il se rapproche, mais il n'est pas certain qu'il ait vu le sous-marin. D'ailleurs, il vire de bord et disparaît. Décidément servi par la chance, l'*U-47* finit par rejoindre la mer libre non sans avoir été à deux doigts de heurter un ponton d'accostage. « Nous sommes passés ! » crie le commandant dans l'interphone. L'équipage, qui n'a rien vu de tout cela mais qui comprend qu'on rentre au port, pousse des hourras.

Le retour de l'*U-47* au port de Kiel est un long triomphe. Avant d'accoster, le sous-marin, une partie de ses marins sur le pont, passe devant le croiseur lourd *Scharnhorst*, dont l'équipage est aligné au garde-à-vous le long du bastingage. À quai, à renfort de fanfare militaire, l'attendent le *Grossadmiral* Raeder et Dönitz, aussitôt promu au rang de contre-amiral. Un officier de l'*U-Boot* a eu l'idée de peindre hâtivement en blanc sur le kiosque un taureau aux naseaux soufflant deux nuages de fumée, symbole de la force combinée à l'attaque et la hardiesse. La propagande de Goebbels s'empare aussitôt de l'image, encensant à l'infini « le taureau de Scapa Flow », qui va devenir l'emblème de toute la 7. *Unterseebootsflottille*. Prien et son équipage au complet sont conviés dès le lendemain à un défilé de victoire dans Berlin. À la chancellerie du Reich, Hitler serre la main de chacun d'eux et remet la *Ritterkreuz*[2] à Prien et la croix de fer à ses deux premiers officiers. Tantôt en tenue de combat, tantôt en grand uniforme, le commandant de l'*U-47* fait la une de toute la presse du IIIe Reich[3].

Dönitz a gagné son pari. L'image du sous-marin vient de s'imposer dans une Allemagne traditionnellement tournée vers l'armée de terre. Sa construction devient une priorité, mais, d'une certaine façon, c'est déjà trop tard. L'exploit de Scapa Flow donne, par ailleurs, au Führer l'occasion d'entamer l'escalade dans la guerre sous-marine, une guerre à outrance désormais.

Côté britannique, c'est la consternation et l'humiliation. Scapa Flow, le sanctuaire de la Royal Navy a été violé. La perte d'un cuirassé, à la limite d'âge de surcroît, n'est pas en compte. Une fusée éclairante tirée par

---

2. Chevalier de la croix de fer.

3. Après son exploit, l'*U-47* accomplit dix missions avant de disparaître en mer le 7 mars 1941. Il aura coulé, dans cette courte période, 30 navires marchands (193 808 tonnes) et endommagé 8 autres. Prien était toujours son commandant. Sa disparition et celle de son *U-Boot* sont annoncées personnellement par Churchill à la Chambre des communes.

Un film allemand (*U-47 Kapitänleutnant Prien*) a été réalisé en 1958, dans lequel Prien fait figure d'un résistant au régime nazi alors qu'il était membre du parti depuis 1932. L'intérêt du film réside plutôt dans le fait qu'il a été tourné à bord d'un ancien *U-Boot* (*U-573*) qui avait été vendu à l'Espagne en 1942 et du même type que l'*U-47*.

l'*U-47* au milieu de la baie aurait suffi. La construction de quatre digues interdisant toute nouvelle intrusion est aussitôt décidée. Ce sera un travail colossal, dans lequel 250 000 tonnes de roches soutiendront 60 000 blocs de béton de 5 à 10 tonnes chacun. Commencées en mai 1940, les *Churchill Barriers* ne seront achevées que le 12 mai 1945, quatre jours après la capitulation allemande.

« *Doolit' do it !* »

L'attaque surprise de Pearl Harbor, le 7 décembre 1941, a précipité les États-Unis dans la guerre contre le Japon – un conflit qui couvait depuis plusieurs années. Le géant américain s'est réveillé. Un mois après Pearl Harbor, un *Victory Program* fixe la production de guerre à 60 000 avions et 45 000 chars en 1942, 125 000 avions et 75 000 chars en 1943. Ces chiffres mirobolants seront atteints, tout comme ceux du *Two-Ocean Act*, décidé dès juillet 1940 mais augmenté, avec une priorité aux porte-avions : 18 pour 1942 et 65 pour 1943 (quand, dans le même temps, le Japon va en construire 4 et 2). Misant sur une guerre longue, les États-Unis n'oublient pas l'arme sous-marine, afin de mener une guerre impitoyable au *shipping* japonais.

En attendant qu'une telle machine de guerre se mette en marche, il faut agir alors même que le raz-de-marée japonais déferle sur l'Asie du Sud-Est. Les Américains relèvent symboliquement la tête en lançant le 24 janvier 1942 une attaque aérienne sur l'île de Wake (Pacifique central) à partir d'une petite flotte aéronavale constituée autour du porte-avions *USS Enterprise*. Mais il faut une action d'éclat pour frapper l'opinion publique. L'effort de guerre américain repose notamment sur l'emprunt et celui-ci sur la confiance et l'espoir[1]. « *Avenge December 7* », proclame une affiche de guerre tandis que les radios serinent le chant de marche « *Let's remember Pearl Harbor !* ».

Dès les premières conférences à la Maison Blanche qui ont suivi l'attaque de Pearl Harbor, l'idée a été émise, peut-être par Roosevelt lui-même, qu'il fallait lancer un raid sur Tokyo, à la fois pour remonter le moral de la population américaine et pour porter un coup psychologique à l'orgueil nippon : c'est plus facile à dire qu'à faire. Aucun vol de bombardiers à long rayon d'action ne peut franchir une pareille distance. La seule solution serait de lancer des bombardiers bimoteurs d'un porte-avions, mais cela ne s'est jamais fait – et, en admettant que cela se fasse, aucun appontement ne serait possible pour le retour d'avions aussi lourds. Il faudrait donc poursuivre le vol au-dessus du Japon pour tenter d'atterrir en Chine nationaliste, au-delà des régions déjà occupées par les Japonais. Un périple de plus de 2 000 kilomètres. Une folie !

C'est pourtant ce qui est entrepris après qu'un choix difficile s'est finalement porté sur le bombardier tactique moyen B-25 Mitchell, un peu moins rapide que le B-26 Marauder mais capable de décoller sur une distance plus courte. Le nombre d'appareils a été porté à seize. Le pont d'envol du porte-avions *USS Hornet*, qui a été choisi pour l'opération, mesure 248 mètres, mais il sera en partie encombré par les B-25, qui sont trop gros pour être descendus dans le pont-hangar. Il ne restera aux premiers d'entre eux que 140 mètres pour

1. La dette publique américaine qui était de 47,8 milliards de dollars en 1939, passe à 230,2 milliards en 1944 (3 282,6 milliards en 2019).

s'arracher. Or ils sont bien trop lourds : 19 tonnes au lieu des 14 tonnes maximum pour avoir une chance de ne pas plonger directement dans la mer. Pourtant, il leur faut se munir de réservoirs supplémentaires. Les tourelles de mitrailleuses et de nombreux équipements sont supprimés (dont les très lourdes installations radio). À l'exception de deux mitrailleuses 12,7 dans la tourelle supérieure, les avions n'auront aucune défense, puisqu'il est évidemment impossible d'envisager une escorte.

Reste à nommer celui qui va conduire une mission aussi périlleuse. Le choix se porte sur James Harold (Jimmy) Doolittle, une légende de l'aviation américaine. Né en 1896, il a été blessé au cours d'un combat aérien lors de la Grande Guerre. Il a travaillé à la section expérimentale de l'Army Air Force jusqu'en 1926, pour se consacrer ensuite à de nombreuses compétitions aériennes, remportant records et trophées. Rappelé en activité en juillet 1940 avec le grade de major (commandant), il est promu lieutenant-colonel le 2 janvier 1942 et affecté à l'état-major pour planifier le raid aérien contre le Japon. Était-il déjà choisi par le général Arnold, chef de l'USAAF[2], ou s'est-il porté volontaire à ce moment-là ? Peut-être un peu des deux.

Doolittle doit recruter et entraîner quatre-vingts hommes pour cette mission évidemment ultrasecrète. Tous doivent être volontaires. L'un d'eux, qui fut son copilote, Richard Dick Cole, témoigna en 2002 de la

2. USAAF : *United States Army Air Forces* (« Forces aériennes de l'armée des États-Unis ») qui, comme leur nom l'indique, sont sous le commandement de l'US Army (mais avec une relative autonomie). L'armée de l'air américaine ne deviendra autonome qu'en 1947, en prenant le nom de USAF (*United States Air Force*).

fierté qu'il éprouva à se trouver sous les ordres d'une célébrité comme Doolittle, qui était son idole lorsqu'il était enfant. « Quatre-vingt-dix jours : c'est tout le temps dont il a disposé pour élaborer le raid, trouver et former les équipages, préparer les avions. Nous avons reçu l'ordre d'apprendre à décoller avec des B-25 modifiés en moins de 136 mètres pour être précis. Pas la peine d'apprendre à atterrir sur cette distance. Juste décoller ! On ne nous a pas dit pourquoi. Nous étions jeunes. » Cole poursuit son témoignage en confiant que le chargement des seize B-25 sur l'*USS Hornet* en baie de San Francisco leur fit, à lui et ses compagnons, « un drôle de choc » : on n'avait jamais vu de lourds bombardiers bimoteurs hissés sur un porte-avions.

Le 2 avril 1942, l'*USS Hornet* appareille. Arrimés sur le pont, les bombardiers risquent d'être emportés ou, à tout le moins, endommagés par une tempête. Heureusement, la météo est clémente et l'ambiance à bord est excellente. On prend des « photos de famille » et on écrit des petits messages sur les bombes destinées au Japon. Les équipages sont enfin informés de leur mission. Chaque avion a son objectif et son lieu d'atterrissage particuliers, en devant voler séparément du fait que le décollage des seize avions va demander près d'une heure. Impossible donc de constituer une escadrille, laquelle serait par ailleurs plus facile à repérer.

La *task force* qui fait route vers le Japon est composée de deux porte-avions, l'*USS Hornet* et l'*USS Enterprise* (le second assurant au premier une couverture aérienne), et d'une solide escadre de croiseurs et de destroyers. C'est un pari un peu fou quand on songe que les Américains n'ont alors en tout et pour tout que trois porte-avions dans le Pacifique et qu'ils vont en risquer deux à moins de 1 000 kilomètres des côtes japonaises. Il est prévu, en effet, que le *take-off* aura lieu à 400 milles (740,80 kilomètres) de la côte.

Tout se complique lorsque le 18 avril, à 07 h 38, apparaît à l'horizon un chalutier japonais, probablement un navire de surveillance. La *task force* est alors à 600 milles (1 111,20 kilomètres) des côtes. Le croiseur léger *USS Nashville* se porte aussitôt à sa rencontre et le coule, mais l'alerte a certainement été donnée. Que faire ? Doolittle et le commandant du *Hornet*, Mitscher, se concertent rapidement, mais la solution s'impose d'elle-même : force est à la *task force* de rebrousser chemin après qu'elle aura procédé au lancement des B-25. Les deux chefs n'ont pas besoin de se pencher longuement sur la carte. Ce sont 400 kilomètres supplémentaires qui, ajoutés à d'éventuels changements de cap pourvoyeurs de surconsommation d'essence, vont empêcher les atterrissages prévus et condamner les avions au crash. Une fois de plus, le retour et la récupération des hommes passent au second plan. La mission d'abord.

Le *take-off* est un terrible moment d'angoisse. La mer est très grosse et il pleut. La visibilité est mauvaise. L'*USS Hornet* paraît perdu au milieu des flots. « C'était trop tard pour commencer à paniquer », commente Cole. C'est son appareil, Doolittle aux commandes, qui se lance le premier. Un matelot crie du pont : « Il ne va pas y arriver ! » Et pourtant le B-25 s'arrache. « Si nous nous étions retrouvés à la baille, cela aurait jeté un sacré froid derrière nous ! » dit Cole. Par intervalles de quatre minutes, les quinze autres bombardiers décollent à leur tour sans incident[3]. La *task force* fait aussitôt demi-tour.

Dix B-25 volent vers Tokyo, la cible principale, tandis que deux autres font route sur Yokohama (la plus grande ville après Tokyo) et un seul respectivement pour Yokosuka (une grande base navale), Nagoya, Osaka et Kobe. Il ne s'agit pas de bombardements stratégiques, mais psychologiques, d'où la multiplication des cibles. La côte japonaise est franchie sans encombre. « C'était le week-end et les gens étaient à la plage. Ils nous saluaient gaiement. C'était juste inimaginable que nous soyons des Américains » (Cole). Les B-25 volent au plus près du sol, des rizières, pour se fondre dans le paysage. Le moindre chasseur Zero qui surgirait ferait un carnage. Aux approches de Tokyo, la DCA est tout aussi clémente. Elle n'a jamais eu l'occasion de tirer sur un avion intrus. Il en va de même *a fortiori* pour les autres villes.

Objectif en vue ! Il est midi à l'heure japonaise. Les B-25 volent depuis six heures. Aucun n'a été abattu et chacun peut larguer ses deux bombes de 500 kilos sur l'objectif prévu. À Tokyo, comme dans les autres villes, la surprise est totale. Les Japonais songeaient si peu aux Américains qu'ils ont d'abord cru que les avions les survolant étaient des leurs, puis, les bombes explosant, qu'il s'agissait d'une attaque… soviétique. Les B-25 poursuivent leur vol en direction de la mer de Chine. D'une certaine façon, le plus dur restait à faire.

Les navigateurs ont désormais les yeux rivés sur la jauge d'essence. Plus de 1 500 kilomètres restent à accomplir et chacun mesure la folie de l'entreprise. Par

---

3. Ce décollage historique a été filmé à la fois du *Hornet* et d'un escorteur. Cf. *Doolittle raid*, YouTube (plusieurs montages).

chance, les bombardiers bénéficient d'un fort vent de 25 nœuds dans le dos (en l'occurrence, les alizés), mais il apparaît vite que les pistes d'atterrissage prévues en Chine ne pourront pas être atteintes, d'autant qu'il faut contourner toute la partie occupée par les Japonais. On vole au ras des flots, et c'est l'occasion pour Cole de remarquer que la mer de Chine est infestée de requins. Les derniers jerricans sont versés dans les réservoirs d'ailes. La côte chinoise est atteinte après treize heures de vol.

Les B-25 essaient de s'approcher de la base prévue à Zhuzhou dans le Hunan, sous contrôle de l'armée nationaliste chinoise. Un guidage radio a été prévu, mais le contact ne peut être établi. Les pilotes doivent naviguer à vue par un temps de chien et tandis que la nuit tombe. Le crash est inévitable. À bord de l'avion n° 1, Doolittle ordonne l'évacuation. Il a laissé à ses quatre hommes d'équipage le choix de sauter à 300, 600 ou 900 mètres. Tout l'équipage a opté sans hésiter pour 900 mètres. Doolittle saute le dernier après avoir mis son B-25 sur pilote automatique. Son avion s'écrase quelques minutes plus tard contre une colline. L'avion volant à 267 km/h et les parachutages s'effectuant un à un par une trappe étroite, les atterrissages se trouvent très espacés. Cole s'est accroché dans un pin, où il finit la nuit. Le lendemain, il mange sa seule barre chocolatée et marche vers l'ouest à l'aide de sa boussole. Il finit par tomber sur un poste de la guérilla nationaliste où il retrouve ses compagnons, tous indemnes.

Dans le même temps, douze autres B-25 se sont écrasés, la plupart dans la région de Zhuzhou, et trois autres ont dû amerrir avant d'atteindre la côte. Des équipages ont été sauvés par la guérilla chinoise, mais huit aviateurs ont été faits prisonniers. Ils vont endurer un véritable calvaire tant est grande la fureur des Japonais. Un autre s'est tué en parachute et deux se sont noyés à l'amerrissage. D'autres ont été gravement blessés. Un seul B-25 a infléchi son vol après avoir bombardé Tokyo. Son capitaine, Edward J. York, se voyant condamné au crash, a choisi de voler vers la Mandchourie extérieure, c'est-à-dire vers l'Union soviétique, moins éloignée que la Chine. Il a été le seul à se poser, intact, près de Vladivostok[4].

Quant à Doolittle, il a d'abord cru que sa mission s'était soldée par un échec. Il a demandé à voir l'épave de son avion. « Dans la vie d'un pilote, commente Cole, il n'y a rien de plus déprimant que de voir l'épave de son avion. » Avec les membres de son équipage, il va accomplir un très long périple à travers la Chine sous la conduite des nationalistes chinois (une photographie nous les montre même en chaise à porteurs). Parvenu à Chongqing, la capitale provisoire de la république de Chine, il apprend qu'au contraire, sa mission a été un succès retentissant dont se repaît toute l'Amérique. Bien que les dommages infligés à l'ennemi soient minimes, l'opération soulève une immense vague d'enthousiasme. Rapatrié aux États-Unis, Doolittle, que le président Roosevelt décore personnellement de la médaille d'honneur[5], fait la une des magazines et des actualités au

4. L'avion et son équipage vont être internés pendant treize mois, l'Union soviétique n'étant pas en guerre contre le Japon et redoutant par-dessus tout un *casus belli* alors que les armées nazies ont envahi son territoire. Un simulacre de fuite permettra ensuite à l'équipage de passer en Iran pour rejoindre les États-Unis.

5. La *Medal of Honor* est la plus haute distinction militaire des États-Unis.

cinéma. Il devient une icône de l'Amérique en guerre. « *Doolit' do it !* » titre le *Los Angeles Time*[6].

L'impact psychologique du raid de Doolittle est tout aussi grand au Japon. Profondément humiliés, les Japonais se vengent non seulement en exécutant trois des aviateurs prisonniers après une parodie de procès, mais en massacrant plusieurs milliers de Chinois dans les zones où les aviateurs américains ont été recueillis. Quant aux conséquences du raid, elles dépassent les espérances. En dépit des immenses espaces conquis, le haut commandement japonais estime que son périmètre défensif n'est pas encore assez vaste et qu'il faut encore l'élargir. Or le Japon n'a ni la logistique ni le *shipping*[7] nécessaires pour approvisionner des bases lointaines, ni une flotte sous-marine suffisante pour défendre des étendues maritimes aussi immenses.

---

6. Hollywood, tout entier voué à l'effort de guerre, réalise un film qui paraît dès 1944 : *Thirty Seconds over Tokyo* (Mervyn LeRoy), à partir du roman éponyme d'un des pilotes du raid, Ted W. Lawson. Très long pour les films de cette époque (2 h 18), il met en scène Spencer Tracy, déjà très célèbre, dans le rôle de Jimmy Doolittle. Toujours en 1944, un autre film, *The Purple Heart* (*Prisonniers de Satan* pour le titre français), produit par Darryl Zanuck, évoque le sort funeste qui fut réservé aux prisonniers du raid de Doolittle. Condamné à mort à l'issue d'un procès inique, le capitaine Ross a le loisir de prononcer un discours édifiant : « Vous pouvez nous tuer, mais si vous imaginez faire peur aux États-Unis d'Amérique et les empêcher d'envoyer d'autres pilotes pour vous bombarder, vous avez tort, mortellement tort. C'est votre guerre – c'est vous qui l'avez voulue ! Vous l'avez commencée et maintenant vous allez l'avoir. » Des affiches de propagande ont précédé le film. Sur l'une d'elles, les deux bras de l'Oncle Sam saisissent à la gorge le général Tojo, simiesque à souhait : « *Japs execute Doolittle Men.* » Il faut les venger.
7. Transport maritime : cargos, pétroliers…

Hitler veut semer la terreur en Amérique

On s'interroge toujours sur ce qui a poussé Hitler à déclarer la guerre aux États-Unis, le 11 décembre 1941. Il était dans son PC de Prusse-Orientale au pire moment de la contre-attaque des Soviétiques devant Moscou quand il a appris la nouvelle de l'attaque de Pearl Harbor. « Nous ne pouvons plus perdre cette guerre ! » s'est-il exclamé. Est-ce à dire qu'il méconnaissait la puissance américaine ? Peut-être pas totalement, mais il croit que l'effort de guerre des États-Unis va se trouver tout entier absorbé par sa lutte contre le Japon et que d'ici une hypothétique victoire contre ce dernier, il en aura fini, lui, avec l'Union soviétique. Il sera maître du continent européen. Qui osera dès lors continuer à lui faire la guerre ?

À l'instar des Japonais, le Führer est en outre persuadé que le peuple américain est trop indolent, trop gâté pour être capable de supporter une guerre longue et source de privations. De toute façon, estime-t-il, le Reich est très en avance sur l'Amérique. Quand des experts ou des diplomates tentent timidement de lui faire valoir le contraire, il se fâche tout rouge, comme il le fait devant tout contradicteur. « Ce sont là des bluffs typiquement américains ! » Et puis, c'est un pays décadent aux mains des Juifs. L'un de ses amis proches des années de lutte, Ernst Hanfstaengl (Putzi pour les intimes), qui, lui, connaît bien les États-Unis pour y avoir suivi des études, et de surcroît à Harvard, écrit dans ses *Mémoires* que Hitler tenait ce pays pour quantité négligeable : « Quel rôle pourrait jouer l'Amérique ? Il suffirait de faire sauter le canal de Panama, et leur marine cesserait d'être un moyen de pression à l'est comme à l'ouest. Qu'est-ce que l'Amérique, sinon des millionnaires, des reines de beauté, des disques stupides et Hollywood ? (...) De là où je suis, je vois l'Amérique bien plus clairement que vous ne l'avez jamais connue. »

Et le Führer, désormais au pouvoir et maître de presque toute l'Europe, de supputer, de rêver... Il faut frapper l'Amérique sans attendre, non pas pour la réduire en cendres (ce à quoi il n'a pas réussi pour l'Angleterre), mais pour la démoraliser, lui inspirer une terreur salutaire. En la bombardant, par exemple. Comme dans ses plans d'invasion de l'Union soviétique, il apparaît que le Führer, en dépit de sa réputation de stratège génial, ne sait guère interpréter les cartes à petite échelle et, par suite, n'a pas vraiment la notion des grandes distances, ni de ce que celles-ci impliquent en termes de logistique ou de stratégie aérienne. De vagues plans de bombardement stratégique ont été élaborés à la veille de la guerre, mais personne n'y croit vraiment, pas même le Führer.

Les ingénieurs allemands n'en étudient pas moins les plans d'un *Amerikabomber* dès les premiers mois de 1942. Dans le cadre d'une *Aufgabe Amerika* (« mission Amérique »), Messerschmitt imagine un Me-264, un quadrimoteur géant de 50 tonnes, au rayon d'action de 11 300 kilomètres, capable d'emporter 8,4 tonnes de bombes (!). Göring se hâte de montrer plans et maquettes de ce projet totalement irréaliste au Führer, qui exulte à l'idée de New York sous un déluge de feu. Au grand état-major de la Luftwaffe, des officiers supérieurs dissertent doctement sur l'impact psychologique que de tels bombardements, même limités, auront sur la population des grandes villes américaines. Mais ce n'est pas pour l'immédiat, et ce qui intéresse le Führer, c'est l'immédiat.

En attendant ces hypothétiques, ces chimériques bombardements[1], il convient de monter sans tarder une opération de sabotages à travers l'Amérique, une action d'éclat semant la terreur chez ces Américains qui se croient à l'abri. Le Führer l'exige. Il a convoqué pour ce faire l'amiral Canaris, chef depuis 1935 de l'Abwehr, l'ensemble des services spéciaux militaires allemands. Depuis la création de l'OKW[2] en 1938, l'Abwehr constitue une division en soi, à côté des trois grandes armes. À ce titre, Canaris est en contact direct avec le

---

1. Le projet d'*Amerikabomber* revient sur le tapis en 1944. Plusieurs programmes sont en concurrence, mais aucun n'aboutit. On voit pourtant, en février 1945, les frères Horten proposer à Göring un projet d'aile volante capable d'atteindre New York. Toujours dans le cadre du programme *Aufgabe Amerika*, un ingénieur autrichien propose de son côté, au cours de l'été 1944, un aéronef orbital, planant à plus de Mach 5 (6 120 km/h), le *Silbervogel* (« oiseau d'argent »). Le dossier d'études éludait la difficile question du décollage pour mieux décrire les effets des raids supposés sur Manhattan.
2. L'*Oberkommando der Wehrmacht* remplace le ministère de la Guerre et constitue un état-major suprême, théoriquement commandé par le maréchal Keitel mais sous la conduite directe du Führer. « Le commandement de toutes les forces armées sera désormais exercé par moi », énonce la phrase introductive au décret de 1938 créant l'OKW.

Führer. On s'interroge aujourd'hui encore sur sa fidélité et son engagement auprès de Hitler et du parti nazi. Son patriotisme n'est pas en cause, mais ses services ne brillent pas par leurs résultats, surtout en comparaison des services secrets britanniques, soviétiques ou même américains. Canaris a d'abord été un maître de la diplomatie parallèle. C'est lui notamment qui a dissuadé Hitler d'entrer en Espagne et lui encore, très probablement, qui lui a déconseillé l'invasion de l'Union soviétique. Au début de l'année 1942, il ne réussit pas très bien dans le renseignement sur les armées adverses, ni dans la lutte contre la Résistance qui se développe dans l'Europe occupée. Il excelle encore moins dans le montage d'opérations spéciales auxquelles le Führer attache pourtant la plus grande importance.

Le chef de l'Abwehr n'a pas manqué de présenter des objections à une opération de sabotage aux États-Unis, où il n'a plus de réseau depuis que celui de Fritz Joubert Duquesne, qui comptait trente-trois agents, est tombé à la fin de 1941[3]. Il lui faut pourtant compter avec Ernst Wilhelm Bohle qui dirige, avec le rang de *Gauleiter,* l'*Auslands-Organisation,* le département étranger du parti nazi. Né en Angleterre, celui-ci a proposé à l'Abwehr de faire appel à des Germano-Américains rapatriés depuis peu en Allemagne. Canaris n'ignore pas que Bohle a lui aussi accès au Führer et que la SS, dont

3. Célèbre dans l'histoire des États-Unis et du FBI sous le nom de *Duquesne Spy Ring.* Le procès à sensation qui se termine en janvier 1942 condamne les accusés à un total de plus de trois cents ans de prison. Comme il se doit, l'un des espions était un agent double. Un film de Henry Hattaway, de 1945, *The House on 92nd Street,* raconte cette histoire à la gloire du FBI.

il fait partie, l'accuse de tiédeur. Il ne peut plus différer. Ce sera l'opération *Pastorius*, du nom du fondateur de la première communauté allemande aux États-Unis, à la fin du XVIIe siècle.

Le lieutenant Walter Kappe, de l'Abwehr II, section plus spécialement chargée de l'action directe et de la guerre psychologique, est chargé de la préparation de l'opération. Il faut faire vite, très vite. Le recrutement s'effectue à partir des fichiers de Bohle : tous les volontaires sont des Germano-Américains récemment rapatriés et *a priori* favorables au régime nazi. Après un tri rapide, ils sont huit à être emmenés le 10 avril 1942 à l'école de sabotage de l'Abwehr II dans une vaste zone boisée du Brandebourg. Aucun de ces hommes n'a la moindre formation militaire et encore moins celle de saboteur. Le seul critère qui a conduit Kappe à les choisir est que ce sont des individus rompus à la langue et à l'argot des États-Unis, à ses us et coutumes et donc capables de se fondre dans la population, d'entrer dans un bar ou de prendre un bus sans se faire remarquer.

Deux d'entre eux sont citoyens américains : Ernst Peter Burger, qui a travaillé comme mécanicien aux États-Unis et même a servi dans la garde nationale, et Herbert Hans Haupt, le plus jeune du groupe, qui a passé seize de ses vingt-deux ans en Amérique, où son père avait émigré en 1923 pour trouver du travail. Le doyen se nomme Georg Hans Dash, 39 ans. Il a été employé comme serveur de restaurant. Les autres, Eduard Kerling, Werner Thiel, Hermann Otto Neubauer, Heinrich Heinck et Richard Quirin, y ont occupé eux aussi des emplois modestes avant de rejoindre l'Allemagne.

À partir de ce jour, ces hommes sont retranchés du monde et informés de leur mission en même temps que dûment endoctrinés. C'est un grand honneur qui leur est fait. Le Reich a besoin d'eux. Ils seront grandement récompensés et, en attendant, de larges moyens financiers vont être mis à leur disposition. Que leur faudra-t-il faire ? Rien de moins que de saboter les équipements électriques des chutes du Niagara, les deux usines d'aluminium de New York et d'Illinois dans le Tennessee, les écluses sur l'Ohio River près de Louisville dans le Kentucky, le nœud ferroviaire de Horseshoe Curve en Pennsylvanie et des voies ferrées de la Pennsylviana Railroad, l'usine de cryolite de Philadelphie, le pont du Hell Gate sur l'East River à New York.

Deux équipes sont constituées et l'entraînement, plutôt sommaire, commence aussitôt. On apprend surtout à manier des explosifs et des engins incendiaires. Des experts se succèdent et font des démonstrations. Tout cela paraît très facile. Kappe, de toute façon, ne demande pas s'il y a des questions. Il explique aux candidats qu'une fois le réseau de sabotage mis en place, il s'introduira lui-même clandestinement aux États-Unis, où il a été résident pendant plusieurs années, et établira son PC à Chicago, d'où il dirigera les opérations. Il est persuadé que les candidats saboteurs trouveront facilement des appuis parmi les Germano-Américains restés fidèles à leur mère patrie.

Dépassés par les événements, déroutés par l'ambition d'un tel programme, les huit hommes sont acheminés à Lorient, d'où deux *U-Boote* vont les transporter jusque sur les côtes américaines. Le doute commence à s'insinuer dans les esprits lors de la distribution des fonds : 50 000 dollars (une très grosse somme en 1942[4]) à chaque chef d'équipe et une somme substantielle à chaque homme[5]. Dash s'aperçoit alors que plusieurs liasses sont composées de billets n'ayant plus cours depuis des années. L'erreur est réparée, mais une telle bévue témoigne du manque de sérieux de l'opération. Mais que faire, sinon embarquer comme prévu ? L'équipe n° 1, dirigée par Dash et composée de Burger, Heink et Quirin, embarque sur l'*U-202*. L'équipe n° 2 monte à bord de l'*U-584*.

Il est un peu plus de minuit, le 12 juin, lorsque l'*U-202* s'approche de Long Island (New York). La malchance s'empare aussitôt de l'expédition, car le sous-marin talonne sur un banc de sable, à 180 mètres de la rive. Il va rester là de longues heures avant de parvenir à se dégager juste avant l'aube. Les Allemands semblent ignorer qu'une station radar de l'US Navy se trouve à quelques kilomètres de là, à Amagansett (Suffolk). Sa mission est... de surveiller les mouvements des *U-Boote*, mais apparemment pas d'aussi près.

Les saboteurs ont mis un canot pneumatique à la mer pour rejoindre la plage. Ils sont en uniforme afin, a supputé Kappe, d'être considérés comme prisonniers de guerre s'ils se font capturer. Ils perdent beaucoup de temps à enfiler des vêtements civils. C'est alors qu'un garde-côtes de la station radar, John C. Cullen, tombe sur eux. Il n'est pas armé et préfère s'éloigner rapidement pour donner l'alerte. Le temps de convaincre, non sans mal, sa hiérarchie et de revenir en force, il n'y a plus personne. La fine équipe a enfoui son chargement

4. Environ 80 000 dollars en 2019.
5. Environ 70 000 dollars en 2019.

d'explosifs dans les dunes avant de disparaître. Cullen dira que l'un des hommes a tenté de le corrompre en lui tendant une liasse de billets. Dans le même temps, une patrouille en mer aurait aperçu l'*U-202* encore échoué sur son banc de sable.

Dash et ses hommes prennent un train de banlieue pour New York, où ils se séparent par deux pour prendre des hôtels proches. Finalement, la première partie de la mission a réussi. Il suffira de prendre ses marques avant d'aller récupérer les charges enfouies pour les mettre dans une meilleure cache. Mais le moral n'y est plus (s'il y a quelquefois été). C'est dans la chambre d'hôtel qu'il partage avec Burger que Dash, très probablement, fait comprendre à son équipier qu'il n'a pas l'intention de poursuivre la mission. Il est plus probable encore qu'il trouve en Burger une oreille complaisante. Même avec une montagne de dollars, l'aberration du plan leur apparaît enfin et Kappe n'est plus là pour les convaincre du contraire. L'un et l'autre conviennent tardivement qu'ils ne sont pas très motivés à l'idée de mourir pour le IIIe Reich.

Le lendemain, Dash téléphone aux services du FBI, expliquant qu'il vient de débarquer d'un sous-marin allemand et qu'il a de très importantes révélations à faire à J. Edgar Hoover. Il sera à Washington dans quelques jours. Évidemment, on ne le croit pas. Le rapprochement avec l'épisode du garde-côtes n'a pas été fait.

Le 16 juin, le second sous-marin a pu débarquer sans encombre l'équipe n° 2, commandée par Kerling, sur une plage au sud de Jacksonville en Floride. Après avoir enterré leur matériel et leurs uniformes, ses membres ont tranquillement emprunté le car de Jacksonville. Là, ils ont pris des trains différents : Kerling et Thiel pour Cincinnati, Haupt et Neubauer pour Chicago.

Durant plusieurs jours, Dash appelle le FBI, suscitant toujours la même incrédulité et ce d'autant qu'il parle américain sans le moindre accent. On peut croire à une mauvaise blague. En désespoir de cause, le saboteur repenti se rend à Washington, d'où il reprend ses appels. Une telle insistance finit par réveiller le FBI, qui dépêche deux agents à son hôtel où les rejoint une sténodactylo. Dans une déposition de 254 pages dactylographiées à simple interligne, Dash dit tout de l'opération *Pastorius*, des deux équipes et des explosifs cachés, de Kappe qui est aussitôt recherché (« *Wanted – German saboteur* »), de l'école de sabotage de l'Abwehr, des sous-marins, de la situation militaire en Allemagne... On ne lui en demande pas tant. Les sept autres membres de l'opération *Pastorius* sont arrêtés sans peine dans les semaines qui suivent. À Chicago, Haupt avait tout simplement repris son ancienne chambre chez ses parents.

L'opportuniste J. Edgar Hoover, le tout-puissant patron du FBI, voit là une belle occasion de se faire mousser et de faire passer ses agents pour des as du contre-espionnage. Peu lui importe qu'il ait mis la main, au demeurant par chance, sur une équipe d'amateurs. D'ailleurs, son esprit est suffisamment tortueux pour se demander si cette opération ridicule n'en cacherait pas une autre. En cela, au moins, l'opération *Pastorius* aura été un succès en termes de guerre psychologique.

À la Maison Blanche, Roosevelt, qui n'est pourtant pas un sanguinaire, est d'accord pour faire un exemple. Il nomme le 2 juillet une commission militaire pour juger dans le secret les huit saboteurs. Une semblable juridiction d'exception n'avait pas été instituée depuis l'assassinat de Lincoln, en 1865. On a tout de même donné aux accusés des avocats, qui tentent adroitement de faire valoir que non seulement les accusés n'ont pas commis de sabotage, mais qu'ils n'en ont jamais eu l'intention. Le procureur général argue, au contraire, que si les sabotages n'ont pas eu lieu, c'est que le FBI a pu intervenir rapidement. Il ironise lors de son réquisitoire devant les huit officiers qui composent le jury : « Admettre les arguments de la défense, ce serait admettre que les accusés sont venus dans notre pays non en envahisseurs mais en réfugiés ! » Il n'ajoute pas qu'il faut exorciser les failles de la défense américaine.

Le 8 août 1942, la commission militaire rend le verdict attendu : tous les accusés sont condamnés à mort, à l'exception de Dash et de Burger, compte tenu de leur collaboration (trente ans de prison pour le premier et prison à vie pour le second[6]). Fait tout à fait exceptionnel aux États-Unis, les six condamnés à mort passent sur la chaise électrique le jour même[7].

---

6. Dash et Burger sont élargis en 1948 et assignés dans la zone d'occupation américaine en Allemagne. Ils n'y sont évidemment pas les bienvenus, étant considérés non seulement comme traîtres à leur mission mais comme ayant « vendu » leurs camarades. Burger décède en 1975 et Dash en 1992.

7. Un film, au titre et à l'affiche également suggestifs, sort en 1943 : *They Came to Blow up America*.

Le traître de Stuttgart, lord Haw Haw et Rose de Tokyo

« Soldats français, pourquoi faites-vous la guerre ? (…) L'Angleterre combattra l'Allemagne jusqu'au dernier Français ! (…) Les Allemands n'attaqueront pas les Français si ceux-ci n'attaquent pas l'Allemagne. » La voix française de celui qu'on appelle « le traître de Stuttgart » se fait entendre chaque jour sur Radio Stuttgart pendant la « drôle de guerre », alors que l'armée française se morfond, l'arme au pied. « Pendant ces mois d'oisiveté, écrit Alfred Fabre-Luce, un changement de front s'est opéré : on ne se bat pas contre l'Allemand mais contre l'ennui. » Et de l'ennui à la démoralisation, le pas est vite franchi. Le pacifisme et son cousin le défaitisme sévissent dans la troupe. L'état-major tente de relever le moral de l'armée par de pauvres distractions : le vin chaud du soldat ou le théâtre aux armées. On y entend Maurice Chevalier chanter le grand tube de la « drôle de guerre » : « Et tout ça fait d'excellents Français… » Et qu'ont-ils en commun, ces Français si différents ? Que demandent-ils ? « Qu'on nous foute une bonne fois la paix ! » conclut la chanson.

Dans le même temps, le IIIe Reich, qui ne redoute rien tant qu'une offensive de la France[1] alors que ses armées sont retenues en Pologne, mène une intense guerre psychologique. Face à l'énorme armée française massée aux frontières, les maigres unités de la Wehrmacht entretiennent soigneusement sa passivité. Des compagnies de démoralisation circulent aux avant-postes de la ligne Maginot ou sur l'autre rive du Rhin, en déployant des banderoles ou en lançant des slogans par haut-parleurs portant à plusieurs kilomètres : « Français, pourquoi se battre ? L'Allemagne n'a aucune raison de vous faire la guerre. (...) Évitez la guerre à votre douce France ! » Plus habilement, des messages de bienvenue sont adressés aux officiers qui viennent d'être affectés à une unité, en démontrant par là même que les secrets de l'armée française n'en sont pas pour les services de renseignement allemands.

Dans ce concert, le « traître de Stuttgart » joue sa partition. Lui aussi fournit des renseignements extraordinairement précis sur le moindre déplacement d'une unité française, sur une nouvelle affectation, faisant surgir le spectre de la 5e colonne[2], une armée secrète qui serait en marche à travers le pays pour l'espionner

1. Une pseudo-offensive a lieu dans la Sarre du 6 au 27 septembre 1939, quelques divisions avançant prudemment sur une dizaine de kilomètres avant de retourner derrière la ligne Maginot. Ainsi, dans l'esprit du général Gamelin, commandant en chef de l'armée de terre, a été tenue la promesse d'assistance militaire à la Pologne.

2. Aujourd'hui encore, le mythe d'une 5e colonne qui aurait sévi pendant la campagne de France en mai-juin 1940 est solidement ancré dans la croyance populaire. Plus simplement, les services secrets allemands ont réussi à décrypter le chiffre du ministère français de la Guerre depuis l'été 1938. La clé est changée chaque mois, mais

avant d'en saboter les installations vitales. Bien entendu, l'écoute de Radio Stuttgart est interdite et sa réception brouillée, mais la voix sulfureuse dudit traître n'en est que plus écoutée par les soldats français.

Le Deuxième Bureau[3] n'a pas tardé à mettre un nom sur cette voix. Il s'agit de Paul Ferdonnet. Né en 1901, fils et petit-fils d'instituteurs de province, il a fait des études de droit à Paris avant de devenir un militant d'extrême droite et de commencer une carrière de journaliste. Correspondant de presse à Berlin en 1927, il s'est marié avec une Allemande. C'est à cette époque qu'il a retenu une première fois l'attention du Deuxième Bureau, à qui il a offert ses services d'informateur sur l'Allemagne. Sa candidature n'a pas été prise en considération (« Journaliste de valeur moyenne ne pouvant fournir que des informations d'ordre général déjà connues et sans intérêt », concluait le rapport d'entretien). Ferdonnet a par la suite rédigé des articles dans *La Libre Parole,* journal antisémite fondé par Édouard Drumont[4], puis publié en 1934 *Face à Hitler,* le premier ouvrage français ouvertement favorable au nazisme[5]. Auteur, en 1938, de *La Guerre juive* dont le titre valait

---

le mode de chiffrement reste le même, et ce n'est pour les services de l'Abwehr que l'affaire de quelques jours pour le décoder.

3. L'un des quatre bureaux de l'état-major des armées, chargé du renseignement et des plans d'attaque et de défense.

4. Édouard Drumont (1844-1917) : journaliste et écrivain, nationaliste et antisémite, antidreyfusard notoire, député de 1898 à 1902. Son journal *La Libre Parole* a pour devise : « La France aux Français ».

5. On y lit entre autres : « Hitler n'est ni un Dieu, ni un démon mais il est, à n'en point douter, un homme supérieur. (...) C'est le premier ouvrier appelé à diriger les destinées d'un grand peuple. L'expérience est passionnante, l'inconnue, formidable. »

programme, il est devenu surtout, dans les années ayant précédé la guerre, un agent stipendié de la propagande nazie.

Dès août 1939, Ferdonnet entre dans un service de traduction dépendant de la *Reichsrundfunk* (Radiodiffusion du Reich). C'est là qu'il devient « le traître de Stuttgart » que le Deuxième Bureau identifie dès octobre 1939. À vrai dire, on ne sait toujours pas exactement quel fut son rôle. Ce n'était pas sa voix qu'on entendait, mais celle d'un certain Obrecht dit « Jacques de Saint-Germain », lui aussi identifié par le Deuxième Bureau. Ce personnage obscur avait été chassé de l'armée française et on l'employait à l'UFA[6] pour des petits rôles, notamment celui d'officier français antipathique. À défaut d'être la voix, Ferdonnet en était-il le rédacteur, l'inspirateur ? C'est plus que probable, mais il se défendra en affirmant qu'il n'était que le traducteur des textes que lui remettaient les agents de la propagande allemande – ce qui n'est pas totalement impossible.

Toujours est-il que le gouvernement Daladier, informé par le Deuxième Bureau, monte l'affaire en épingle, en s'essayant à son tour à la guerre psychologique. Le « traître de Stuttgart » devient le parangon de la forfaiture et du défaitisme. Il est condamné à mort par contumace, ainsi qu'Obrecht, le 6 mars 1940, pour intelligence avec l'ennemi par le tribunal militaire de Paris.

Après que la France a été vaincue et occupée et que le gouvernement de Vichy est entré dans la voie de la

---

6. UFA (*Universum Film AG*) : la grande société de production et de distribution cinématographique allemande fondée en 1917 et devenue un formidable instrument de propagande dans les mains des nazis, sous la conduite de Goebbels.

collaboration, Radio Stuttgart n'a plus de raison d'être. Ferdonnet passe le reste de la guerre à vivoter en Allemagne. Viennent la chute du IIIe Reich et la débâcle de ses serviteurs. Ferdonnet tente de se faire passer pour un citoyen belge et parvient même à se faire confier la direction d'une cantine de troupes d'occupation. Ce Belge à l'accent français et son épouse censée être wallonne et qui ne parle que l'allemand attirent l'attention, tout comme ses imprudents bavardages. Identifié et confondu, il est arrêté en juin 1945.

Son procès ne traîne pas, puisqu'il est traduit devant la Cour de justice[7] de la Seine le 11 juillet 1945. À vrai dire, il n'y a que peu de monde pour assister au procès. Que de collabos, petits et grands, à juger alors ! Il n'empêche que l'épuration, qui fonctionne de matière chaotique, veut des exemples, des beaux traîtres. Ferdonnet minimise son rôle. Il n'aurait été à l'entendre qu'un traducteur, au demeurant sous une menace permanente. Son avocat fait de lui, loin d'un cerveau pensant, « le sous-ordre, le collaborateur infime, le lampiste de la trahison ». Il s'étonne même que son client puisse encourir la peine de mort. Le commissaire du gouvernement, quant à lui, veut bien admettre que Ferdonnet ne soit pas à proprement parler la voix du traître de Stuttgart. Il n'en a pas moins contribué activement à

7. Dans le cadre de l'épuration légale, le GPRF met en place dans le second semestre 1944 une justice d'exception et crée des tribunaux spéciaux pour juger les faits de collaboration : la Haute Cour de justice (pour les membres du gouvernement) et les Cours de justice (une par département). 55 331 accusés sont jugés par les Cours de justice, qui prononcent 6 763 peines de mort (mais 3 910 par contumace) suivies de 767 exécutions.

« empoisonner les Français. (…) C'était la synthèse de la trahison ». Il avait mérité la peine prononcée contre lui. Il la mérite toujours. « Vous n'échapperez pas, cette fois, aux balles du peloton d'exécution que je réclame contre vous et que réclament avec moi tous les Français qui sont tombés, lâchement assassinés par les Allemands, ou qui sont revenus mourants des camps d'extermination dans lesquels cet ennemi, que vous avez si bien servi, les avait entassés. »

Ferdonnet est une nouvelle fois condamné à mort pour intelligence avec l'ennemi. La presse exulte : « le traître n° 1 » est enfin puni. Il est fusillé le 4 août 1945 au fort de Montrouge. Obrecht, plus que jamais évanoui dans la nature, est condamné à mort par contumace pour la seconde fois. D'une certaine façon, dans l'opinion publique, il n'y a jamais eu qu'un seul et même traître de Stuttgart.

L'Angleterre a eu, elle aussi, son « traître de Stuttgart » en la personne de « lord Haw Haw », ainsi surnommé par le *Daily Express* en raison d'une diction aristocratique affectée. À la différence de son homologue français, lord Haw Haw sévit sur les ondes pendant toute la guerre. Toutes ses émissions – d'abord à l'antenne de Radio Hambourg, puis du Luxembourg, de Calais, d'Oslo – commencent toujours par un « *Germany Calling, Germany Calling, Germany Calling*[8] » bientôt célèbre dans toute la Grande-Bretagne. Ici, l'entreprise de démoralisation s'appuie sur les navires coulés au cours de la guerre sous-marine et sur les bombardiers qui sont nombreux à être abattus lors des raids sur l'Allemagne.

8. Cf. YouTube : *Lord Haw Haw – Germany Calling.*

Lord Haw Haw a pour vrai nom William Joyce, né en 1906 aux États-Unis. Peu de temps après sa naissance, ses parents se sont établis en Irlande. Le jeune Joyce s'engage politiquement aux côtés des Britanniques pendant la guerre d'indépendance d'Irlande avant de rejoindre l'Angleterre au milieu des années vingt. On le retrouve en 1932, membre de la *British Union of Fascists* (BUF), que crée Oswald Mosley. Il y fait ses premières armes d'orateur et y prend rapidement du poids, devenant dès 1934 le responsable de la propagande du parti. Trois années plus tard, il crée avec d'autres membres de la BUF la *National Socialist League*, ouvertement nazie comme son nom l'indique assez. À la fin du mois d'août 1939, juste avant la déclaration de guerre, il devance une arrestation imminente en quittant l'Angleterre avec son épouse pour rejoindre l'Allemagne, où il se fait naturaliser l'année suivante.

La propagande nazie ne manque pas de mettre ses talents d'orateur à profit. Le voici devenu lord Haw Haw. Il n'est pas seulement une voix à la radio, militant pour le *British Free Corps* (les SS britanniques) et publiant en 1942 *Dämmerung über England* (« Le crépuscule de l'Angleterre »). Son épouse Margaret, elle aussi militante fasciste dans l'Angleterre des années trente, devient lady Haw Haw, s'adressant plus particulièrement aux femmes. Combien seraient-elles plus heureuses, ces Anglaises en proie aux deuils et aux privations, si elles vivaient dans un régime national-socialiste ! Les émissions des deux Haw Haw ne sont pas interdites en Grande-Bretagne – ce qui est une bonne façon de ne pas leur donner le goût du fruit défendu. Elles connaissent leur apogée en 1940, peut-être avec six millions d'auditeurs réguliers sans compter les occasionnels.

La guerre se prolongeant et la contre-propagande britannique, BBC en tête, accomplissant son œuvre, l'audience s'effondre rapidement. Il est vrai que les Haw Haw jouent « mission impossible » en prétendant vanter les bienfaits du IIIe Reich. Le couple d'ailleurs divorce et il semble bien que lord Haw Haw ait toujours été un solide alcoolique. Les émissions n'en continuent pas moins, réduisant progressivement leurs émetteurs tandis qu'avancent les armées alliées – jusqu'à l'antenne d'origine : Radio Hambourg. La dernière émission a lieu le 30 avril 1945 en pleine bataille de Berlin. Lord Haw Haw, apparemment ivre, ne manque pas d'y dénoncer le péril soviétique et d'appeler (il n'est pas le seul) à un renversement des alliances. Il termine son éditorial par un baroque : « *Heil Hitler and Farewell* ».

William Joyce tentait-il de fuir au Danemark lorsqu'il est arrêté par des soldats britanniques, le 28 mai 1945 ? Ou voulait-il rejoindre Flensburg, ville où s'était installé le « gouvernement Dönitz » ? Il aurait été trahi par sa voix. Toujours est-il que plongeant la main dans sa veste pour en extraire un passeport (faux au demeurant), il récolte plusieurs balles dans les fesses et que c'est sur une civière que le public britannique découvre enfin le visage de lord Haw Haw aux actualités cinématographiques.

Jugé à Londres pour haute trahison, il est condamné à mort le 19 septembre 1945. En appel, il essaie d'ergoter sur ses nationalités successives pour réfuter son jugement, mais la sentence est confirmée le 13 décembre 1945. Il est pendu à la prison londonienne de Wandsworth, le 3 janvier 1946. Pour des raisons mystérieuses, lady Haw Haw échappe à l'accusation de haute trahison (on a parlé de tractations des plus secrètes avec le MI5[9]) et s'en tire avec quelques années de prison. Elle décède en 1972.

Dans cette guerre psychologique pour le moins assez sommaire, les Japonais ne pouvaient pas être en reste (chez eux, la propagande s'appelle joliment « guerre de l'esprit »). Ce ne sera ni le traître de Stuttgart ni lord Haw Haw mais « Rose de Tokyo ». Ainsi les GI surnomment-ils pendant toute la guerre du Pacifique cette voix féminine, chaude et insinuante, qu'ils captent sur les ondes courtes dans une émission intitulée *The Zero Hour* : « Bonjour, je suis votre ennemie préférée (...). Que croyez-vous que font en ce moment vos femmes ou vos fiancées aux États-Unis avec tous ces planqués de réformés ? » Des airs de jazz précèdent et suivent ces émissions qui font fureur chez les soldats mais pas forcément dans le sens souhaité par les « *Japs* ». La plupart des GI prennent ces entreprises de démoralisation à la rigolade et certains, interrogés après la guerre, diront qu'ils ne s'étaient même pas aperçus qu'il s'agissait de propagande japonaise (!).

Il s'agit plutôt d'un bouquet de voix hautement sexualisées que la contre-propagande américaine s'évertue à faire passer pour une démonstration de la perfidie japonaise[10]. D'ailleurs, une anti-Rose se fait entendre sur les ondes de l'AFRS (*America Forces Radio Service*), à la voix tout aussi enjôleuse : c'est GI Jill, la vraie

9. L'Intelligence Service (les services secrets de renseignement et de sécurité britanniques), créé en 1909, comprend le MI6 pour le renseignement et le MI5 pour le contre-espionnage (MI pour *Military Intelligence*).

10. Surtout après la guerre dans nombre de films, de dessins animés, de bandes dessinées.

copine des soldats américains, qui fait un tabac six jours par semaine dans son émission GI Jive : « *Till next jive time, this is your GI gal Jill saying good morning to some of you, good afternoon to some more of you, and to the rest of you... good night.* » Le jazz, avec des dédicaces, y est tout autant à l'honneur. GI Jill (Marthe Wilkerson dans le civil) ne fait pas de propagande. Elle est là tout simplement, la première des DJ stars.

Après la capitulation japonaise, Tokyo Rose trouve un nom : Iva Ikuko Toguri. Elle est née en 1916 à Los Angeles de parents japonais émigrés depuis peu. Elle a été *girl scout*, a fait des études supérieures et vote républicain. Elle est en voyage au Japon quand éclate la guerre. Empêchée de retourner aux États-Unis, elle doit travailler pour subsister et son bilinguisme parfait la conduit à collaborer à la radio japonaise et à figurer finalement dans la constellation « Rose de Tokyo ». Chichement rétribuée, il semble qu'elle n'ait pas personnellement prononcé de messages de démoralisation, se contentant d'appeler ses auditeurs « *my fellow orphans* » (l'animatrice de *The Zero Hour* a pour nom *Orphan Ann*[11]).

Les journalistes américains qui débarquent à Tokyo dès août 1945 n'entrent pas dans toutes ces complications. Ils recherchent « LA » Rose de Tokyo. Deux reporters, l'un pour *Cosmopolitan* et l'autre pour *International News Service*, offrent 2 000 dollars[12] pour une interview exclusive de *Tokyo Rose*. Il ne leur en faut qu'une et ce sera Iva Ikuko Toguri.

---

11. Du nom de l'héroïne d'une célèbre BD américaine : *Little Orphan Annie*.
12. Un peu plus de 30 000 dollars en 2019.

Celle que toute la presse n'appelle plus que *Tokyo Rose* multiplie les interviews avant d'être arrêtée le 5 septembre 1945 et libérée au bout d'un an. Elle s'obstine alors à vouloir retourner aux États-Unis (chez elle, après tout), mais c'est pour y subir la vindicte du FBI, à qui il faut des traîtres. De nouveau arrêtée en 1948, elle est jugée pour trahison dans un procès retentissant qui commence à la cour fédérale de San Francisco le 5 juillet 1949. Jugée coupable pour de minces chefs d'accusation, elle est condamnée à dix ans de prison. Enfermée six ans et deux mois à la prison pour femmes d'Alderson (West Virginia), elle est libérée sur parole en 1956. Nombreux sont alors les journalistes et les juristes qui s'interrogent tardivement sur la validité de sa condamnation. Elle obtient de Gerald Ford un pardon présidentiel en 1977. Celle qui ne tenait pas du tout à personnifier la Rose de Tokyo meurt à l'hôpital de Chicago le 26 septembre 2006, à l'âge de 90 ans.

RUSE

L'histoire du cheval qu'Épéios, assisté d'Athéna,
construisit, et du traquenard qu'Ulysse conduisit
à l'acropole, surchargé de soldats
qui allaient piller Troie.

Odyssée d'Homère

L'odyssée de l'*Atlantis*

Fin mars 1940, un cargo à une cheminée battant pavillon norvégien fait route au large de la Norvège, cap au nord. Cet innocent « vraquier » sur le pont duquel s'entassent de grandes caisses portant des inscriptions en anglais est en réalité l'*Atlantis*. Avril 1940, un cargo soviétique à deux cheminées, le *Krim*, longe la côte est du Groenland par une température de – 17°. Quelques rares matelots emmitouflés dans les traditionnelles fourrures russes marchent sur le pont. C'est l'*Atlantis*. Le mois suivant, dans l'Atlantique Sud, le paquebot britannique *City of Exeter* croise un cargo battant pavillon japonais, le *Kashii Maru*, à une cheminée et à la peinture rouillée. Des matelots, chemise au vent et foulard sur la tête comme il est de coutume dans la marine marchande japonaise, s'activent sur le pont où passe une femme qui pousse un landau. C'est une nouvelle fois l'*Atlantis*.

Le bâtiment qui se déguise ainsi est le *Schiff 16* de la Kriegsmarine, l'un des six cargos corsaires qui ont pris la mer entre le 31 mars et le 1er juillet 1940. Dès avant l'entrée en guerre, l'amiral Erich Raeder, commandant de la Kriegsmarine depuis 1938, avait prôné l'action de corsaires déguisés en navires marchands[1]. Dans l'optique d'une guerre maritime visant à asphyxier l'économie britannique en la coupant de ses approvisionnements, Raeder estime, non sans raison, que les navires de ligne ne seront pleinement opérationnels que lorsqu'ils bénéficieront de bases sur l'Atlantique[2]. Et encore ne manqueront-ils pas de toujours attirer sur eux le ban et l'arrière-ban de la marine et de l'aviation britanniques. Ainsi le « cuirassé de poche » *Admiral Graf von Spee* (plus simplement appelé *Graf Spee*), armé en corsaire, attire à sa poursuite une vingtaine de navires de la Royal Navy, dont quatre porte-avions, avant d'être piégé devant Montevideo et de devoir se saborder le 17 décembre 1939. Son tableau de chasse, très maigre, ne compense pas, loin de là, la perte d'un bâtiment aussi précieux.

Par la suite, pendant l'automne-hiver 1940, d'autres bâtiments de ligne[3] également assignés à une mission de corsaires vont couler 250 000 tonnes de cargos et de pétroliers. Toutefois, après qu'ils auront regagné leur

1. Pendant la Grande Guerre, l'Allemagne a pratiqué ce type de guerre en armant plus de vingt navires corsaires. Le plus célèbre d'entre eux, le *Wolf*, a coulé trente-cinq navires marchands et deux navires de guerre, pour un total de 110 000 tonnes. Un autre, le *Seeadler*, un trois-mâts américain capturé par un *U-Boot*, a coulé seize cargos entre le 11 décembre 1916 et le 8 septembre 1917, avant de faire naufrage sur un récif polynésien.

2. En partant du même raisonnement, l'amiral Dönitz prône l'arme sous-marine.

3. Le « cuirassé de poche » *Admiral Scheer*, le croiseur lourd *Hipper*, les croiseurs de bataille *Scharnhorst* et *Gneisenau* (en attendant le cuirassé *Bismarck*, le plus puissant bâtiment de ligne de l'Atlantique, coulé dès sa première mission le 27 mai 1941).

port d'attache à Brest, ils seront si étroitement surveillés par la RAF et la Royal Navy qu'ils ne pourront plus en sortir. Très vite aussi s'est posée la question de la consommation en mazout de ces monstres des mers[4]. Le IIIe Reich manque cruellement de pétrole.

Un cargo armé en corsaire ne présente aucun de ces inconvénients. Certes, il ne file pas 30 nœuds, mais ses 17 ou 18 nœuds sont infiniment moins dévoreurs de mazout. Surtout, il ne se fait pas remarquer et peut opérer en toute tranquillité sous des déguisements successifs. Et pourtant un cargo d'environ 7 000 tonnes, à condition qu'il soit récent et rapide (avec des moteurs Diesel), peut dissimuler un armement redoutable derrière des panneaux métalliques pouvant être rabattus en un instant. C'est le cas du cargo rapide (17,5 nœuds) *Goldenfels* de 7 862 tonnes, lancé à Brême en 1937. Long de 155 mètres et large de 18,7 mètres, son autonomie est considérable : 60 000 à 69 000 milles. Après plusieurs mois de travaux intensifs, le voilà promu au rang de « croiseur auxiliaire », le *Schiff 16* (matricule *HSK2*). Son armement est impressionnant, quoique parfaitement camouflé : six canons de 150 mm, un canon de 75, six canons légers DCA, quatre tubes lance-torpilles. Il emporte, en outre, 92 mines et un hydravion de reconnaissance, lui-même armé de mitrailleuses. C'est alors qu'il reçoit son nouveau nom : *Atlantis*. Son commandement est confié à Bernhard Rogge, engagé dans la marine en 1915 dès l'âge de 16 ans. Il a commandé deux voiliers écoles et c'est un marin accompli, connu avant la guerre

4. À allure modérée, un cuirassé consomme 12 tonnes de mazout à l'heure et pas loin du double à pleine vitesse.

dans les milieux du yachting international. Son équipage est en surnombre : 347 hommes, dont 19 officiers et 2 médecins, dont une fraction variable sera affectée aux prises. En effet, tous les cargos pris en chasse ne seront pas nécessairement coulés. Il peut être plus avantageux de les capturer si un port ami est suffisamment proche.

L'*Atlantis* appareille de Kiel le 31 mars 1940, après avoir chargé, outre ses munitions, 3 000 tonnes de mazout, 1 200 tonnes d'eau et 400 tonnes de vivres, de quoi tenir de longs mois sans jamais relâcher dans un port où il ne manquerait pas d'être repéré. Ses ordres lui enjoignent d'attaquer tout navire marchand doublant le cap de Bonne-Espérance, sur la très longue route maritime qui mène à Freetown (Sierra Leone). Déguisé en cargo japonais, il passe l'équateur le 25 avril et croise quelques jours plus tard le *City of Exeter*, un paquebot très probablement dévolu au transport de troupes et de matériel militaire. La proie est tentante, mais Rogge renonce. Il ne veut pas s'encombrer de trop de prisonniers dès sa première action bien que de nombreux compartiments dans les cales du corsaire soient prévus pour la détention des équipages des navires coulés. À ce stade de la guerre et dans le respect du droit de la mer, il est hors de question d'abandonner des naufragés[5].

Le 3 mai au matin, les vigiles signalent une fumée à l'horizon. L'équipage est appelé aux postes de combat. Le corsaire s'approche jusqu'à identifier un cargo sous

5. Le sauvetage par un sous-marin pose de tout autres problèmes, à la fois en termes de place et de sécurité. Cf. à ce propos note page 75.

pavillon britannique, le *Scientist* (6 200 tonnes), qui fait route vers Liverpool et transporte du maïs, du bois et du chrome. Le pavillon allemand est hissé en même temps que le pavillon international XL : « Stoppez ou je fais feu. » Le quartier-maître radio prévient en morse : « N'utilisez pas votre radio. » Le *Scientist* n'obéit pas et l'*Atlantis* abat ses panneaux et ouvre le feu. Le cargo britannique, qui a eu le temps de lancer un message QQQ[6], est incendié. Le soir tombe et cette torche dans le crépuscule peut être aperçue à de nombreux milles. Une torpille l'envoie donc par le fond après que l'équipage a été recueilli. Il y a eu deux tués.

Les semaines qui suivent sont vides de gibier. Le corsaire, qui a changé de peinture et navigue pour lors dans l'océan Indien, est devenu un cargo hollandais, l'*Abbekerk*. Il procède à un mouillage de mines tandis que son hydravion scrute l'océan. C'est un vieux Heinkel He60 qui, depuis le début, donne des soucis de fonctionnement. Rogge voulait un Arado AR196, beaucoup plus performant et mieux armé, mais il n'a pas obtenu gain de cause. Après cinq longues semaines de recherches, le Heinkel aperçoit un cargo norvégien, le *Tiranna* (7 230 tonnes), chargé de vivres pour les troupes australiennes stationnées en Palestine. Il tente de s'échapper et ne stoppe qu'après avoir essuyé de nombreuses salves qui font cinq morts. Rogge décide de le conserver et y transfère ses prisonniers avec un équipage de prise qui va mener le cargo jusqu'à la Somalie italienne. De nouveau, un message de détresse a pu être

---

6. QQQ : « Je suis attaqué par un cargo ennemi armé. »
RRR : « Je suis attaqué par un vaisseau de guerre. »
SSS : « Je suis attaqué par un sous-marin. »

lancé et Rogge décide d'ouvrir désormais le feu sans sommation en visant le château des cargos où se trouve la passerelle de commandement et, surtout, les organes vitaux dont la cabine radio.

La liste des victimes du corsaire ne tarde pas à s'allonger : *City of Bagdad* le 11 juillet, *Kemmedine* le 13, *Talleyrand* le 22 août, *King City* le 24… Avec son seul petit canon, le britannique *Kemmedine* a engagé un duel désespéré contre l'*Atlantis* et a été aussitôt envoyé par le fond. Dommage pour l'équipage du corsaire, car il transportait de la bière et du whisky. Un pillage organisé n'en est pas moins instauré à chaque fois que c'est possible : des vivres, à commencer par les indispensables fruits et légumes frais, ainsi que de l'eau et du mazout pompé dans les soutes. À la différence des *U-Boote,* les corsaires peuvent de cette façon tenir la mer à l'infini. Ils ont, en outre, des navires ravitailleurs à leur disposition. À l'usage, ils vont se révéler à leur tour des ravitailleurs de sous-marins

Les mois passent. À la date du 11 novembre 1940, un treizième navire s'ajoute au tableau de chasse du corsaire : l'*Automedon,* un paquebot britannique de 7 528 tonnes venant de Liverpool et faisant route vers Singapour. Il transporte des avions et des machines, mais aussi quantité de provisions, de cigarettes, de whisky. Lui aussi refuse de s'arrêter avant qu'une salve détruise la passerelle en tuant ses officiers. Quatre-vingt-treize prisonniers, dont une femme, sont transférés sur l'*Atlantis.* Tous s'accorderont à dire qu'ils ont été correctement traités, en partageant notamment le menu de l'équipage. À certaines dates, les captifs seront pourtant plusieurs centaines.

Le commandant Rogge mène tout son monde avec intelligence et fermeté. Il veille à ce que les vivres saisis sur les cargos soient exactement partagés. Quant au problème que pose l'impossibilité de relâcher à terre, il lui a trouvé un palliatif original en instaurant des « permissions à bord ». Par groupes de douze, les matelots sont dispensés pendant huit jours de tout service (sauf, bien sûr, à rejoindre en cas d'alerte leurs postes de combat) et occupent les confortables cabines réservées aux contagieux. Ils peuvent aller où bon leur semble et surtout ne rien faire, en profitant notamment de la « piscine » qui a été installée avec des bâches sur le pont. Le commandant, petit-fils de pasteur et lui-même très religieux, veille également à la santé morale de son équipage, obligeant ses officiers à assister au service religieux du dimanche. Après l'office, il leur offre un pot, vite baptisé « cocktail clérical ». Le dimanche demeure autant que possible un jour de repos. Il y a une bibliothèque à la disposition de l'équipage, des concerts improvisés, des conférences que donnent les officiers.

À la mi-décembre, l'*Atlantis* relâche pendant vingt-six jours aux îles Kerguelen pour une remise en état. C'est l'occasion pour l'équipage de faire une orgie d'eau douce après qu'un pipeline a été aménagé jusqu'au navire. On y fête Noël, avec, pour chaque membre de l'équipage, un cadeau prélevé sur le butin de l'*Automedon*.

L'*Atlantis* reprend la mer sous un nouveau déguisement. Il n'est pas totalement livré à lui-même, recevant des instructions du SKL[7], lequel s'emploie à coordonner l'action des différents corsaires[8]. Il s'agit notam-

7. SKL : *See Kriegs Leitung* (État-major de la marine).

8. Outre l'*Atlantis*, l'*Orion*, le *Komet*, le *Widder*, le *Thor*, le *Pinguin*.

ment d'éviter que deux d'entre eux se retrouvent dans la même zone. Aussi est-ce un rendez-vous tout à fait exceptionnel que celui du 11 février 1941 lorsque, au beau milieu de l'océan Indien, se mettent ensemble au mouillage le croiseur lourd *Admiral Scheer,* qui a déjà coulé plus de 100 000 tonnes de navires mais qui a désormais la marine et l'aviation britanniques à ses trousses, un mouilleur de mines, deux ravitailleurs et l'*Atlantis,* qui compte trois cargos de plus à son actif. Ils vont chasser ensemble quelques jours avant de se séparer.

Inlassablement, l'*Atlantis* continue à tenir la mer au cours de longues journées de recherche, dans une chaleur accablante. Ce n'est que le 17 avril 1941 qu'il rencontre et envoie par le fond sa dix-septième proie, le paquebot égyptien *Zam Zam* (8 300 tonnes). Le commandant du corsaire se retrouve avec un peu plus de 300 prisonniers d'un seul coup. Sur les 202 passagers, il y a 77 femmes et 32 enfants, dont des bébés. Pour couronner le tout, on compte de nombreux missionnaires, tous Américains. Bien embarrassé, Rogge va faire des pieds et des mains pour qu'un ravitailleur, le *Dresde,* vienne le soulager d'une pareille cargaison, qui sera finalement conduite saine et sauve jusqu'à Bordeaux.

Le 14 et le 24 mai, l'*Atlantis* coule deux autres cargos. Le 16 juin, l'équipage fête ses 445 jours de mer, qui égalent le record établi par le *Wolf* pendant la Grande Guerre. Le corsaire a alors parcouru 71 411 milles (132 253 kilomètres). Le lendemain, il coule le cargo britannique *Tottenham* (4 640 tonnes) qui transportait des pièces détachées d'avion, des tracteurs et des voitures. Le 23 juin, c'est un autre cargo britannique, le *Balzac* (5 375 tonnes) qui est coulé. Cependant, les proies se font rares car les navires marchands commencent à s'organiser en convois escortés ou prennent des routes détournées. La Navy se résout, de surcroît, à distraire des unités pour la chasse aux corsaires. Deux ravitailleurs de *raiders* (c'est ainsi que les Britanniques nomment les corsaires allemands) sont interceptés et coulés.

Tout au long de l'été 1941, l'*Atlantis* fait chou blanc. Il est entré dans le Pacifique où il a été durement éprouvé par un ouragan. Ce n'est que le 10 septembre, à mi-chemin entre la Nouvelle-Zélande et les îles de la Société qu'il poursuit puis arraisonne un cargo norvégien de 4 790 tonnes, le *Silvaplana*, qui transporte du bois exotique, du café, de la vanille. Capturé, le cargo accompagne un certain temps le corsaire avant de faire route sur Bordeaux avec son équipage de prise. Quant à l'*Atlantis*, il poursuit sa route infernale, tout en commençant pour la première fois à manquer de certaines provisions. L'équipage est mis au régime du rata[9] quatre fois par semaine. Le 9 octobre, le corsaire, qui est en mer depuis plus de dix-huit mois, peut relâcher quelques jours dans une île de l'archipel des Pomotou (Polynésie). Les hommes n'avaient pas mis pied à terre depuis neuf mois.

Rogge envisage enfin le chemin du retour, mais le SKL en dispose autrement. Deux rendez-vous sont fixés dans l'Atlantique : l'un avec l'*U-68* au sud de l'île de Sainte-Hélène, l'autre avec l'*U-126* au nord de l'île de l'Ascension, pour les ravitailler en mazout. L'*Atlantis* double le cap Horn le 19 octobre. L'équipage fête son 600e jour

9. Ragoût grossier et peu appétissant constitué de mélanges improvisés selon les moyens du bord.

de navigation le 31, et son tour du globe le 8 novembre. Cinq jours plus tard, le ravitaillement de l'*U-68* se passe sans encombre, mais les instructions du SKL ont été interceptées et décodées par Ultra[10]. Le croiseur lourd *HMS Devonshire*, capable de filer 32 nœuds et armé de 8 canons de 203, de 4 canons de 102 et de 8 tubes lance-torpilles s'invite au second rendez-vous.

Le 22 novembre au petit matin, l'*U-126* s'est amarré à l'*Atlantis*. Une manche a été fixée par laquelle le mazout passe des soutes du *raider* à celles du sous-marin, dont le commandant est monté à bord du corsaire et s'est vu offrir un bain chaud, le rêve de tout sous-marinier. Tout est calme alentour, mais l'hydravion fait de nouveau des siennes et ne peut décoller pour aller voir ce qui se passe au-delà de l'horizon. C'est alors que la vigie donne l'alerte : « *Feindlicher Kreuzer in Sicht !*[11] » L'*U-Boot* coupe aussitôt ses amarres et la manche pour plonger en catastrophe, abandonnant son commandant à bord de l'*Atlantis*. Tout en se tenant hors de portée, le *HMS Devonshire* tire une première bordée. Rogge tente de ruser en se faisant passer pour le cargo britannique *Polyphemus*, mais l'hydravion du *Devonshire* a signalé la présence très probable d'un sous-marin. Une heure s'écoule, le temps pour les Britanniques de vérifier qu'il ne peut s'agir du *Polyphemus*.

Tout en continuant à rester hors de portée, le *Devonshire* reprend son tir. Deux obus font mouche. L'*Atlantis* lâche un écran de fumée, mais il n'a aucune chance. Il est atteint huit fois, tandis que son commandant donne l'ordre de mettre embarcations et radeaux à la mer et de préparer le sabordage. Sept hommes sont

---

10. Voir note page 86.
11. « Croiseur ennemi en vue ! »

tués et d'autres blessés. Il est 09 h 58 lorsque Rogge abandonne l'*Atlantis* le dernier. La soute à munitions explose quelques minutes plus tard. En deux minutes, le corsaire s'engloutit par l'arrière. Le *Devonshire,* qui court le risque d'être torpillé, s'éloigne rapidement sans prendre le temps de recueillir les Allemands naufragés.

L'odyssée de l'*Atlantis* s'arrête là, mais pas celle de son équipage. Le commandant a fait lier entre eux les canots et les radeaux, repêché ceux qui avaient sauté à l'eau, fait l'appel. Chacun se demande ce qu'est devenu l'*U-126* quand celui-ci fait soudain surface. Tandis que son commandant rejoint son bord, Rogge partage ses hommes en trois groupes. Une quarantaine, dont les blessés, montent dans l'*U-Boot,* qui ne peut en contenir davantage ; une autre quarantaine se hisse sur le pont du sous-marin avec des gilets de sauvetage au cas où il faudrait opérer une plongée. Les autres, encore un peu plus de deux cents, restent dans les embarcations qui sont prises en remorque. Et ce cortège peu banal de faire route vers la côte la plus proche ou plutôt la moins lointaine (950 milles, soit 1 759 kilomètres !), qui se trouve être celle du Brésil.

Près de trois jours se passent pendant lesquels le cuisinier de l'*U-Boot* s'évertue à alimenter tout ce monde. La chaleur des journées alterne avec le froid des nuits. Les naufragés ne vont pas pouvoir tenir longtemps. Cependant, le SKL, peu soucieux au demeurant d'exposer ainsi l'un de ses précieux sous-marins, a dépêché des secours. Un ravitailleur, le *Python,* arrive le 25 novembre et recueille les naufragés tandis que l'*U-126* regagne sa base de Lorient.

L'histoire aurait pu s'arrêter là, mais non ! La mission du *Python* n'est pas terminée. Il doit ravitailler des *U-Boote*. Le 1er décembre, au sud de Sainte-Hélène, deux d'entre eux sont amarrés à ses flancs lorsque se pointe à l'horizon le croiseur lourd *HMS Dorsetshire,* célèbre pour avoir administré quelques mois plus tôt le coup de grâce au *Bismarck.* Les deux *U-Boote* plongent aussitôt tandis que le *Python* tente de fuir. À pleines machines, à 18 nœuds, il ne peut rien contre le croiseur anglais qui en file 32. Les premiers obus encadrent le ravitailleur, qui se saborde. À l'exemple du *Devonshire,* le *Dorsetshire* s'éloigne rapidement. Voilà de nouveau Rogge et son équipage à l'eau avec maintenant celui du *Python.*

Les sous-marins refont surface et le scénario précédent se répète, en direction cette fois des îles du Cap-Vert. Il s'agit dès lors de 414 naufragés pour lesquels vivres et eau ne tardent pas à manquer. Toutefois, l'amiral Dönitz a dépêché de nouveaux secours. Huit sous-marins, quatre allemands et quatre italiens, se hâtent vers les lieux. Sur le chemin, l'*U-124* rencontre au large de Saint-Paul le croiseur léger *HMS Dunedin* qu'il coule. Les quatre sous-marins italiens arrivent les premiers et se répartissent les naufragés. On imagine sans peine ce qu'aurait donné alors une rencontre avec des destroyers alliés, mais tous les sous-marins rejoignent finalement Saint-Nazaire entre le 23 et le 29 décembre.

La propagande nazie, trop heureuse de mettre en avant une guerre « propre et chevaleresque », n'a pas attendu ce retour pour vanter les prouesses des navires corsaires[12]. Leur bilan est éloquent : l'*Atlantis* à lui seul,

---

12. Nombreux documents filmés, dont ceux des actualités cinématographiques nazies *Deutsche Wochenschau.* Cf. notamment

après un périple de 622 jours de mer et 102 000 milles (188 900 kilomètres), a coulé ou capturé 25 navires (144 384 tonnes). Les « croiseurs auxiliaires » auront coûté aux Alliés 800 000 tonnes de navires, c'est-à-dire plus du double du résultat des navires de guerre affectés à la même mission. On verra même, le 19 novembre 1941, l'un de ces cargos corsaires, le *Kormoran*, à l'issue d'un duel pourtant inégal et bien que touché à mort, réussir à couler le croiseur *HMS Sydney* qui avait commis l'erreur qu'évita le *HMS Devonshire* face à l'*Atlantis* : s'approcher de trop près.

YouTube : *Deutscher Hilfskreuzer auf Feindfahrt im Atlantik. Original Kriegsmarine Footage* (11'27).

Cadavre menteur

Au matin du 30 avril 1943, des pêcheurs de sardines espagnols s'apprêtent à rentrer au port andalou de Huelva quand ils aperçoivent le corps d'un noyé qui flotte à quelque distance. Ils se seraient bien passés d'une pareille pêche, mais ne peuvent faire autrement que de le hisser à bord afin de le remettre aux autorités du port. Le corps, qui se trouve dans un état de décomposition avancé, est revêtu d'un uniforme britannique et d'un gilet de sauvetage. Une mallette de cuir noire est attachée par une chaînette à son poignet. La bien nommée opération *Mincemeat* (« chair à pâté », « viande hachée ») vient de commencer.

Il s'agit maintenant que le poisson morde à l'hameçon. Les services secrets britanniques sont le pêcheur, et l'Abwehr[1] le poisson. La tromperie, la duperie (*deception* en anglais) est un art aussi ancien que la guerre elle-même, qui vise à désinformer l'ennemi sur une opération stratégique qui se prépare. Les Britanniques, en dépit du scepticisme de leur allié américain, y excellent, encouragés en cela par leur *Prime Minister* Winston Churchill, un inconditionnel du genre. « En temps de

1. Voir page 117.

guerre, souligne-t-il, la vérité est si précieuse qu'il faut l'entourer d'un rempart de mensonges. » Il est fidèle en cela au précepte de Sun Tzu dans son *Art de la guerre* : « Dans la préparation, rien n'est plus important que de n'être pas connaissable. » Le chef-d'œuvre en la matière sera l'opération *Fortitude*, le grand plan d'intoxication de l'ennemi en prélude au débarquement en Normandie. Cependant, un plan général de désinformation baptisé *Bodyguard* est mis en place dès 1943 pour leurrer le haut commandement allemand sur les opérations alliées en Europe.

Avant le débarquement en Normandie, il faut préparer celui en Sicile, décidé pour juillet 1943. Un vaste plan de *deception*, baptisé *Barclay*, vise alors à faire croire aux Allemands que le débarquement qu'ils attendent depuis que les Alliés les ont chassés de Tunisie ne se fera pas en Sicile pourtant désignée comme une évidence dès lors qu'on examine la carte. Il y aura bien une opération en Sicile, mais ce sera une diversion. Une fausse XIIe armée britannique est créée avec un tout aussi faux QG à Oran. Son objectif ne peut être que la Sardaigne et la Corse. Les services secrets allemands enregistrent, par ailleurs, d'intenses préparatifs à Alexandrie qui visent manifestement la Grèce. Les diplomates britanniques laissent échapper des informations dans les pays neutres. Un vrai faux réseau d'espionnage français en Afrique du Nord (nom de code : « Gilbert »), censé être fidèle à Vichy, désinforme l'Abwehr et se fait même parachuter du matériel et de l'argent. Mais il faut un point d'orgue à cette opération *Barclay*, une cerise sur le gâteau : l'opération *Mincemeat*.

Son montage est confié aux services secrets de la Royal Navy : la *Naval Intelligence Division* (NID), que dirige depuis 1939 le vice-amiral John Henry Godfrey. Au début de la guerre, celui-ci a remis à ses adjoints un mémorandum aussitôt baptisé « le mémo de la truite » : « Tromper l'ennemi par temps de guerre, c'est comme la pêche, et plus particulièrement la pêche à la mouche. » Il faut lancer son leurre en faisant preuve de patience, en restant longtemps immobile. Ian Fleming est l'un de ses officiers. Le futur père de James Bond fait pour l'heure provision d'idées et de souvenirs en s'employant à la NID – Godfrey sera le « M » de ses romans, le directeur du MI6[2]. Ce dernier dira de Fleming qu'il était particulièrement doué pour échafauder des scénarios de désinformation, ce qu'on croit aisément à la lecture de ses *James Bond*.

Toutes les idées, les plans des opérations secrètes (souvent farfelus) s'élaborent au sein du comité des moyens spéciaux de la NID que dirige le commandant Ewan Montagu, brillant juriste dans le civil, diplômé de Cambridge et de Harvard, et qui s'est souvenu d'un récent *brainstorming* au cours duquel le *flight lieutenant* Charles Cholmondeley, du MI5[3], a ressuscité l'idée de la *haversack ruse* (la « ruse de la besace »), un stratagème aussi ancien que la guerre elle-même qui consiste à abandonner entre les lignes un cadavre porteur d'informations hautement secrètes que l'ennemi croira avoir surpris. Le cadavre a cet avantage sur le faux messager qu'il ne parlera pas. Cholmondeley imaginait le scénario d'un agent britannique sautant sur la France porteur d'une radio à fréquence secrète. Son parachute ne s'ouvrait pas et les Allemands, en découvrant le cadavre,

2. Voir note 9 page 133.
3. Voir note 9 page 133.

s'emparaient de la radio et se mettaient à l'écoute des messages secrets. L'idée avait été abandonnée en raison notamment de la difficulté de trouver le cadavre d'un accidenté suffisamment « frais ».

L'idée du cadavre menteur plaît pourtant bien à Montagu. Mais, outre qu'il est trop direct de le placer en territoire ennemi (l'Abwehr est censée connaître, elle aussi, la *haversack ruse*), il faut résoudre la question de sa fraîcheur. Alors, un noyé ayant séjourné longtemps dans l'eau ? Et en Espagne, non loin de Gibraltar, là où les agents de l'Abwehr sont nombreux et ne manqueront pas de s'intéresser à un cadavre britannique apporté par la mer ? Il y a aussi la question de l'autopsie qui sera automatiquement pratiquée. On y regardera de moins près en Espagne qu'en territoire ennemi occupé.

L'opération *Mincemeat* commence à prendre forme. Il faut trouver un individu mort d'une pneumonie, car dans cette maladie les poumons se remplissent d'eau, ce que ceux d'un faux noyé se refusent à faire. Certes, ce ne sera pas de l'eau de mer, mais une telle recherche procéderait justement d'une autopsie complète, qui n'aura pas lieu dans le scénario imaginé. Montagu se tourne vers les médecins légistes des hôpitaux de Londres, qui lui dégotent un célibataire d'une trentaine d'années qui vient de mourir d'une pneumonie dans un hôpital de la ville. Les parents du défunt veulent bien, au nom de la patrie, abandonner le corps « à des fins médicales spéciales ». Selon une autre source, il s'agirait plutôt d'un vagabond (version plus plausible).

Ainsi naît le personnage du major William Martin, des Royal Marines, spécialiste des engins de débarquement envoyé en mission spéciale en Méditerranée et dont l'avion se sera abattu en mer. Sur son cadavre, de précieux renseignements seront offerts à la convoitise des agents allemands. On fabrique au major une identité impeccable avec un authentique William Martin, né à Cardiff le 29 mars 1907. Il y a, par ailleurs, plusieurs William Martin dans les Royal Marines.

La question de la photo d'identité pose problème, car la photo d'un cadavre ressemble terriblement… à un cadavre. On finit par trouver un visage acceptable parmi les employés du NID. On fabrique également de fausses lettres de ses parents, une facture de rappel du tailleur de la Royal Navy pour un uniforme qu'il tarde à payer, un découvert sur son compte bancaire. On lui invente une fiancée, une secrétaire de l'Amirauté qui accepte de jouer le rôle. Elle sera Pamela. Sa photographie et deux lettres d'amour, pliées et dépliées à l'infini comme il se doit, figureront avantageusement dans le portefeuille de Martin. On collecte les objets qui seront dans ses poches : une plaque d'identité, des cigarettes et un briquet, une montre, des clefs, des tickets d'autobus, deux talons de billets de théâtre à la date du 22 avril. Le major Martin a emmené sa fiancée au spectacle la veille de son départ. L'uniforme et les souliers sont bien à sa taille. Dans la guerre de l'ombre, une opération se perd sur un détail.

Tous ces attributs rejoignent le corps soigneusement entreposé en chambre froide, prêt pour la phase finale de l'opération. On a décidé qu'il serait jeté à la mer le 30 avril à l'aube, dans le golfe de Cadix, au large de Huelva, une ville à l'extrême sud-ouest de l'Espagne. Un agent de l'Abwehr y a été localisé, réputé très actif et dans les meilleurs termes avec les autorités espagnoles.

Un sous-marin, le *HMS Seraph*, est chargé du transport de Martin, scellé dans un coffre d'acier bourré de glace. Il prend la mer le 19 avril, en Écosse, pour un périple de onze jours. Le 30 avril, à 04 h 30, le voilà devant la côte espagnole, là où les courants vont pousser le corps dans la bonne direction. Le conteneur est hissé sur le pont. Seuls le commandant et deux de ses officiers sont dans le secret. Ils ont fait croire à l'équipage qu'il s'agissait d'une expérience météorologique au demeurant secrète. L'état dans lequel se trouve le cadavre ne doit pas être fameux, mais après qu'on lui a enfilé un gilet de sauvetage et fixé au poignet par une chaînette (selon l'usage des courriers diplomatiques britanniques) la précieuse mallette, le corps est glissé à la mer et le conteneur coulé. À un demi-mille de là, un radeau pneumatique d'avion est mis à l'eau au cas bien improbable où des recherches en mer seraient effectuées. « *Mincemeat completed* », câble le commandant du sous-marin.

Que contient la mallette ? Plusieurs courriers hautement confidentiels, dont une vraie fausse lettre en date du 23 avril du chef adjoint de l'état-major général adressée au général Alexander, commandant le XVe groupe d'armées en Méditerranée et adjoint d'Eisenhower, qui signale l'importance des défenses allemandes en Crète et en Grèce, et laisse entendre qu'en attendant des renforts, une diversion va être opérée en Sicile. Une autre tout aussi vraie fausse lettre de l'amiral Mountbatten, chef des opérations combinées, est adressée à l'amiral Cunningham, commandant de la flotte britannique en Méditerranée, lui demandant de faciliter la mission du major Martin, chargé de remettre un pli de la plus haute importance au général Alexander.

Et c'est ainsi qu'on retrouve le noyé à Huelva, dûment remis aux autorités du port. Celles-ci ouvrent la mallette, mais pas les lettres. Une autopsie rapide conclut à la noyade et à un séjour prolongé dans l'eau. Le corps du malheureux décédé voici déjà un bon bout de temps est enfin inhumé dans un cimetière de Huelva, le 2 mai, en présence du vice-consul de Grande-Bretagne. Un détachement de la marine espagnole rend les honneurs militaires. Entre-temps, la disparition en mer d'un hydravion Catalina assurant la liaison entre Gibraltar et l'Angleterre a été signalée. Évidemment, les diplomates britanniques réclament avec insistance les documents trouvés en possession du major Martin et, tout aussi évidemment, ceux-ci ne le seront pas avant d'avoir été photographiés par l'Abwehr *via* Madrid. C'est ce que l'expertise des documents enfin retournés à Londres ne manque pas de mettre en évidence, même si le travail a été très bien fait.

Grâce aux écoutes britanniques d'Ultra, il apparaît que le piège fonctionne, d'autant que l'Abwehr transmet les documents à Berlin en en garantissant l'authenticité et en faisant part de l'affolement des autorités britanniques. Après tout, l'Abwehr n'a pas si souvent l'occasion de revendiquer un succès. D'ailleurs, les agents allemands en Angleterre, pratiquement tous identifiés par l'Intelligence Service et laissés en liberté très surveillée, ont vérifié nombre de points concernant ce major Martin, et notamment les coupons d'entrée au théâtre du 22 avril à Londres. Toujours le détail qui peut tout faire rater.

L'amiral Godfrey peut envoyer au *Prime Minister* ce message, non sans épouser son humour : « *Mincemeat Swallowed Whole* » (« Hachis entièrement avalé »).

Churchill lui-même confirme, dans ses *Mémoires de guerre*, le succès de l'opération *Barclay*, dont *Mincemeat*[4] a été le fleuron : « Grâce à nos opérations de désinformation, l'adversaire ignora jusqu'au dernier moment où le coup tomberait[5]. »

4. Un film britannique de Ronald Neame a été réalisé en 1956 : *The Man Who Never Was*.

5. On notera que l'opération *Mincemeat* était à double tranchant. Imaginons que la ruse ait été éventée, la contre-analyse indiquait alors la Sicile non plus comme une diversion, mais comme l'objectif véritable.

La *maskirovka*

S'il fallait tenter un classement par belligérant en matière de désinformation de l'adversaire pendant la Seconde Guerre mondiale, il faudrait peut-être placer tout en haut de l'échelle l'Union soviétique, devant le Royaume-Uni (l'as pourtant des opérations de *deception*), tant ce type de guerre a été mené massivement au sein de l'Armée rouge.

Chez les Soviétiques, il est question de *maskirovka*, terme qui se traduit littéralement par « camouflage », de celui du tireur d'élite à l'affût dans un arbre à la dissimulation d'une opération d'envergure. C'est en Union soviétique une véritable doctrine, conceptualisée dans le règlement de campagne de l'Armée rouge de 1939 : « La *maskirovka* constitue le moyen le plus important d'acquérir la surprise, condition de base pour le succès dans la bataille (...) en assurant les opérations par des mesures complexes visant à tromper l'ennemi sur la présence et la localisation des forces, des installations, les objectifs, la préparation d'une offensive. »

La *maskirovka* s'exerce à tous les niveaux : stratégique, opératif et tactique. Stratégiquement, le haut commandement (la *Stavka*[1]) doit s'employer à constamment tromper l'ennemi sur ses véritables intentions. Au niveau opérationnel, les armées doivent rivaliser de prouesses en visant à dissimuler leurs concentrations, à opérer des diversions, à éliminer ou intoxiquer les moyens de reconnaissance de l'ennemi. Il en va de même au niveau tactique dans chaque unité, jusqu'au bataillon. Les chefs d'unités préparant une attaque ne doivent pas pour autant augmenter le nombre des reconnaissances aériennes et n'acheminent les unités d'assaut qu'au tout dernier moment et de nuit. La *maskirovka* est l'affaire de tous.

Déjà, entre mai et septembre 1939, Joukov, qui n'est alors que commandant, déploie la *maskirovka* contre les Japonais lors de la bataille de Khalkhin Gol qui, partant d'un incident frontalier, n'a cessé de prendre de l'ampleur. Alors qu'il prépare sa contre-offensive, il trompe l'ennemi en faisant semblant de renforcer ses défenses à grand renfort de travaux de terrassement et de fortifications. Les Japonais, qui ne pensent qu'à leur propre offensive en préparation, se laissent berner.

Lors de la bataille de Stalingrad, la *maskirovka* joue encore pleinement son rôle, en leurrant constamment les Allemands[2] notamment lorsque se prépare la grande

---

1. La Stavka (en vieux russe : la tente qui, sur le champ de bataille, abritait le commandant en chef) est l'organe suprême de l'État, chargé de « la direction de la lutte armée et de l'activité des arrières du pays ». Staline s'en octroie la présidence dès juillet 1941 avant de prendre en août le titre de généralissime. Structure néanmoins souple et pragmatique, la Stavka permet à chaque membre de faire valoir son point de vue. Elle convoque les généraux qui sont au front et envoie ses propres membres sur le terrain. L'EMG est l'organe de travail de la Stavka.

2. La *Wehrmacht* s'essaie, de son côté, à la désinformation de l'adversaire. Lors de l'opération *Kremlin*, en mai-juin 1942, le groupe

offensive qui va aboutir à l'encerclement de la VIe armée et à sa reddition le 2 février 1943.

C'est à une tout aussi large échelle que se déploie la *maskirovka* à l'été 1943 lorsqu'il apparaît, à la simple lecture de la carte, que les Allemands vont tenter de réduire dans la zone de Koursk (à 200 kilomètres au nord de Kharkov) l'énorme saillant de 180 kilomètres de long sur près de 100 kilomètres de large qui allonge leur dispositif et qui désunit leur groupe d'armées Centre et leur groupe d'armées Sud. Les services de renseignement de l'Armée rouge[3] confirment les intentions allemandes.

Joukov, promu maréchal de l'Union soviétique le 18 janvier 1943, qui est devenu l'homme fort de la Stavka (après Staline, bien sûr), inspecte la zone de Koursk au début d'avril. Offensive préventive, comme semble y incliner Staline, ou tactique défensive ? Le 8 avril, il adresse un rapport à « Vassiliev » (nom de code de Staline) : « Une prochaine offensive de nos armées visant à devancer l'ennemi me paraît inutile. Il vaudrait mieux le laisser s'épuiser sur nos défenses et détruire ses chars et seulement ensuite, après avoir amené des réserves fraîches, passer à une offensive générale. » Staline approuve.

---

d'armées Centre masque le plan bleu (*Fall Blau*) qui vise le sud en persuadant Staline que Moscou est visé. Des messages radio vont dans ce sens. Des cartes de la région de Moscou sont distribuées aux officiers en escomptant non sans raison que le contre-espionnage soviétique l'apprendra. Des vols de reconnaissance de la Luftwaffe se multiplient au-dessus de Moscou.

3. Le GRU (Direction générale des renseignements de l'état-major des forces armées soviétiques).

Dans le camp allemand, il n'y a guère que Hitler, plus que jamais général en chef de ses armées, pour être pleinement partisan de la réduction du saillant de Koursk. Cependant, la situation désastreuse en Afrique du Nord le fait hésiter, tandis que ses meilleurs généraux, ceux qui sont sur le terrain, se montrent hostiles à l'opération *Zitadelle* finalement décidée le 15 avril 1943. Guderian s'est déclaré contre, en faisant valoir que cette opération serait tout sauf une surprise et que le succès n'irait pas sans de lourdes pertes alors que l'arme blindée qu'il dirigeait était en cours de reconstitution.

Von Manstein, qui avait d'abord suggéré d'évacuer au contraire les contre-saillants, se rallie, mais à condition d'aller vite, dès la mi-mai. Mais déjà Model, le chef de la IXe armée, s'alarme du renforcement des défenses soviétiques dans le saillant. Il demande des délais pour se consolider. Le Führer les lui accorde d'autant plus volontiers que la défaite de l'Axe en Tunisie achève de le désorienter. Ne serait-il pas plus sage d'annuler l'opération *Zitadelle* qui, à l'évidence, n'est plus un secret pour les Soviétiques ? Il reste la solution de passer en force. L'offensive est alors fixée au 5 juillet.

L'*Ostheer* (« armée de l'Est ») s'estime, bien à tort, encore invincible à l'été 1943, avec ses 40 divisions – dont 20 Panzer fortes de 2 700 chars et canons automoteurs, ses 2 000 avions et ses 900 000 hommes. Le Führer a exigé « les meilleures unités, les meilleures armes, les meilleurs chefs ». Plutôt qu'une attaque frontale ne divisant pas les forces, une attaque en tenaille a été prévue visant à encercler et détruire les deux groupes d'armées soviétiques qui se trouvent dans le saillant de Koursk. Une telle force paraît irrésistible, mais le temps perdu a été mis à profit par les Soviétiques pour transformer le saillant en forteresse inexpugnable.

Un soin extraordinaire a été apporté à l'organisation de la défense, échelonnée en profondeur. Trois cent mille civils ont été requis pendant tout le printemps pour creuser et fortifier 5 000 kilomètres de tranchées organisées en huit lignes de défense successives, hérissées de batteries antichar et de DCA, de nids de mitrailleuses, de chars T34 enterrés à hauteur de tourelle. Des champs de mines ont été disposés à profusion (3 000 mines par kilomètre). Pour défendre le périmètre ainsi fortifié, ce ne sont pas trois groupes d'armées (appelés « fronts ») qui sont concentrés, mais six, dont un en réserve stratégique, le front de la Steppe (1 500 chars et canons d'assaut). Au total, près de deux millions de soldats, 5 130 chars et canons d'assaut, 30 000 canons, 3 200 avions, c'est-à-dire le double au moins de ce que les Allemands, sûrs de leur force, s'apprêtent à lancer. Or, pour réussir une offensive de grande ampleur, l'assaillant doit toujours se trouver en supériorité numérique, tant d'hommes que de matériel.

À aucun moment les Allemands n'auront connaissance de ces effectifs, pas plus que des positions des unités supposées présentes et de l'importance des lignes de défense. La *maskirovka* aura tout fait pour cela, la Stavka, pour la première fois dans la guerre, l'ayant incorporée systématiquement à ses plans. Les routes et les voies ferrées qui permettent l'approvisionnement de l'immense périmètre sont camouflées ainsi que les dépôts et les camps. Pour tromper les incessantes reconnaissances aériennes de la Luftwaffe, fausses routes, fausses voies ferrées, faux dépôts et faux camps les remplacent. Pas moins de quinze faux aérodromes sont créés avec leur tour de contrôle, leur matériel au sol, leur DCA – le tout fait de planches et de toiles en trompe l'œil. La Luftwaffe ne manque pas de bombarder régulièrement ces cibles si tentantes tandis que les vraies restent habilement dissimulées, tout comme les quatre grandes bases de ravitaillement en essence. Il en va de même pour le déploiement de chars gonflables[4] – 829 en trois concentrations rien que dans le secteur du front de Voronej (Vatoutine). Deux cent vingt avions factices s'offrent dans ce même secteur, dont les maquettes ont été transportées en pièces détachées avant d'être assemblées sur place par des compagnies *maskirovka*.

Chaque « front » improvise de la sorte sa *maskirovka*, installant faux canons et fausses batteries d'artillerie. Les compagnies de sapeurs rivalisent de prouesses et d'inventions, déguisant des troncs d'arbre en canons parfois avec de vraies roues de camion pour en faire des obusiers. Lorsqu'un avion de reconnaissance de la Luftwaffe vient à passer, les sapeurs simulent le tir de la batterie par des moyens pyrotechniques. La fausse batterie ne tarde pas à être bombardée, mais elle est aussitôt rétablie à l'instar d'une vraie.

Plusieurs officiers allemands témoigneront de cette aptitude du soldat soviétique à utiliser le terrain : « Le Russe est un maître du camouflage, du retranchement et des constructions défensives. Avec une grande vitesse, il disparaît dans la terre, se retranchant avec un infaillible instinct pour utiliser le terrain au mieux et pour construire des fortifications très difficiles à découvrir. »

L'arrivée de nouvelles armées est soigneusement masquée. Ainsi, quand la VIIe armée de la Garde vient se

4. Un an avant ceux de l'opération *Fortitude*.

déployer, en juin, dans le secteur de la LXIXe armée, toutes ses communications radio passent par celles de l'armée déjà en place. De toute façon, celles-ci sont réduites au maximum et d'ailleurs réservées à des messages porteurs de fausses informations. Les véritables instructions sont acheminées par des porteurs de messages, puis retransmises oralement dans chaque unité par les officiers en personne.

Ainsi, le positionnement du front de la Steppe (Koniev) reste secret alors même que cette réserve stratégique, colossale, se trouve forte de plus de 500 000 hommes, 1 500 chars et canons d'assaut, 7 400 canons et mortiers. La comparaison des cartes allemandes indiquant l'emplacement supposé des unités ennemies et des cartes soviétiques montrant la situation réelle est confondante. Partout le nombre des unités soviétiques est sous-estimé, souvent du simple au double. Les emplacements des lignes de défense, des batteries, des champs de mines sont *a fortiori* ignorés.

Le 5 juillet 1943, à 04 h 30, les Allemands attaquent, mais sont retardés par un écrasant barrage d'artillerie préventif qui s'abat sur leurs lignes de départ et montre assez à quel point les Soviétiques sont par ailleurs bien renseignés sur leurs plans. L'énorme vague de Panzer s'élance du nord et du sud tandis qu'une formidable bataille commence dans le ciel. Au nord, Model perce la première ligne de défense, mais est arrêté dès la deuxième par les contre-attaques. Le général allemand Friedrich von Mellenthin, à l'état-major du 48e corps blindé de la Wehrmacht, témoigne : « Les horribles contre-attaques russes, où participent des masses énormes de moyens humains et matériels, sont une surprise désagréable pour nous. » Il ajoute : « L'habileté au camouflage des Russes est à souligner encore une fois. On n'a pas détecté même une zone de champ de mines ou de mines antichars jusqu'à ce que le premier char ne saute sur une mine ou le premier antichar russe n'ouvre le feu. »

Au sud, l'attaque de von Manstein a plus de succès et permet, au prix de durs combats, une percée de 35 kilomètres. Le 12 juillet, en tentant de contourner Koursk, les Panzer entament à Prokhorovka la plus grande bataille de blindés de la Seconde Guerre mondiale. Sur un espace restreint, 600 blindés allemands et 850 blindés soviétiques se foudroient à bout portant. Ils sont si proches les uns des autres et la poussière est si dense que l'aviation ne peut intervenir, ni d'un côté ni de l'autre. Les pertes sont terribles dans chaque camp. La Ve armée blindée de la Garde a perdu la moitié de ses chars. Cependant, il apparaît que l'offensive allemande n'a pas réussi. Elle s'enlise.

Au nord, Model, qui n'avait progressé que d'une dizaine de kilomètres (et au prix de 22 000 hommes et 400 chars) et s'était arrêté pour souffler, n'a pas le temps de reprendre son offensive. Le 12 juillet, en effet, il doit faire face à l'opération que les Soviétiques déclenchent dans le contre-saillant d'Orel. La *maskirovka* a fait de nouveau merveille, d'abord en masquant l'offensive, ensuite en s'employant à faire croire qu'il s'agissait là d'une sorte d'offensive-défensive. Quand il apparaît qu'il s'agit en fait d'une grande offensive de rupture qui menace de percer le groupe d'armées Centre, l'opération *Zitadelle* devient soudain secondaire. Le 13 juillet, le Führer convoque von Kluge et von Manstein à son

QG du *Wolfsschanze*. L'opération *Zitadelle* est suspendue et le contre-saillant d'Orel doit être évacué.

La suite immédiate des événements justifie pleinement l'abandon de *Zitadelle*, le 3 août, lorsque l'Armée rouge déclenche l'opération *Rumiantsev*, cette fois sur le contre-saillant sud. La *maskirovka* y est de nouveau à l'œuvre, masquant les offensives principales par des attaques simulées de grand style à d'autres endroits, avec de fausses lignes arrière pour convaincre les avions de reconnaissance allemands, des mouvements de troupes qui avancent le jour pour revenir la nuit sur leur position de départ. L'artillerie tire sans discontinuer. Des champs de mines sont franchis. Mais ce n'est pas là qu'aura lieu le véritable assaut. Quand celui-ci se précise, nombreuses sont les divisions qui manquent pour lui résister, employées à courir après des leurres, bien loin de là.

Les transmissions radio s'emploient de leur côté à intoxiquer les écoutes de l'ennemi. De même, de fausses informations circulent dans la population sur les arrières de l'Armée rouge, à destination des agents infiltrés. Des centaines de détachements de partisans harcèlent les arrières des Allemands et sabotent leurs voies de communication, mais toujours sans donner d'indications sur les intentions du commandement soviétique, que d'ailleurs ils ignorent. Obsédés par toutes ces tromperies, les Allemands finissent par voir de la *maskirovka* partout, même quand il n'y en a pas. Même ce qui est vrai semble faux. Quand la *maskirovka* n'est pas là, elle est là quand même. C'est sa plus grande réussite.

Rupert, le *paradummy*

Dans l'art de tromper l'ennemi, les Britanniques auront toujours fait preuve d'initiative et d'invention – peut-être le complexe de David face à Goliath. Leurs opérations de *deception* (en anglais, « duperie ») auront joué sur tous les fronts[1]. Leur chef-d'œuvre en la matière reste l'opération *Fortitude*, le volet principal de l'ensemble des manœuvres de diversion (baptisées *Bodyguard*) qui visent à cacher aux Allemands les plans de débarquements alliés en Europe : en Sicile, en Normandie, en Provence. À *Fortitude* de masquer le débar-

---

1. Ainsi dans la guerre du Désert, pendant la seconde bataille d'El Alamein (septembre-octobre 1942), une menace d'attaque au sud du dispositif de Rommel est simulée, tandis que celle au nord est maquillée. Une unité spéciale, la *A Force*, œuvre à cet effet. Créée dès 1941 par le général Wavell et surnommée le *Magic Gang*, elle compte parmi ses « ingénieurs » Jasper Maskelyne, célèbre dans l'Angleterre des années trente pour ses numéros de magie. Il invente notamment un petit kit d'évasion pour les soldats au cas où ils seraient faits prisonniers. Dans cette guerre du Désert, Rommel de son côté pratique activement la *deception*, en plaçant par exemple un char britannique de capture en tête de sa colonne de chars lors d'une attaque surprise. Des batteries d'artillerie factices sont disposées à proximité des vraies, habilement camouflées celles-là.

quement principal prévu en Basse-Normandie pour 1944 (opération *Overlord*), un an après celui de Sicile.

Le haut commandement allemand prévoit qu'un débarquement allié à l'assaut direct de la « forteresse Europe » aura lieu dans le Pas-de-Calais, qui est non seulement le chemin le plus court entre l'Angleterre et la France, mais aussi le plus direct jusqu'au Rhin. C'est donc dans cette zone qu'a été placée la XVe armée (dix-neuf divisions d'infanterie de bonne qualité et cinq divisions Panzer), en arrière des côtes qui vont du nord de la Dives jusqu'à la frontière des Pays-Bas. Pour les Alliés, il faut à tout prix que ces unités restent là où elles sont et n'aillent pas renforcer celles, plus maigres, qui stationnent en Basse-Normandie.

Pour mieux détourner l'attention des Allemands de la Basse-Normandie, l'opération Skye vise par ailleurs à leur faire croire à un autre débarquement, en Norvège cette fois, dans la région de Trondheim. Une armée fictive, la *British 4th Army*, stationne en Écosse et en Irlande du Nord. Une pseudo-activité se déploie dans les ports du nord-est de la Grande-Bretagne. La Royal Navy mouille des mines dans la mer du Nord et attaque systématiquement les *U-Boote* sortant des ports norvégiens. Mais tout cela n'est que détails en comparaison du plan d'intoxication (opération *Quicksilver*) visant à accréditer un débarquement principal dans le Pas-de-Calais.

À cet effet, une autre armée fantôme, la *First United States Army Group* (FUSAG), est censée stationner dans le sud-est de l'Angleterre, dans la région du Kent, juste de l'autre côté du Pas-de-Calais. Jamais le souci du détail n'aura été poussé aussi loin. On donne à cette fausse armée un vrai chef, et pas n'importe lequel : le général George Patton, en disgrâce provisoire pour avoir giflé deux soldats lors du débarquement de Sicile. Il est voyant à souhait et la presse commet des indiscrétions calculées en signalant ses déplacements. Un état-major fictif déploie une intense activité en multipliant tant les navettes de Jeep que les messages radio, avec une centaine d'opérateurs à l'œuvre[2]. Des annonces de fiançailles paraissent dans les journaux, telle celle d'une Anglaise avec un parachutiste de la *9th Airborne,* une division du FUSAG. De faux matchs de foot sont organisés entre soldats de différentes unités de cette même armée. Dûment abusés, les Allemands nomment officiellement le FUSAG « le groupe d'armées Patton ».

Des cantonnements factices sont établis dans le Kent et à l'est de Londres, ainsi que de faux parcs de matériel, de faux aérodromes, de faux canons, de faux chars tantôt gonflables tantôt en décors de théâtre. Des studios de cinéma fabriquent des navires leurres qu'on anime en faisant sortir de temps à autre de la fumée de leurs cheminées. Des traces de mazout peuvent s'observer alentour. Des avions en contre-plaqué stationnent dans les champs. Des dispositifs sont placés sur les roues des tracteurs imitant des sillons de chenilles. Un faux port pétrolier est construit à Douvres sur 5 km^2 de décors de théâtre d'où sort un réseau de pipelines. Le tout est animé par des territoriaux circulant en camions sur les quais. Une couverture aérienne, vraie celle-là, protège le faux port, laissant de temps en temps passer un avion de reconnaissance de la Luftwaffe afin qu'il puisse prendre

2. Il faut notamment prendre garde à ce que la « signature » d'un opérateur de morse (chacun a sa façon de manipuler que reconnaît une oreille exercée) ne puisse s'écouter que provenant d'une seule et même station.

quelques photos. Un barrage de « saucisses » (ballons captifs) l'empêche de descendre trop bas et de découvrir ainsi la supercherie.

Des fuites sont savamment distillées et l'espionnage allemand est totalement sous contrôle. Tantôt les agents envoient en toute bonne foi des fausses informations sans savoir qu'ils sont depuis longtemps identifiés, tantôt ils ont été « retournés » par le contre-espionnage britannique. L'un d'eux (nom de code : Garbo), en qui l'Abwehr a entièrement confiance, entretient un réseau fictif de vingt-quatre sous-agents et peut, à ce titre, multiplier les rapports mensongers. En France, les réseaux de résistance identifiés comme ayant été infiltrés sont également intoxiqués, sans parler de faux réseaux tout exprès mis en place. Le secret le plus absolu pèse sur les informations classées BIGOT[3]. Un fichier est créé où figure pour chaque officier la liste précise des secrets dont il se trouve informé.

Les raids aériens qui préludent au jour J sont eux aussi marqués au coin de *Fortitude*. Pour un radar allemand bombardé au sud de la Seine, deux le sont au nord (opération *Rhubarb*). Il en va de même pour les raids préliminaires de commandos, trois fois plus nombreux au nord de la Seine et en Belgique qu'entre Le Havre et Cherbourg. Dix-neuf centres ferroviaires sont bombardés dans le Pas-de-Calais et aucun dans la région de

3. Cachet spécial apposé sur toutes les cartes et tous les documents ayant trait à la préparation de l'opération *Overlord*. *Bigot* est l'inversion de *TO GIB* (« vers Gibraltar »), cachet créé pour l'opération *Torch* (débarquement en Afrique du Nord). Par extension, on surnomme « Bigot » les rares personnes informées des secrets d'*Overlord*.

Caen dans les jours précédant immédiatement le jour J. Bien entendu, les ports du sud de l'Angleterre où se prépare la traversée de la Manche sont soigneusement camouflés, au cas, tout à fait improbable, où un avion allemand parviendrait à survoler la zone.

De leur côté, les Allemands s'essaient à cet exercice, mais fort modestement au regard de *Fortitude*. Ils réussissent assez bien à intimider les Alliés à propos de l'inviolabilité du mur de l'Atlantique. De fausses cartes indiquent bunkers et champs de mines là où il n'y en a pas. Tout un mouvement de fausses divisions est inventé, ainsi que de faux déplacements pour les vraies. Cela devient bientôt si compliqué que le grand quartier général de von Rundstedt (commandant en chef des armées à l'Ouest), en place à Saint-Germain-en-Laye, ne s'y retrouve plus. Deux listes sont alors constituées : l'une des vraies et l'autre des fausses divisions. Voilà qui est bien imprudent, tout comme l'indication sur les cartes des vraies divisions en rouge et des fausses en bleu. Jamais les Britanniques ne commettraient de pareilles bévues.

Fortitude ne prend pas fin avec le jour J. Trois nouvelles opérations *deception* sont lancées dans la nuit du 5 au 6 juin 1944 en prélude au débarquement prévu aux premières heures du matin. Les deux premières, *Glimmer* et *Taxable*, sont destinées à accréditer le scénario d'un débarquement de diversion masquant celui dans le Pas-de-Calais se déroulant en même temps. Une fausse flottille de débarquement s'approche de Boulogne et une autre de Fécamp avec de petites embarcations remorquant au-dessus d'elles de gros ballons revêtus d'une peinture spéciale (*Moonshine*) qui produit sur les écrans des radars allemands l'écho de navires. Une brume artificielle cache le dispositif tandis que des haut-parleurs géants diffusent tous les bruits d'une flotte d'invasion. En même temps, des bandelettes d'aluminium (*windows*) lancées en grand nombre par avion brouillent les écrans radars et donnent l'illusion d'une immense formation aérienne. Il est probable que le vent qui souffle en tempête lors de cette nuit historique empêche les haut-parleurs d'être entendus, mais l'alarme n'en est pas moins donnée. Les puissantes batteries du Pas-de-Calais ouvrent le feu.

Toutefois, l'épisode qui va devenir célèbre sous le nom d'opération *Titanic* se produit sur les lieux mêmes du vrai débarquement, entre les rivières Orne et Vire. Elle a pour but sinon de masquer, du moins de semer la confusion sur la localisation des parachutages destinés à sécuriser les flancs des plages de débarquement[4]. À 00 h 12, dix-huit minutes avant les grandes opérations aéroportées qui vont préluder aux débarquements du 6 juin, deux cents parachutistes sont largués près de Marigny à l'ouest de Saint-Lô, deux cents autres quelques minutes plus tard entre Yvetot et Honfleur, et une cinquantaine à l'est de la Dives ainsi qu'une autre cinquantaine près de Maltot, au sud-ouest de Caen. Tous ont en commun d'être des leurres, des mannequins d'une soixantaine de centimètres baptisés « *Rupert* ». Ils sont faits d'une forte toile de jute rembourrée de sable. Leurs parachutes sont réduits en proportion. Chaque *Rupert*

4. 82e et 101e divisions *US Airborne* au nord de Carentan (flanc ouest d'*Overlord*) et 6e *British Airborne* à l'embouchure de l'Orne (flanc est).

comporte un système simulant des coups de feu et un autre le faisant bruyamment exploser pour son autodestruction.

De petites équipes du déjà légendaire *Special Air Service* (SAS)[5] sautent en même temps. Ils sont six à sauter au-dessus de Marigny avec les *Ruperts* également surnommés *paradummies*[6]. Le premier soldat du jour J à toucher le sol de France est le lieutenant Noel Poole, employé de banque dans le civil. Il est d'abord porté disparu par ses compagnons, car il s'est assommé sur le bord de la trappe de l'avion en sautant et est resté longtemps inconscient avant d'être pris en charge par un civil. Un autre SAS, le capitaine Fowles, s'égare dans l'obscurité, mais les autres peuvent accomplir leur mission. Jamais si peu d'hommes n'auront fait autant de bruit. Au sol, des amplificateurs diffusent des bruits de fusillade et de tirs de mortier. De petites bombes incendiaires à fort pouvoir détonant et des fusées éclairantes complètent le dispositif destiné à donner l'illusion de violents combats et à provoquer l'arrivée de renforts en détournant ceux-ci des sites du Débarquement.

---

5. Le Special Air Service (SAS) est une unité de commandos créée à la fin de 1941 en Égypte à l'initiative du lieutenant David Stirling. Cette unité attaque les bases arrières de l'Axe en Afrique du Nord. Après la chute de Tunis, la SAS Brigade est renvoyée en Angleterre. À la veille du débarquement en Normandie, elle est formée de deux régiments britanniques (*1st* et *2nd SAS Regiment*), de deux régiments Français libres (*3rd* et *4th SAS*) et d'un régiment belge (*5th SAS*). Chaque « régiment » parachutiste comporte 40 *sticks* de 10 hommes.

6. *Paradummy* pour « *dummy paratrooper* ». *Dummy* (pluriel : *dummies*) signifie à la fois « mannequin », « feinte », « imbécile », « factice »... Ce mot désigne les nombreux leurres de l'opération *Fortitude*.

L'opération *Titanic* réussit à merveille. Rupert le *paradummy*[7] provoque la pagaille escomptée auprès du commandement allemand. Surprise et confusion règnent dans le camp allemand lors de cette nuit du 5 au 6 juin, avant même que ne se produisent les débarquements proprement dits. Ordres et contre-ordres s'entrecroisent et se contredisent. Les Allemands voient des parachutistes partout.

Le mauvais temps a d'ailleurs contribué à ce désordre. La météo était si mauvaise que Rommel, commandant en chef de l'armée B, est parti en permission en Allemagne et que les chefs d'unité de son groupe d'armées ont été convoqués à Rennes pour un *Kriegspiel*. Le thème choisi pour cet exercice qui consiste à simuler une bataille sur une carte est cette fois « Les Anglo-Américains débarquent » ! Seul l'un d'entre eux, le général de division Wilhelm Falley, alerté par la ronde des avions, a décidé de faire demi-tour. Caprice du destin, il va trouver la mort dans une embuscade de parachutistes américains, des vrais ceux-là. De même, le mauvais temps a incité le général Feuchtinger, qui commande la seule division Panzer à proximité des plages de débarquement

---

7. « Rupert » le *paradummy* entre dans l'Histoire dans la nuit du 5 au 6 juin 1944, mais les Allemands avaient déjà utilisé ce leurre en mai 1940, lors de l'invasion des Pays-Bas et de la Belgique. La séquence que lui consacre le film *Le Jour le plus long* (1962), avec ses 11 910 000 entrées en France, le rend célèbre. Toutefois, les *paradummies* du film (l'un d'eux est exposé à l'*Airborne Museum* de Sainte-Mère-l'Église) sont beaucoup trop sophistiqués et très éloignés du Rupert d'origine (qu'on peut voir au Mémorial de Caen ou au Bunker Museum de Merville). L'US Army utilisa de son côté un homologue de Rupert : Oscar, en toile caoutchoutée, mais il ne fut pas invité pour le D. Day.

(*21. Panzerdivision*), à aller passer la nuit à Paris chez sa maîtresse, en toute discrétion (au point de ne pas être joignable).

L'opération *Titanic* continue à produire ses effets le 6 juin. Ainsi, la bientôt célèbre *12. SS-Panzerdivision « Hitlerjugend »*, qui stationnait très en arrière de la côte, perd un temps fou à pousser des reconnaissances en direction de la Dives au lieu de foncer vers Caen. La confusion est tout aussi grande dans le Cotentin, d'autant qu'elle est favorisée par la dispersion (involontaire) des parachutages américains. Le général Dollmann, qui commande la VIIe armée, ne sait où diriger ses contre-attaques.

La situation ne s'éclaircit pas les jours suivants. Les fausses alertes pleuvent. On fait état de parachutages à Falaise, à Argentan. On a vu trente planeurs dans le secteur de Coutances. En dépit des protestations de Rommel, le haut commandement décide de positionner la *17.SS-Panzergrenadier-Division « Götz von Berlichingen »*, qui arrive en renfort, dans le secteur de Saint-Lô, loin des plages du débarquement.

Fortitude ne s'arrête pas avec l'opération *Titanic*. La fiction d'un débarquement dans le Pas-de-Calais va se maintenir jusqu'au 8 septembre 1944, à coup de bombardements des plages entre Le Havre et Anvers, d'intensification des liaisons radio. Les agents retournés signalent l'embarquement des divisions du FUSAG dans les ports du sud-est de l'Angleterre. Tout cela a pour résultat le maintien de la XVe armée sur ses positions. Quand le haut commandement allemand comprend enfin qu'il n'y aura pas d'autre débarquement, il est trop tard.

Churchill, dans ses *Mémoires de guerre*, rend hommage à *Fortitude* : « Les résultats furent admirables ; le haut commandement allemand crut fermement toutes les informations qui furent mises obligeamment à sa disposition. » Alors que la guerre est finie mais que la guerre froide commence, le vieux lion britannique ajoute : « Il serait inopportun, même maintenant, de révéler tous les procédés employés pour tromper l'ennemi. »

Les GI de Skorzeny

Dans les derniers jours d'octobre 1944, les mauvaises nouvelles ne cessent d'affluer au *Wolfsschanze*[1]. Tito est entré dans Belgrade le 20 octobre et Aix-la-Chapelle est tombé le 21. Surtout, l'Armée rouge avance à pas de géant. Elle est en passe d'occuper toute l'Europe centrale. L'entourage du Führer le presse de quitter la « tanière » trop proche maintenant de l'avancée soviétique. À quoi pense alors Hitler ? Croit-il encore pouvoir gagner la guerre ? Plus que jamais en proie à la déréalisation, il se berce d'illusions, d'armes miracles, d'un retournement de situation tel celui, qu'il ne cesse d'évoquer, qui, en 1762, vit triompher *in extremis* Frédéric le Grand et sauva Berlin.

Dans ce climat, le Führer n'a que faire des généraux qui parlent de défense. Ce qu'il faut, c'est attaquer, créer la surprise. On attend qu'il se défende à l'est ? Eh bien, il va attaquer à l'ouest, ainsi qu'il l'a annoncé

1. Le *Wolfsschanze* (« la tanière du loup »). Ce vaste complexe fortifié de 6,5 km² au milieu des forêts en Prusse-Orientale, près de Rastenburg, où s'activent près de 2 000 personnes, est le QG principal de Hitler. Il y séjourne environ huit cents jours, de juin 1941 à novembre 1944.

le 16 septembre à son état-major éberlué. Il a décidé de contre-attaquer dans les Ardennes en prenant pour objectif Anvers. C'est tout juste s'il n'a pas parlé de rejeter les Anglo-Américains à la mer. Il veut lancer là son dernier coup de dés et nul ne l'en fera démordre. Il s'est chargé, dans les moindres détails, de la planification de l'opération et lui a donné un nom qui pourrait faire croire à un plan défensif : *Wacht am Rhein* (« Garde au Rhin »), du nom d'un vieux chant patriotique.

Il va précipiter dans cette ultime offensive trois armées, tout ce qui lui reste en réserve : au nord, pour l'offensive principale, la *6. SS Panzerarmee* commandée par Josef Dietrich, avec neuf divisions dont quatre blindées (120 000 hommes) ; au sud la *5. Panzerarmee* de von Manteuffel, avec sept divisions dont trois blindées, qui doit couvrir le flanc de l'offensive principale ; et, plus au sud encore, la VIIe armée avec seulement quatre DI et une division parachutiste, qui ont pour mission de bloquer une intervention de la IIIe armée américaine (Patton). Les services de renseignement alliés ont certes eu vent d'une contre-offensive à l'ouest, mais pas d'une telle ampleur. Eisenhower n'a pas modifié son dispositif et n'a pas jugé utile de protéger le secteur des Ardennes, où ne sont positionnées que cinq divisions d'infanterie sur les soixante-neuf dont il dispose.

Toujours au *Wolfsschanze*, quelques jours avant la fin d'octobre, le Führer reçoit le *SS Sturmbannführer* (commandant) Otto Skorzeny, l'homme des missions spéciales qui vient de se distinguer à nouveau en menant à bien l'opération *Panzerfaust*, visant à maintenir la Hongrie aux côtés de l'Allemagne. À la suite de la progression de l'Armée rouge en Transylvanie, en effet, l'amiral Horthy, « régent » de Hongrie, avait annoncé à la radio qu'il allait demander l'armistice. Le 15 octobre, il était enlevé par Skorzeny et ses hommes, et conduit en Allemagne. C'est pour le féliciter de ce coup de main que le Führer reçoit Skorzeny en le décorant de la croix allemande[2] en or et en lui annonçant sa promotion au grade de *SS-Obersturmbannführer* (lieutenant-colonel).

L'homme est né en 1908 à Vienne. Au terme d'excellentes études techniques, il est devenu ingénieur en 1931. Ce géant de 1,95 m, à la carrure impressionnante, est un sportif accompli : voile, natation, escalade et ski alpin, sabre et tir au pistolet (la longue cicatrice qui lui balafre la joue gauche provient des duels traditionnels à l'honneur dans les corporations d'étudiants). Il a commencé à militer en 1927 dans une formation paramilitaire d'extrême droite avant de se tourner en 1932 vers le parti nazi, interdit en Autriche. Dès le premier jour de la guerre, il s'est engagé dans la Luftwaffe puis, en février 1940, dans la Waffen-SS comme simple soldat. Ses qualités sportives, son sens de la discipline et son engagement idéologique lui ont permis de conquérir rapidement les grades successifs de sous-officier puis de sous-lieutenant et de lieutenant, après un fait d'armes en Yougoslavie, en avril 1941. Il a pris part à l'invasion de l'URSS au sein de la division SS *Das Reich*.

De graves crises de dysenterie l'ont progressivement éloigné du front. Rapatrié à Berlin, avec le grade

2. La *Deutsches Kreuz*, créée en 1941, ne doit pas être confondue avec la croix de fer qui existe depuis 1813.

de *SS-Hauptsturmführer* (capitaine) et la croix de fer de 1re classe, il s'est vu confier en mars 1943 la formation et le commandement d'une unité destinée à effectuer des missions spéciales[3]. Le 26 juillet 1943, il a eu le redoutable honneur d'être convoqué une première fois par le Führer au *Wolfsschanze* et de se voir chargé de délivrer Mussolini qui venait d'être fait prisonnier par ses compatriotes et ne devait, en aucun cas, être livré aux Alliés. Skorzeny a d'abord dû localiser le lieu de détention du Duce : un hôtel aux allures de camp retranché situé au pied du pic du Gran Sasso (massif des Abruzzes) et accessible uniquement par téléphérique. Le 12 septembre 1943, ses 17 commandos et 90 parachutistes ont atterri en planeur au pied de l'hôtel sur une bande de terrain extraordinairement étroite, pentue et parsemée de rochers. Mussolini avait été délivré sans effusion de sang et s'était envolé avec Skorzeny à bord d'un Fieseler Storch[4] dans un décollage des plus acrobatiques, en perdant une roue sur un rocher et en plongeant d'abord longuement dans un précipice[5]. L'opération baptisée *Eiche* avait réussi et Skorzeny était

3. La *Heer* (armée de terre) avait elle aussi une formation destinée aux opérations spéciales, créée par l'Abwehr en 1939 : le *Brandenburg Regiment*. La création d'une unité analogue au sein de la SS s'inscrit dans la concurrence de celle-ci avec l'Abwehr.

4. Fieseler Fi156 surnommé Storch (« cigogne ») du fait de son train d'atterrissage haut sur pattes. Cet avion léger, à décollage et atterrissage très courts (moins de 20 mètres pour atterrir) et à vitesse de décrochage très basse (moins de 50 km/h) est principalement affecté à des missions de reconnaissance ou de liaison.

5. Le décollage était d'autant plus risqué pour cet avion biplace que Skorzeny, quoique taillé en colosse, s'était imposé malgré l'opposition du pilote comme troisième passager, ne voulant

entré dans la légende, posant à côté du Führer pour une photo historique après avoir reçu de ses mains les insignes de chevalier de la croix de fer et avoir été promu au grade de *SS-Sturmbannführer* (commandant).

Après cet exploit, et jusqu'à l'enlèvement de l'amiral Horthy, Skorzeny a mené des opérations moins heureuses sur le front de l'Est. De plus, Himmler, qui n'aime d'autre vedette que lui-même, n'a guère de sympathie pour lui. Mais Hitler, qui ne dédaigne pas frustrer de la sorte ses dignitaires, ne jure que par lui. Et d'ailleurs, il ne l'a pas reçu au *Wolfsschanze* uniquement pour le féliciter de l'opération *Panzerfaust*. Après cet accueil officiel et abondamment photographié, il l'a conduit seul dans une pièce isolée et lui a déclaré : « En décembre, nous allons lancer une offensive qui sera décisive pour l'avenir de la patrie. Et vous, Skorzeny, vous allez y jouer un rôle essentiel. Je m'apprête à vous confier la plus grande mission de votre vie[6]. »

Le Führer lui a alors dévoilé son plan de contre-offensive dans les Ardennes en insistant avec emphase sur l'ampleur des moyens mis en œuvre. Et d'ajouter : « En ce qui vous concerne, Skorzeny, je vous ai réservé une des tâches les plus difficiles dans le déroulement de l'offensive. Il existe plusieurs ponts entre Liège et

---

pas se séparer de Mussolini. Le petit avion se trouvait en forte surcharge.

6. Selon le témoignage après guerre de Skorzeny. Ses écrits sont très arrangés, voire douteux (par exemple, quand il affirme avoir joué un rôle de premier plan dans la mise en échec du complot contre Hitler, après l'attentat du 20 juillet 1944). On peut néanmoins considérer cette déclaration de Hitler comme vraisemblable.

Namur, sur la Meuse. Vos commandos devront s'emparer d'un ou de plusieurs de ces ponts avant que l'ennemi ne les détruise. Cette mission ne pourra cependant être accomplie avec la rapidité et la sécurité désirables que si vos hommes portent l'uniforme américain[7]. » Pour « les détails », et comme on ne parle pas après le Führer, celui-ci a aussitôt envoyé Skorzeny à Jodl, qui dirige le bureau des opérations à l'OKW.

L'opération ainsi projetée aura pour nom *Greif* (« griffon »). Jodl se montre moins optimiste que le Führer, mais cela ne change rien à l'affaire. Il appartient, en tout cas, à Skorzeny de se débrouiller par lui-même. Il préfère d'ailleurs cela, surtout lorsqu'il découvre avec stupeur que le haut commandement a diffusé dans toute la Wehrmacht du front Ouest l'ordre de recruter des officiers, sous-officiers et soldats volontaires pour une mission spéciale. « Ces volontaires devront être en bonne santé, entraînés au combat corps à corps et surtout parler couramment l'anglais. Ils devront être dirigés sur Friedenthal[8] afin d'être mis à la disposition de l'*Obersturmbannführer* Skorzeny. » Ledit Skorzeny entre en rage et crie à la trahison en faisant remarquer non sans raison que les services de renseignement alliés n'auront pas eu besoin de se fatiguer beaucoup pour recueillir cette information. Et de fait c'est le cas, sans pour autant que cela déclenche une alerte particulière.

Skorzeny n'est qu'au début de ses difficultés. La *Panzer-Brigade 150* qu'il doit constituer et entraîner

---

7. Toujours selon Skorzeny.
8. C'est à Friedenthal près de Berlin que sont établis le QG et le centre d'entraînement des SS de Skorzeny (environ 300 hommes).

en six semaines est évaluée à 3 300 hommes. La liste du matériel américain demandé à Jodl comprend 15 chars Shermann, 20 canons automoteurs, 20 automitrailleuses, 100 Jeep, 120 camions, 40 motos – sans parler des armes légères et des uniformes. Jodl adresse un ordre de réquisition à toutes ses unités à l'Ouest, mais celles-ci ne vont pas se montrer pressées de livrer leur matériel américain de prise, dont elles font un grand usage. Au bout du compte, *Greif* ne récupère que 2 Shermann (dont l'un rend l'âme dès le premier essai), 6 half-tracks, 4 automitrailleuses, 28 Jeep, 20 motos et 9 camions. Des engins britanniques ont été livrés également, mais trop reconnaissables pour être confondus avec du matériel américain. Des blindés allemands sont également parvenus, qu'il va falloir déguiser en chars américains. Il sera fait de même pour les camions et pour les voitures : des véhicules tchèques ou français qu'on se contentera de peindre en vert olive avec des étoiles blanches. On est loin du cahier des charges.

La dotation en armes légères ou semi-lourdes est tout aussi insuffisante : la moitié seulement des fusils M1 demandés, quelques fusils mitrailleurs Browning déclassés, et même des mortiers arrivant sans la moindre munition. Les uniformes américains sont également incomplets et disparates. Il a été décidé à ce propos que les faux GI de Skorzeny porteront au-dessous leur uniforme allemand et qu'il ne pourra être fait usage des armes que sous celui-ci. La nuance est mince, mais on espère ainsi que si ces hommes tombent aux mains de l'ennemi, ils échapperont à la qualification d'espions qui mène tout droit au peloton d'exécution.

Le « matériel humain » est tout aussi calamiteux, si l'on en croit Skorzeny : « 600 volontaires furent mis à l'épreuve par des spécialistes : nous en trouvâmes 10 parlant anglais couramment, 40 assez bien ; 150 étaient capables de se faire comprendre, 200 baragouinaient et 200 autres pouvaient tout juste répondre *yes* ou *no*. » Ce n'est certainement pas en faisant preuve d'humour que le chef de l'opération *Greif* conclut : « Nous allons donc nous joindre aux colonnes américaines en fuite, sans desserrer les dents, comme si l'étendue de la catastrophe nous avait privés de l'usage de la parole. »

Il paraît évident que seule une petite partie de la *Panzer-Brigade 150* pourra être armée et équipée à l'américaine. L'entraînement à Friedenthal n'en est pas moins intensif. Les hommes de Skorzeny apprennent à ne pas claquer des talons quand ils reçoivent un ordre (!), mais aussi à mâcher du chewing-gum et à ouvrir un paquet de Lucky Strike comme le fait un GI. Les rumeurs les plus folles circulent parmi eux car, bien entendu, ils ignorent leur destination : ils vont secourir Dunkerque, Lorient ; ils vont capturer Eisenhower. Skorzeny laisse dire. Lors d'une réunion d'état-major préludant à *Wacht am Rhein*, le Führer l'a pris à part et lui a enjoint de ne pas aller en première ligne.

Dans la nuit du 13 au 14 décembre 1944, la *Panzer-Brigade 150*, qui a été divisée en trois *Kampfgruppen*[9], gagne ses positions de départ, dans le sillage du *I. SS-Panzer-Korps* chargé de percer le 5e corps US. Elle devra

---

9. Un *Kampfgruppe* est un groupe de combat de taille variable formé pour la circonstance et d'une grande souplesse tactique.

s'enfoncer dans la brèche au deuxième jour de l'offensive et se faufiler vers ses trois objectifs : les ponts d'Amay, d'Engis et de Huy sur la Meuse. Pour éviter des tirs fratricides provenant des divisions SS, les faux GI devront passer autour de leur cou un cache-col bleu ou rose et, la nuit, émettre des signaux lumineux bleus ou rouges avec leurs torches. Les tourelles des chars devront être pointées à 9 heures. Ces signes distinctifs sont évidemment à double tranchant dès lors que l'ennemi en a connaissance.

Le 16 décembre, à 05 h 30, par un clair de lune artificiel créé par des milliers de projecteurs qui éclairent les nuages bas, une intense préparation d'artillerie précède l'offensive allemande. Ce mauvais temps assure à l'assaillant la garantie que l'aviation alliée ne va pas pouvoir intervenir. La surprise est totale et l'avance semble d'abord irrésistible, bien que les GI des premières lignes, rapidement isolés, s'appliquent à combattre par petits nids de résistance. En fait, le front américain n'est que partiellement rompu. Au nord, la 2e DI américaine parvient à bloquer la progression ennemie. Les routes étroites sont rapidement encombrées et l'offensive piétine. Skorzeny a tôt fait de se rendre compte que la brèche par laquelle il devait passer ne s'ouvrira pas. Il se résigne à se mettre à la disposition du 1er corps blindé SS. *Greif* ne peut remplir sa première mission. De toute façon, jamais les Allemands n'atteindront la Meuse (laquelle est elle-même fort éloignée d'Anvers).

Tandis que la plus grande partie de la *Panzer-Brigade 150* est réaffectée à des combats classiques (notamment sur Malmédy, où elle va subir de lourdes pertes), huit équipes de trois à quatre faux GI du

« commando américain » ont pu pénétrer profondément derrière les lignes américaines avec leurs Jeep. Des lignes téléphoniques sont coupées, des panneaux de signalisation inversés, des convois déroutés par de faux MP[10], des champs de mines inexistants signalés. Un autre stratagème consiste à courir dans tous les sens en hurlant que les Allemands arrivent. Au passage, un dépôt de trois millions de litres d'essence et d'un million et demi de litres de lubrifiant n'est pas aperçu par les commandos.

L'embouteillage et la pagaille deviennent indescriptibles. Patton, à qui il en faut moins pour s'indigner, envoie comme il en a l'habitude un message furibond à Eisenhower, dans son langage fleuri : « Ike, on est en train de nous foutre le bordel ! Les Allemands utilisent nos Jeep et nos uniformes, et ils ont formé un bataillon de mangeurs de choucroute qui parlent l'américain comme à Brooklyn. Ils sont habillés en GI, s'infiltrent derrière nos lignes, y foutent le merdier, coupent les câbles, dévient la signalisation routière, jouent les spectres dans nos divisions. »

La plus formidable vague d'espionnite de la guerre s'abat sur l'armée américaine. Bradley, chef du 12e groupe d'armées US – qui s'est exclamé au début de l'offensive : « Mais bon Dieu, d'où ce fils de pute sort-il toutes ces forces ? » – raconte dans ses *Mémoires* : « Un demi-million de GI jouaient au chat et à la souris chaque fois qu'ils se rencontraient sur la route. Ni le grade, ni les pièces d'identité, ni les protestations ne mettaient le voyageur à l'abri d'un interrogatoire à chaque carrefour rencontré. À trois reprises des GI méfiants m'intimèrent

10. *Military Police.*

l'ordre de prouver mon identité. La première fois en identifiant Springfield comme la capitale de l'Illinois (mon interrogateur prétendait que c'était Chicago) ; la deuxième fois en localisant avec précision les différents joueurs d'une ligne de mêlée au football américain ; la troisième en donnant le nom de l'époux du moment de Betty Grable[11]. »

Le 18 décembre, un premier commando est découvert et capturé. L'uniforme allemand sous l'uniforme américain ne va pas suffire à leur éviter le peloton d'exécution. Jugés en cour martiale le 21, ils sont trois à être passés par les armes le surlendemain[12]. Quinze autres vont subir le même sort dans un climat d'exaspération provoqué par des assassinats de prisonniers et ailleurs de civils (à Stavelot) par des SS de la division blindée *Leibstandarte*. Sept condamnés adressent en vain un recours en grâce aux motifs qu'on ne leur a pas fait connaître leur entreprise et que refuser d'obéir à un ordre, c'était se condamner à mort. « Nous avons été pris par les Américains sans avoir tiré un seul coup de feu parce que nous ne voulions pas devenir des assassins. »

L'un des prisonniers interrogés a évoqué, certainement en toute bonne foi, le projet d'assassiner le général Eisenhower qui se murmurait au centre d'entraînement de Friedenthal. Quoique son QG se trouve à des centaines de kilomètres de là, à Versailles, l'informa-

11. La plus célèbre des *pin-up* américaines de la guerre, dont le poster « en maillot de bain » ornait toutes les chambrées de GI.
12. Exécution abondamment photographiée et filmée par l'US Army. Cf. YouTube : *Military Police Execute German Spies in Belgium. HD Stock Footage* (1'10).

tion est prise très au sérieux, d'autant qu'au début de l'offensive, Paris apparaît comme un objectif possible. Un communiqué est aussitôt adressé à toutes les unités : « Des interrogatoires subis par des prisonniers de guerre allemands, il ressort que les SS[13] de Skorzeny se répandent en petits groupes à travers nos lignes à bord de *command-cars* (...). On peut donc penser qu'ils vont tenter de rencontrer le général Eisenhower (...). Ils sont même capables de produire un prisonnier allemand avec eux, en uniforme de l'armée allemande, afin de le faire interroger par le quartier général d'Eisenhower. »

Aussitôt, le GQG de Versailles[14] est transformé en camp retranché. Les gardes sont triplées, tandis que barbelés et postes de mitrailleuses entourent les lieux. Des blindés prennent position. Eisenhower est finalement contraint de déménager. Son aide de camp, le capitaine Butcher, note dans son journal à la date du 23 décembre : « J'ai été à Versailles aujourd'hui et j'ai vu Ike. Il est prisonnier de notre police de sécurité et il s'irrite énormément, mais en vain, des restrictions qui sont imposées à ses déplacements. » Un vague sosie, le lieutenant-colonel Baldwin B. Smith, est même utilisé comme appât et passe son temps à rouler autour du Trianon Palace dans la voiture du commandant en chef.

---

13. En fait, la *Panzer-Brigade* de Skorzeny ne compte qu'une minorité de SS.

14. Il s'agit du très bel hôtel Trianon Palace (toujours en fonction), qui donne sur le parc du château de Versailles. Avant d'être le GQG du général Eisenhower, c'était celui de von Rundstedt, commandant en chef des armées allemandes à l'Ouest.

À l'instar de la grande offensive de Hitler dans les Ardennes qui s'essouffle avant de s'achever à la fin de janvier 1945 sans autre résultat que de faire fondre les maigres réserves allemandes, l'opération *Greif* aura été, ceci expliquant cela, un échec au plan militaire. En revanche, en termes de guerre psychologique, la réussite fut totale – mais ce n'était pas du tout le but recherché.

INCONSÉQUENCE

Rien de plus inconséquent
qu'une logique conséquente.

(Goethe)

Opérations *Jonquille, Perce-neige, Jacinthe* et *Tulipe*

On les surnomme « les pirates du désert », et de pirates, en effet, ils ont tout à fait l'allure. Le plus souvent barbus, coiffés de couvre-chefs variés et à la tenue composite hésitant entre le treillis de l'armée britannique et la tenue de bédouin, ce sont pourtant des soldats de la *8th British Army*. Ils sillonnent le désert de Libye, vaste comme deux fois la France, à bord de camions Chevrolet WB, à deux roues motrices, moins lourds que les 4 × 4 : allégés du toit, des portières, du pare-brise, leurs ressorts sont renforcés et leurs radiateurs adaptés à la chaleur et surtout au sable qui s'infiltre partout. Un canon Bofors de 40 mm à cadence rapide est installé sur la plate-forme arrière, et une mitrailleuse double à l'avant. Un chargement de 1,5 à 2 tonnes d'essence, d'eau et de vivres permet un rayon d'action de 1 800 kilomètres. Un équipement radio sophistiqué assure le seul lien avec le camp de base au milieu de cet océan de sable qu'est le désert. D'ailleurs, les pirates du désert ne « roulent » pas, ils « naviguent » en se repérant au moyen d'un compas solaire. Le terme « navigation » est plus qu'une image, car il n'y a guère de cartes du désert, ou plutôt celles-ci comportent de terribles blancs qui ne permettent pas de calculer la route.

Ce monde sans repères, aux horizons infinis, se montre en outre des plus hostiles. En été, la température peut atteindre facilement 50° à l'ombre – expression au demeurant théorique, car d'ombre il n'y en a pas. Les nuits, en revanche, sont glaciales car le sol, sans humidité, se refroidit rapidement. Des myriades de mouches constituent un véritable fléau[1]. Les tempêtes font entrer le sable partout. Les véhicules tombent souvent en panne ou s'ensablent. Il faut alors, la plupart du temps, décharger entièrement le véhicule avant de recourir aux plaques de désensablement. La moindre écorchure tend à s'aggraver, notamment du fait du manque de vitamines dans l'alimentation. L'eau doit être constamment rationnée et l'hygiène n'y gagne pas. En dépit de toutes ces difficultés, le moral des hommes est au plus haut. L'un d'eux, W. B. Kennedy, dit qu'ils « ont contracté la fièvre des horizons ».

Ces « pirates » de la *8th British Army*, tous rompus à la conduite en milieu désertique, à la navigation, à la réparation avec les moyens du bord, forment le *Long Range Desert Group* (LRDG), vite devenu légendaire. Cette unité a été créée à l'initiative de Ralph A. Bagnold, officier du génie pendant la Grande Guerre ayant accompli de nombreuses explorations dans le désert égyptien puis libyen après avoir quitté l'armée en 1935. Il rejoint celle-ci dès la déclaration de guerre et s'inspire des *Light Car Patrols* qui se risquaient dans le désert égyptien

1. Au point que le commandement britannique demande à chaque homme d'en supprimer au moins 50 par jour. Quant aux soldats de l'Afrikakorps, des filets leur protègent le visage.

entre 1916 et 1918[2] pour créer en juillet 1940, avec la bénédiction du général Wavell qui commande en chef les forces terrestres du Moyen-Orient, une *Long Range Patrol Unit*[3]. Bagnold en résume ainsi les missions à Wavell : « De la piraterie ! Nous attaquerons leurs convois, nous harcèlerons leurs postes, nous brûlerons leurs dépôts, nous épierons et rendrons compte de leurs moindres mouvements et effectifs, nous détruirons leurs avions. Nous leur rendrons la vie impossible[4]. »

Comptant cent cinquante hommes triés sur le volet en septembre 1940, la *Long Range Patrol Unit* devient le *Long Range Desert Group* à la fin de cette même année, en doublant ses effectifs. Dès ses débuts, la mission de cette unité, dont l'insigne est le scorpion[5], n'est pas de combattre mais essentiellement de surveiller, d'espionner. Les pirates du désert, qui certes ne refusent pas des actions ponctuelles de sabotage ou de guérilla, sont avant tout les yeux et les oreilles de l'armée britannique,

2. Bagnold s'inspire aussi certainement de patrouilles italiennes créées dans les années 1920-1930 : les *Sahariani*.

3. Mot à mot : « Unité de patrouille à long rayon d'action ».

4. Pour lors, ceux de l'armée italienne, puisque l'Afrikakorps de Rommel n'arrive en Afrique qu'au début de 1941.

5. Un scorpion, rouge cette fois et non blanc, orne l'insigne de l'homologue allemand du LRDG, et qui s'en inspire : le *Sonderkommando Dora,* à la fois force spéciale et équipe scientifique. Les hommes de *Dora* opèrent eux aussi des reconnaissances en profondeur en s'appuyant sur une petite force aérienne, mais leurs véhicules sont inadaptés. De surcroît, Rommel, quoique surnommé « le Renard du désert », n'est pas un adepte de ces stratégies de contournement par le Sud profond. Il lui faudrait du temps et des moyens, et il n'a ni l'un ni l'autre. *Dora,* indépendamment du fait que ces ordres de mission ne seront jamais très précis, n'aura jamais l'efficience du LRDG.

passant de longues heures camouflés au plus près (parfois à 50 mètres) de l'unique voie de communication qui suit la côte libyenne, la via Balbia[6] – un enjeu stratégique de première importance.

Le LRDG est aussi, selon sa propre expression, la « compagnie de taxis du désert », récupérant autant que possible aviateurs abattus ou prisonniers évadés, mais surtout assurant le transport et le soutien logistique du SAS, les commandos du Special Air Service créé à l'initiative de David Stirling. Au terme d'une jeunesse indisciplinée (ce qui l'intéresse, c'est l'alpinisme), cet Écossais, fils de général, a tout naturellement intégré les commandos dès le début de la guerre, à 24 ans. En juin 1940, il rejoint en Afrique du Nord la *Layforce*, une unité spéciale, puis fonde en juillet 1941 avec John Steel Lewes, un Australien sportif de haut niveau, le *L Detachment* (*Brigade Special Air Service*) à partir de soixante-six hommes, dont six officiers de la *Layforce*. La première mission, le 4 octobre 1941, est un échec. Parachutés derrière les lignes ennemies par grand vent, les soixante-cinq hommes de l'opération se trouvent dispersés très loin les uns des autres, et sont aux deux tiers tués ou capturés. Vingt et un seulement parviennent au point de récupération. Stirling en conclut que les futures opérations devront se faire à partir de moyens terrestres. La rencontre avec le LRDG s'imposait dès lors.

Les opérations qui suivent sont des succès. Les SAS (Britanniques en majorité mais aussi Français libres) multiplient les raids en profondeur dans le désert libyen, notamment sur les aéroports, incendiant par des

6. Du nom du maréchal italien Balbo, gouverneur de la Libye de 1933 à 1940.

tirs concentrés un maximum d'avions et disparaissant aussi vite qu'ils sont venus. Stirling, alors commandant, est surnommé « *The Phantom Major* ». Opérant principalement à partir de l'oasis de Koufra (aux mains des Français libres de Leclerc depuis mars 1941), le tandem LRDG-SAS fonctionne à merveille, avec un soutien logistique aérien assuré par le *216 Squadron*. Cependant, les premières missions bénéficiaient de l'effet de surprise. Au printemps 1942, Allemands et Italiens sont moins facilement désarçonnés par des attaques aussi lointaines. Leurs avions survolent le désert à la recherche du *Phantom Major* et de ses hommes. La surveillance des aérodromes est renforcée. Les pertes en hommes et en matériel deviennent significatives. Stirling, jusqu'alors « électron libre », doit composer davantage avec sa hiérarchie. Au Caire, les officiers d'état-major sont nombreux à être hostiles aux SAS en général et à Stirling en particulier.

Au cours de l'été 1942, Rommel est parvenu jusqu'à El Alamein, en Égypte. Alexandrie n'est plus loin et les Britanniques livrent là une bataille décisive. Le 5 septembre, ils parviennent à stopper Rommel au terme de la dure bataille d'Alam el Halfa. Montgomery, qui vient d'être nommé à la tête de la *8th Army*, médite une grande offensive avec plus de 200 000 hommes, 1 000 chars, 750 avions, mais en attendant que ces forces soient réunies, il faut affaiblir l'ennemi, dont la logistique a toujours été le point faible. Le port de Tripoli est, en effet, à 2 200 kilomètres d'El Alamein et celui de Tobrouk à 700 kilomètres. Les distances sont si grandes qu'une partie considérable de l'essence (jusqu'à 50 %) est consommée par les camions qui la transportent. Et de camions, Rommel n'en a guère. Il en réclame 8 000 à Berlin, qu'il n'aura jamais. Son parc de matériel est si déficitaire qu'il doit intégrer dans ses tactiques la capture de camions britanniques, de chars, de canons. Au Caire, on ne l'ignore pas et des raids de grande envergure sur les ports de Tobrouk et de Benghazi sont imaginés afin de couper Rommel de ses sources de ravitaillement.

Non pas une, mais quatre opérations sont décidées : une opération *Daffodil* (« jonquille »), qui reçoit aussi le nom d'opération *Agreement,* attaquera Tobrouk à la fois par mer (cent commandos acheminés par vedettes lance-torpilles) et par terre (Force B commandée par le lieutenant-colonel Haselden, qui est l'officier de liaison entre le LRDG et la *8th Army*). Une fois réunies, ces deux forces devront neutraliser le port pour permettre à deux destroyers de débarquer 400 *Royal Marines.*

À cette action principale, déjà compliquée, s'ajoutera l'opération *Snowdrop* (« perce-neige »), appelée aussi *Bigamy.* Deux cents SAS menés par Stirling devront s'emparer de Benghazi et détruire les infrastructures portuaires. Une troisième opération (*Hyacinth* – « Jacinthe », *alias Caravan*) sera menée par le LRDG contre l'aérodrome de Barca à 80 kilomètres de Benghazi, sur la via Balbia. Enfin, sous le nom d'opération *Tulip* (*alias Nicety*), la *Sudan Defence Force* devra s'emparer de l'oasis de Jalo pour permettre le retour des commandos engagés.

À l'énoncé de ces instructions, Stirling a levé les bras au ciel. Des plans aussi ambitieux ne vont pas manquer d'être éventés, et des forces aussi nombreuses ne pourront bénéficier de l'effet de surprise habituel. La simultanéité des quatre opérations fixées pour la nuit du 13 au 14 septembre est tout à fait aléatoire. Ces plans si minutieusement conçus en état-major ne sont pas adaptés aux actions de commando. Bref, le désastre est assuré, comme le déclare tout de go Stirling à sa hiérarchie. On lui fait aussitôt comprendre que c'en est fini de la liberté dont jouissait jusqu'alors le *L Detachment* qu'un *Air Vice Marshal* de la RAF décrit comme un groupe « de pittoresques individualistes dont le chef cultive de manière néfaste une certaine propension à exagérer ses succès ». Il ne reste plus à Stirling qu'à obéir s'il ne veut pas compromettre l'avenir de son unité. Un dîner au Caire le 8 août, qui le place à la table de Churchill, lui met un peu de baume au cœur. Au *Prime Minister* qui l'interroge, il se contente de vanter les mérites de son unité plutôt que de se risquer à critiquer les opérations qui se préparent.

Les sombres prédictions de Stirling vont se réaliser. L'opération *Jonquille*, qui est la principale, est une catastrophe. Informés du raid, les Allemands et les Italiens ont fait venir des renforts conséquents. Côté terre, la Force B, commandée par Haselden, est composée de quatre-vingt-trois SAS déguisés en prisonniers de guerre et transportés dans quatre camions allemands conduits par de faux gardiens. Le commando pénètre dans Tobrouk le 13 septembre à la nuit tombée, mais il est attendu de pied ferme et les combats commencent aussitôt. Dès lors, rien ne se passe comme prévu. Haselden est tué au cours de la bataille. Les équipes chargées d'émettre des signaux optiques ne peuvent accomplir leur mission. Côté mer, seize des dix-huit vedettes s'égarent. Deux destroyers sont coulés et plusieurs vedettes subissent le même sort. Encerclés, les SAS résistent jusqu'à épuisement de leurs munitions. Quelques groupes tentent de s'extraire de ce piège mortel, mais seuls sept hommes vont parvenir à rejoindre leurs lignes. Les pertes humaines s'élèvent à 280 marins, 300 *Royal Marines* et 160 soldats et commandos. Les objectifs n'ont pas été atteints.

Stirling échoue, de son côté, sur Benghazi. Tout aussi informés de l'imminence d'un raid, des milliers de soldats allemands et italiens défendent le port, dont les navires se sont éloignés. Des éléments se portent au-devant des routes probables des assaillants. Stirling informe l'état-major de la situation, mais l'opération est maintenue. L'approche sur Benghazi est émaillée de combats. Des véhicules sont détruits, des hommes tués ou blessés. Des avions attaquent le convoi et l'un d'eux, chose rare, est abattu à la mitrailleuse (par un commando du *Free French Squadron*). Jamais Stirling n'entrera dans Benghazi. Au cours des journées suivantes, le calvaire des SAS continue. Il faut se résoudre à se replier en direction de Jalo, en laissant quatre morts et quatre blessés graves confiés à un infirmier italien. De nombreux autres SAS sont blessés, 25 camions et 20 Jeep détruits.

Les choses ne vont guère mieux à Jalo (opération *Tulipe*) où, de nouveau, les commandos sont attendus. Les combats durent plusieurs jours jusqu'à ce que les assaillants reçoivent l'ordre de se replier sur Koufra. Seule l'opération *Jacinthe* se solde par un succès en dépit des pertes. Après une traversée de onze jours, sur 1 850 kilomètres en plein désert, deux patrouilles du LRDG fondent sur l'aérodrome de Barca en pleine nuit. Ici, enfin, la surprise joue. Une vingtaine de bombardiers italiens, les hangars, les entrepôts et jusqu'au mess sont détruits. Toutefois, le retour est un calvaire, car colonnes motorisées et avions allemands et italiens se lancent dans une traque acharnée. Nombreux sont les tués et blessés, et la plupart des véhicules sont détruits.

Après un tel fiasco, il apparaît que les commandos ne sont pas faits pour des opérations d'envergure et moins encore pour des batailles rangées[7]. C'est ce que Stirling n'a cessé de répéter à sa hiérarchie, laquelle d'ailleurs n'essaie pas de lui faire endosser l'échec de cette quadruple opération, puisqu'il est promu lieutenant-colonel et que son unité est officialisée en un *1st Special Air Service Regiment*[8].

---

7. C'est le même constat pour les Chindits (voir pages 51 à 59).

8. L'odyssée de Stirling ne s'arrête pas là. Il est capturé par les Allemands en janvier 1943 au cours d'un raid en Tunisie. Après plusieurs tentatives d'évasion, il est enfermé à la forteresse de Colditz, où il reste jusqu'à la capitulation nazie. Après la guerre, à la fois mercenaire et lié aux services secrets britanniques, il mène de nouvelles opérations au Moyen-Orient avec d'anciens SAS. Il est anobli le 30 décembre 1989, un an avant sa mort, à l'âge de 76 ans.

La tragédie du convoi PQ 17

L'invasion de l'Union soviétique par le IIIe Reich en juin 1941 a décidé Roosevelt et Churchill à accorder leur aide matérielle à Staline après qu'ils ont été convaincus que le pays allait résister. En dépit de leur fervent anticommunisme, ils veulent maintenir les Soviétiques dans la guerre, sous peine de voir de nouveau la Grande-Bretagne seule dans la lutte. La seule voie possible de ravitaillement[1] est alors celle qui double le cap Nord pour atteindre, à travers les eaux de l'océan Arctique, Mourmansk, libre de glaces toute l'année, et Arkhangelsk.

Un premier convoi, nommé PQ 1, parti d'Islande le 21 septembre, arrive à Arkhangelsk le 11 octobre au terme d'une navigation de 3 200 kilomètres. Les convois qui suivent ne rencontrent aucune difficulté majeure. Au prix d'un seul cargo coulé, Arkhangelsk et Mourmansk ont reçu 705 avions, 481 chars, 2 373 véhicules, 87 000 tonnes de munitions et 27 tonnes d'essence d'avion lorsque se termine l'année 1941. Jusqu'à cette date, les réactions des Allemands ont été embryonnaires.

Au début de 1942, la situation change. Redoutant, en outre, un débarquement britannique en Norvège, Hitler

1. En attendant la voie iranienne, à partir de 1943.

décide de renforcer radicalement son dispositif dans le nord du pays en y concentrant le gros des navires de surface[2] ainsi qu'une vingtaine de sous-marins, en dépit des réticences de Dönitz qui rechigne à dégarnir l'Atlantique. Plus de 250 avions, chasseurs ou bombardiers torpilleurs, complètent le dispositif. À partir de ce moment, les convois sont systématiquement attaqués.

L'été, leur route passe très au nord, au plus près du Spitzberg. L'hiver, la banquise descendant vers le sud, ils doivent se rapprocher dangereusement du cap Nord, à meilleure portée des attaques allemandes. Les conditions de navigation sont exécrables, surtout l'hiver avec des températures pouvant descendre à – 30° et de terribles tempêtes. De toute façon, le mauvais temps règne en permanence dans l'Arctique. Toutefois, la navigation d'hiver a l'avantage de donner aux convois la protection relative, 24 heures sur 24, de la nuit polaire. Il n'en va plus de même en saison d'été, même si les brouillards sont alors fréquents.

Un convoi, ce sont d'abord vingt à trente cargos, chacun ayant entassé dans ses cales armes, munitions, explosifs, équipements militaires, ravitaillement, matières premières stratégiques. Sur les ponts sont arrimés des chars, des camions, des avions démontés en caisses. En 1942, la pénurie de tonnage est telle que l'Amirauté prend tout ce qu'elle trouve. Elle réserve les cargos rapides à la Méditerranée[3] et attribue les plus vieux aux

---

2. Notamment les croiseurs *Hipper, Scharnhorst, Gneisenau,* le cuirassé de poche *Admiral Scheer* et le grand cuirassé moderne *Tirpitz.*

3. Filant 15 nœuds et plus, ils peuvent tenter de distancer un *U-Boot* à leur poursuite.

convois de l'Arctique. Le convoi, qui doit s'aligner sur le navire le plus lent, avance péniblement à 5 nœuds. Un commandant dit de ces vieux cargos qu'ils tiennent « par la rouille, la foi et le blasphème », qu'ils sont de véritables cercueils flottants et qu'il « doit exister un coin spécial de l'enfer réservé aux armateurs qui envoient des hommes à bord de tels navires pour affronter les tempêtes nordiques hivernales ».

Les équipages s'entassent dans des réduits humides où il est impossible de se réchauffer. Leur nourriture est exécrable. Sans arrêt, l'hiver, il faut casser la glace qui recouvre le pont et le bastingage. La navigation s'effectue en dépit des courants, des icebergs et des brouillards. Parfois, la tempête provoque un désarrimage. Les chars désemparés brisent tout sur leur passage avant de plonger dans la mer. Et par-dessus tout cela, avant tout cela, il faut dominer sa peur et ne pas se laisser obséder par la torpille qui, à tout moment, peut frapper le vieux bâtiment et l'envoyer instantanément par le fond. D'autant qu'un homme à la mer meurt en moins de deux minutes (l'eau est à 1 ou 2 degrés), à moins qu'il ait eu le temps de revêtir une combinaison étanche ou, à tout le moins, un gilet de kapok et puisse survivre le temps de rejoindre un radeau ou une baleinière, s'il s'en trouve.

Ces proies faciles sont escortées de destroyers, voire de croiseurs, dont la tâche est double. La première est, bien entendu, d'assurer la lutte anti-sous-marine en patrouillant sans arrêt autour du convoi. La seconde est de faire office de chien de berger, de rassembler les cargos après une tempête, de porter secours à un bâtiment en détresse, de ramener un traînard qui s'est perdu dans le brouillard. Cette tâche est d'autant plus difficile que les commandants ne font pas toujours preuve de discipline. Passe encore pour la marine marchande britannique qui a été réquisitionnée dès le début de la guerre, mais il n'en va pas de même des Américains qui naviguent sous contrat. Leurs commandants, peu obéissants, rechignent en effet à rester dans le rang, surtout quand leurs machines sont assez puissantes pour fuir lors d'une attaque.

Il arrive que ce soit le chien de berger qui, pour un temps au moins, perde son troupeau à l'occasion d'une tempête ou du brouillard. Les escorteurs doivent aussi s'assurer qu'aucun cargo ne met en panne pour recueillir des naufragés, en devenant ainsi une proie toute désignée pour un nouveau torpillage. Ils assurent, de surcroît, la navette avec les bâtiments de sauvetage (*rescue ships*), souvent de petits paquebots de 1 200 tonnes aménagés en navires-hôpitaux. L'existence de ces navires indique assez l'importance des pertes subies par les convois de l'Arctique.

Les attaques commencent souvent de la même façon. Un avion de surveillance, que les hommes d'équipage surnomment « George », repère le convoi et signale sa présence. À la différence de la bataille de l'Atlantique, l'attaque du convoi n'est pas l'apanage des *U-Boote*, mais relève aussi, voire surtout, de la Luftwaffe. Il faut également compter avec la flotte de surface, à commencer par le *Tirpitz* qui obsède le commandement britannique, mais qui est en fait si précieux que le SKL[4] hésite à l'engager. D'une certaine façon, il reste utile en immobilisant une partie de la Navy pour sa surveillance.

La menace allemande se précise à la fin de mars 1942 alors que commence l'été polaire avec ses jours qui n'en

4. Voir note 7 page 145.

finissent pas. Les convois qui jusqu'alors ne comptaient qu'une dizaine de cargos s'étoffent à une vingtaine, voire une trentaine pour passer en force, en anticipant d'une certaine façon les pertes. C'est aussi une manière de « rentabiliser » les escortes, qui accaparent nombre d'unités de la Royal Navy. Les convois PQ 13, PQ 14, PQ 15[5] de mars et d'avril 1942 sont la proie de nombreuses attaques combinées et perdent à eux trois une quinzaine de bâtiments. Le croiseur léger *HMS Edinburgh* est coulé par un *U-Boot* et le croiseur léger *HMS Trinidad* a la malchance de voir une de ses torpilles se retourner contre lui au terme d'une trajectoire folle. Après une réparation de fortune à Mourmansk, il est attaqué le 14 mai par une vingtaine de chasseurs bombardiers en piqué JU 88. Incendié et désemparé, il est abandonné par son équipage et achevé le lendemain par un destroyer britannique.

L'Amirauté décide alors d'interrompre les convois jusqu'à l'automne, au retour de la nuit polaire. Toutefois, Churchill doit accéder à la demande pressante de Staline, ainsi qu'à celle de Roosevelt. Le maintien des convois est non seulement une affaire de logistique, alors que l'industrie soviétique n'a pas encore récupéré sa capacité de production, mais aussi une question politique. Roosevelt et Churchill, qui appréhendent une paix séparée à l'Est, doivent faire la preuve de leur soutien sans faille à l'Union soviétique. Un convoi PQ 16 est décidé avec appareillage d'Islande le 20 mai. « Je par-

5. Les convois à l'aller sont tous désignés par les initiales « PQ » suivies d'un numéro d'ordre. À l'entrée de la mer de Barents, une partie de l'escorte fait demi-tour et prend en charge jusqu'en Islande le convoi de retour, baptisé « QP ».

tage vos appréhensions, dit Churchill à l'Amirauté, mais j'estime quant à moi que c'est une question de devoir. »

Le port de Reykjavik est embouteillé de cargos chargés de matériel américain à destination de l'Union soviétique, et le convoi PQ 16 fait appareiller trente-cinq navires à pleine charge. Tandis que la *Home Fleet* assure la protection à distance, l'escorte est conséquente : quatre chalutiers de haute mer armés, cinq corvettes, cinq destroyers, un bâtiment spécialement équipé de DCA. Le convoi n'en va pas moins être attaqué sans cesse à la fois par les sous-marins et des nuées d'avions. Six cargos sont coulés et deux doivent faire demi-tour. Plusieurs autres sont endommagés. Un destroyer est sévèrement touché et doit abandonner le convoi.

C'est dire que les appréhensions sont grandes lorsqu'il s'agit de constituer le convoi suivant : le PQ 17. Trente-six cargos sont prévus avec une escorte considérablement renforcée. La protection éloignée est assurée par deux cuirassés, un porte-avions (*HMS Victorious*), deux croiseurs, quatorze destroyers. Un barrage de huit sous-marins surveille les côtes de Norvège. Quant à l'escorte proprement dite, elle aligne treize destroyers et deux bâtiments DCA, renforcés de quatre croiseurs[6]. Si on y ajoute deux sous-marins, deux pétroliers ravitailleurs, trois *rescue ships* et trois chalutiers armés, on ne compte pas moins de vingt-neuf bâtiments d'escorte pour trente-six cargos. Lors du briefing précédant l'appareillage, un appel sévère à la discipline a été adressé

6. Deux britanniques (*HMS London* et *HMS Norfolk*) et deux américains (*USS Wichita* et *USS Tuscalosa*).

aux capitaines des navires marchands. Les traînards ne seront plus tolérés et seront coulés, si nécessaire, afin d'éviter que leur cargaison soit saisie par les Allemands dont les bases sont très proches.

Le convoi PQ 17 appareille d'Islande le 27 juin. Le spectacle de tous ces navires est imposant. Les cargos avancent en neuf colonnes de quatre espacées de 1 000 mètres. À l'intérieur de chaque colonne, l'espace entre chaque navire est de 400 mètres. Une formation en rectangle, évitant l'étirement en longueur, est censée compliquer la tâche de l'ennemi. Les destroyers, par définition très mobiles, évoluent à la fois en écran de protection extérieur et en écran intérieur composé notamment des deux navires DCA.

Le 29, le convoi rencontre des glaces dérivantes, qui occasionnent des avaries à quatre cargos. L'un d'eux doit quitter le convoi et rebrousser chemin. Le 1er juillet, vers midi, un avion d'observation de la Luftwaffe profite d'une trouée dans les nuages. Il pique. Le grand convoi est là, comme immobile, dans le carreau AB 7195. L'*U-456* le repère aussi, très peu de temps après. Il doit d'ailleurs plonger en catastrophe pour éviter l'attaque d'un escorteur. Dès lors, des éclaireurs aériens ne vont plus lâcher le convoi.

Au demeurant, les services de renseignement allemands étaient parfaitement informés de sa formation. Il était difficile, sinon impossible, de tenir secrète une telle concentration de navires à Reykjavik. Un plan, baptisé *Rösselsprung*[7], prévoit une attaque de grand style, à la

---

7. Ce mot désigne, au jeu d'échecs, le déplacement du cavalier. Une autre opération baptisée ainsi a lieu en mai-juin 1944 contre les partisans yougoslaves.

mesure de l'importance du convoi. Deux cent deux avions sont engagés : des bombardiers quadrimoteurs, des bombardiers en piqué et des hydravions torpilleurs. Un groupe de neuf sous-marins, baptisé *Eisteufel* (« Diable des glaces ») est déployé. Enfin, l'amiral Raeder mobilise cette fois sa précieuse flotte de surface. Elle sera engagée après que le convoi aura d'abord été assailli par l'aviation, à la bombe et à la torpille. Ce n'est que dans un second temps que les bâtiments de ligne attaqueront, appuyés par les sous-marins et protégés par l'aviation. Ils sont divisés en deux groupes de combat : le *Tirpitz* et le croiseur lourd *Hipper*, escortés de quatre destroyers et de deux torpilleurs, forment le premier groupe ; les croiseurs lourds *Scheer* et *Lützow* avec un destroyer et cinq torpilleurs constitueront le second. Le Führer n'a autorisé l'engagement de ces vaisseaux qu'à la condition qu'ils n'engagent pas de duel direct avec la *Home Fleet*. Ils devront, en outre, rebrousser chemin s'il apparaît qu'un porte-avions figure dans l'escorte.

Une première attaque menée par des hydravions, le 2 juillet, est repoussée. Aucune torpille n'atteint son but. L'*U-456* tente une approche de son côté, mais il est refoulé par plusieurs escorteurs. Le convoi se comporte habilement. En dépit de leur faible vitesse, les cargos zigzaguent pour éviter les torpilles. Par ailleurs, celles-ci, qu'elles soient lancées par avion ou par sous-marin, dysfonctionnent assez souvent ou manquent leur cible parce que lancées de trop loin.

À cette même date du 2 juillet, l'opération *Rösselsprung* est déclenchée pour la flotte de surface. Gêné par la brume, le *Lützow* s'échoue dans un chenal et va devoir être renvoyé à sa base. Il en va de même pour trois torpilleurs qui ont heurté un écueil. Ce qui reste à l'été 1942 de la Kriegsmarine de surface n'est plus habitué à reprendre la haute mer. La flotte ainsi appareillée n'avance que prudemment, car elle est obsédée par la présence éventuelle d'un porte-avions. La tragédie du *Bismarck* est encore dans toutes les mémoires.

Si, le 3 juillet, le convoi est protégé par le brouillard, il en va différemment le 4. À 04 h 50, une torpille lancée par avion rate un cargo, mais en touche un autre en poursuivant sa route. Il s'agit du cargo américain *Christopher Newport*, un *liberty ship*[8] flambant neuf qui contraste avec les vieux cargos envoyés sur l'Arctique. Il est évacué, mais ne coule pas. Appelé pour le saborder, un destroyer lui décoche deux torpilles qui font mouche, mais le *liberty* flotte toujours. Force est de l'abandonner. Quatre heures plus tard, il est aperçu par l'*U.457*, qui l'achève sans s'aviser d'une prise possible. La première victime du PQ 17 s'enfonce enfin dans les eaux de l'océan glacial.

Pendant ce temps, les attaques aériennes se succèdent, mais sans effet tant la DCA est efficace. Nombreux, par ailleurs, sont les cargos qui remorquent au-dessus d'eux un ballon captif[9]. Puis, à 20 h 20, plus de vingt-cinq bombardiers torpilleurs attaquent en ligne en volant à très basse altitude et en lançant leurs torpilles en même

---

8. Ces cargos à coque soudée, armés, champions de la standardisation, sont construits aux États-Unis à partir de septembre 1941. En 1943, ils sortent au rythme d'un tous les douze jours. Leur production totale sera de 2 751 unités.

9. Les fameuses « saucisses » omniprésentes au-dessus de la flotte de débarquement en Normandie le 6 juin 1944… Ces ballons remplis de gaz et retenus par un filin d'acier sont des protections passives contre les attaques aériennes à basse altitude.

temps. Trois avions sont abattus, mais trois cargos sont touchés. Deux sombrent. Les sous-marins, quant à eux, sont gênés par le brouillard qui stagne au ras des flots, et quand celui-ci vient à se lever, ils sont facilement repérés sur la mer lisse et deviennent aussitôt la proie des escorteurs. De même, le sillage de leurs torpilles est visible de loin. Le PQ 17 poursuit son cap en bon ordre.

Pendant ce temps, on s'interroge fiévreusement à l'amirauté britannique : où est le *Tirpitz* ? Il a quitté Trondheim avec son groupe pour gagner à l'extrême nord l'Altafjord d'où il attend que le Führer, qui se mêle de tout, donne l'autorisation de gagner la haute mer. L'amiral Dudley Pound, *First Sea Lord,* ne cesse de questionner ses officiers. Faute d'être assuré que la flotte allemande est encore au port (ce qui est le cas, mais contre toute logique), il se persuade qu'elle est déjà à la mer, courant sus au convoi. Or les quatre croiseurs de l'escorte ne sont pas de taille à lutter contre le *Tirpitz,* dont les huit canons de 380 mm portent à 36,5 kilomètres. L'amiral Pound entend les préserver, tout comme il se refuse à ralentir le convoi pour permettre à la *Home Fleet* de rejoindre. Celle-ci pourrait être de taille à s'opposer au *Tirpitz,* mais s'exposerait aux attaques de la Luftwaffe, maîtresse du ciel.

Alors, contre l'avis de la plupart de ses officiers, à 21 h 11, toujours ce 4 juillet, il donne l'ordre aux croiseurs de se retirer vers l'ouest pour rejoindre la *Home Fleet.* À 21 h 23, un second message de l'amirauté ordonne la dispersion du convoi. Le sort du PQ 17 est scellé. À défaut de risquer ses navires de guerre, on peut se demander rétrospectivement pourquoi l'amiral Pound n'a pas ordonné au convoi de rebrousser chemin pour rejoindre l'Islande.

La consternation est générale. Le commandant d'escadre des croiseurs, le contre-amiral Hamilton, a envoyé un message pour le moins embarrassé aux équipages des navires de commerce : « Vous êtes tous, je le sais, aussi désolés que moi d'abandonner ce magnifique ensemble de navires qui vont avoir à gagner le port. » À chaque cargo, en effet, de choisir maintenant sa route pour tenter de gagner un port soviétique. L'escorte des destroyers abandonne à son tour les navires marchands. Sur les navires de guerre, la colère succède à l'abattement, à tel point que sur le *HMS Norfolk*, le commandant en second, John Lichtfield, doit s'adresser à l'équipage pour ramener le calme. Il écrira après la guerre : « Aucun de ces hommes n'a jamais oublié cette retraite. Nous l'avons exécutée par ordre, mais nous sentions que c'était l'ordre de lâcher ceux que nous devions protéger. »

Pour la meute *Eisteufel*, l'heure de la curée a sonné. Les *U-Boote* peuvent maintenant évoluer en surface en toute impunité. Le 5 juillet, ils coulent six cargos, tandis que la Luftwaffe en coule cinq. Dans la mer de Barents, le massacre s'organise, qui n'épargne même pas les *rescue ships*. Le 6 juillet, deux cargos de plus sont envoyés par le fond tandis que les vaisseaux fantômes[10] sortent enfin de l'Altafjord pour y revenir d'ailleurs moins de dix heures plus tard quand il apparaît qu'on n'a plus besoin d'eux. L'opération *Rösselsprung* a réussi sans avoir entièrement commencé. Le 7 juillet, trois cargos et un pétrolier sont coulés. Le 8, l'*U-255* envoie sa troisième victime par le fond. Deux navires sont encore exécutés à l'entrée de la mer Blanche le 10, et un le 13 (celui-ci encore par l'*U-255*).

10. *Tirpitz, Scheer, Hipper* plus six escorteurs.

Le bilan est effroyable. Vingt-deux cargos ont été coulés ainsi que le pétrolier de ravitaillement et un *rescue ship*. Cent mille tonnes de fret sont parties au fond de l'eau, dont 210 avions, 430 chars, 3 300 véhicules divers (Jeep, camions GMC[11]), de quoi équiper deux divisions. Près de 200 marins sont morts et 1 300 naufragés qui ne vont être sauvés qu'au prix de nombreuses amputations dues aux gelures. Seule la quasi-absence de coordination des *U-Boote* et de l'aviation a empêché que le bilan ne soit encore plus lourd. Les pertes allemandes sont infimes : aucun sous-marin et six avions (pour deux cent cinquante sorties). Onze bâtiments marchands seulement finissent par rejoindre Arkhangelsk au terme d'un mois de calvaire et de périples parfois insensés[12]. Deux vont de surcroît être coulés par des *U-Boote* sur le chemin du retour.

À l'évidence, il ne fallait pas disperser le convoi, mais il faut attendre les lendemains de la guerre pour que la décision de l'amiral Pound soit contestée. Personne sur l'heure ne lui reprocha d'avoir donné la priorité à ses bâtiments de guerre. « Si nous perdons la guerre sur mer, ne cessait-il de répéter, nous perdons la guerre. »

On parla d'abord de ne reprendre les convois de l'Arctique qu'à l'hiver, mais Churchill, lors de la deuxième conférence de Moscou (du 12 au 17 août 1942), dut de nouveau composer avec Staline en acceptant le principe d'un nouveau convoi en septembre. Le maître du Kremlin, qui oubliait à quel point sa marine et son avia-

11. General Motors Corporation : le camion à tout faire de l'US Army (2,5 tonnes), surnommé « Jimmy » par les GI.

12. Trois cargos accompagnés d'un chalutier armé se réfugient d'abord au milieu des glaces dans la banquise.

tion avaient brillé par leur absence dans la tragédie du PQ 17, donna ainsi la leçon à Churchill : « Nos experts estiment qu'avec de la bonne volonté et le désir de remplir les obligations contractées, ces convois pourraient circuler régulièrement. Nos experts n'arrivent pas non plus à comprendre l'ordre donné par l'Amirauté (...). En temps de guerre, on ne peut rien entreprendre d'important sans courir de risques ni éprouver des pertes[13]. »

13. Un roman d'Alistair MacLean – *HMS Ulysses*, publié en 1955 (traduction française en 1963) – dépeint les convois de l'Arctique et s'inspire en partie de la tragédie du convoi PQ 17. L'auteur avait été lui-même officier de la Royal Navy sur un croiseur et avait fait l'expérience de ces convois.

Les paras soviétiques sautent sur Boukrine

Début mai 1940. À l'exemple des soldats français retranchés derrière leur ligne Maginot, les Belges s'estiment à l'abri dans leur fort, réputé imprenable, d'Eben-Emael, construit sur 66 hectares au confluent de la Meuse et du canal Albert. Coupoles et casemates se dressent, menaçantes, complaisamment filmées par les actualités cinématographiques. « Ils ne passeront pas… » Et pourtant, ils passent. Le 10 mai 1940, neuf planeurs s'approchent silencieusement et se posent à 04 h 25 du matin sur les superstructures du fort. Les parachutistes allemands (*Fallschirmjäger*), parfaitement entraînés, armés de lance-flammes et de charges creuses destinées à faire sauter les coupoles et détruire les embrasures, se rendent maîtres des superstructures en moins d'un quart d'heure et réduisent le fort au silence après qu'un renfort de vingt-cinq *Fallschirmjäger* a été largué à 05 h 10. Les Stuka de la Luftwaffe prennent le relais en prélude à l'arrivée, le lendemain, des troupes de la Wehrmacht. La forteresse capitule à 11 h 30, le 11 mai.

Ainsi, Eben-Emael n'était pas aussi imprenable que ce qu'en disait la propagande. Parmi toutes les faiblesses et outre une garnison peu motivée avec des effectifs incomplets, il convient de relever que les nombreux angles morts du fort n'étaient battus par aucune arme à tir courbe, que les coupoles n'étaient pas défendues et que certaines étaient fausses (!), et enfin qu'une vaste plate-forme sans obstacle offrait à l'ennemi un magnifique terrain d'atterrissage. Mais qui (sans oublier que la Belgique s'était déclarée neutre) aurait imaginé une attaque de parachutistes ? Pour son entrée en scène dans la Seconde Guerre mondiale, l'arme parachutiste venait de démontrer son efficacité, en grande partie fondée sur l'effet de surprise.

Tandis que, toujours en mai 1940, de nouveaux sauts s'effectuent au-dessus de la Hollande en facilitant la progression de l'invasion allemande, la propagande nazie s'empare de l'événement et fait entrer les *Fallschirmjäger* dans la légende. « Nous frappons où nous voulons, quand nous voulons, comme la foudre tombée du ciel ! » proclame Goebbels sur les ondes. Hitler, qui avait présidé à la préparation de l'opération, décore en personne plusieurs des parachutistes, héros d'Eben-Emael.

Cet épisode ne manque pas de marquer les esprits des hauts commandements britannique, américain et soviétique. « Une véritable épidémie de *parachutite* s'empare des états-majors » (Marc DeVore). Moscou toutefois n'a pas attendu les Allemands pour s'intéresser à l'arme parachutiste. On peut dire, au contraire, que c'est en Union soviétique qu'elle est née et qu'elle a bénéficié du plus grand développement. Un premier bataillon de parachutistes a été formé en 1929 dans le district militaire de Leningrad. Dès le début des années trente, situation unique au monde, les opérations parachutées font partie de toutes les manœuvres de l'Armée rouge. Des affiches de propagande invitent la jeunesse, masculine comme féminine, à pratiquer le parachutisme sportif. Les Soviétiques collectionnent les records mondiaux en la matière. Le général Toukhatchevski (qui est chargé de réorganiser l'armée et va disparaître dans les purges staliniennes) crée en 1932, à Leningrad, la première brigade aéroportée. Bref, les parachutistes sont appelés à jouer un rôle de premier plan dans toute guerre future. Un règlement de campagne, édité en 1936, définit l'opération aéroportée comme « un moyen efficace en vue de la désorganisation du commandement et du travail dans le dos de l'ennemi ».

Lorsque la guerre commence à l'Ouest, le maréchal Timochenko, commissaire du Peuple à la Défense, se laisse impressionner par les parachutages allemands, comme l'évoque son instruction de décembre 1940 : « L'expérience de la guerre à l'Ouest a montré que la rapidité et la réussite d'une offensive étaient conditionnées par l'utilisation massive de chars, d'avions et de pièces d'artillerie en coopération avec les forces motorisées et les forces aéroportées. Une force de pénétration ne peut rien sans l'apport des forces mobiles et aéroportées. » Pas moins de cinq corps aéroportés (50 000 hommes solidement entraînés) sont créés en mars-avril 1941. Aucune armée au monde ne compte de pareils effectifs parachutistes, sans oublier que ceux-ci peuvent être renforcés à tout moment par une immense réserve. Mais que faire de cette arme neuve qui n'a pas encore fait ses preuves ?

L'assaut allemand sur la Crète en mai 1941 aurait dû prévenir le haut commandement soviétique de la différence qu'il y a entre une opération aéroportée aux effectifs et aux objectifs limités et une opération de grande envergure. La voie des airs a été choisie pour attaquer la Crète et, pour la première fois, l'action décisive dans une grande offensive a été confiée à l'arme parachutiste. La 7e division (à trois régiments) a d'abord sauté, suivie d'une division de montagne aéroportée. Prévenus de l'attaque par Ultra[1], les soldats britanniques ont accueilli les parachutistes par un feu d'enfer. L'île a été finalement conquise, mais au prix de terribles pertes (4 000 tués et 4 000 blessés sur 22 000 hommes engagés) : 271 avions de transport ainsi que 180 chasseurs ont été abattus. Le général Student, commandant en chef des troupes aéroportées, écrira plus tard que la Crète fut « le cimetière des parachutistes allemands ». Quant à Hitler, il ne voudra plus jamais entendre parler d'opérations aéroportées d'envergure.

L'invasion de l'Union soviétique par les armées du IIIe Reich suit de près cet épisode. Au cours d'une avance qui paraît d'abord irrésistible (et que surtout la propagande nazie présente comme telle), les aérodromes et, par conséquent, les avions de transport[2] sont détruits. Les parachutistes sont transformés en infanterie d'élite, avec des pertes en proportion. Ponctuellement, de petites équipes sont larguées dès la fin de l'été 1941 sur les arrières de l'ennemi pour constituer, renforcer ou coordonner les premiers groupes de partisans.

Ce n'est qu'au cours de la grande contre-offensive de l'hiver 1941-1942 que les parachutistes soviétiques vont trouver un emploi d'envergure, à l'échelle opérative. À l'ouest de Moscou, les fronts[3] de l'Ouest (Joukov) et de Kalinine (Koniev) tentent d'encercler deux armées du GA

1. Voir note page 86.
2. Essentiellement des Tupolev TB-3, bombardiers lourds, quadrimoteurs au nez disgracieux, réaménagés pour accueillir trente-cinq parachutistes ou transporter du matériel largué par conteneur. Les parachutistes descendent de la carlingue en vol et sautent depuis les ailes.
3. Voir page 165.

(groupe d'armées) Centre (von Kluge). Le point de jonction choisi est la petite ville de Viazma en arrière de laquelle saute, le 27 janvier 1942, une brigade parachutiste par – 40°, sur une neige parfois épaisse de deux mètres. Les hommes s'éparpillent sur des dizaines de kilomètres quand ils n'atterrissent pas en plein sur les divisions blindées allemandes. Le commandement soviétique s'entête pendant six jours, larguant sans cesse de nouvelles brigades. Quatorze mille hommes sont ainsi parachutés en pure perte. Quatre mille seulement rejoindront les lignes soviétiques. Certes, des éléments ont pu s'accrocher et aideront les partisans à organiser leurs bases, mais l'échec de l'opération n'en est pas moins total.

Au cours de l'été 1942, le haut commandement soviétique en tire les leçons et convertit ses unités parachutistes en « divisions de fusiliers de la Garde », c'est-à-dire de nouveau une infanterie d'élite. Des parachutages tactiques de cent à quatre cents hommes sont cependant opérés, le plus souvent avec succès, pour s'emparer d'un pont, d'un carrefour. Comme troupe d'infanterie, les parachutistes se distinguent lors de la terrible bataille de Koursk au cours de l'été 1943. Partout ils résistent furieusement aux assauts des divisions blindées nazies et confirment leur vocation de troupe d'élite. En 1943, l'Union soviétique est forte de 200 000 parachutistes (!), soit seize divisions.

Après l'échec de l'offensive allemande à Koursk, l'Armée rouge a entamé sa progression en Ukraine. Elle avance en direction du Dniepr, un fleuve imposant, long de 2 290 kilomètres, dont les généraux allemands, qui ont eu tôt fait de comprendre que l'Armée rouge ne serait pas vaincue, auraient voulu faire une ligne de défense fortifiée, l'*Ostwall* (« mur de l'Est »). Ce n'est que très tardivement, trop tard en fait, que le Führer a autorisé la mise en défense du Dniepr, pourtant favorisée par une rive droite (qui serait du côté allemand) souvent plus élevée, voire escarpée.

Le 24 août 1943, sur une ligne de 1 400 kilomètres, cinq fronts de l'Armée rouge totalisant 45 armées et 2 650 000 soldats, appuyés de 51 000 pièces d'artillerie, 2 400 chars et 2 850 avions, entament leur marche vers le Dniepr. Les Allemands opposent à ce raz-de-marée 1 250 000 soldats et 1 260 canons, 2 100 chars, 2 000 avions. La plus grande bataille de la guerre à l'Est – et même de la Seconde Guerre mondiale – va durer quatre mois. La situation des Allemands sur la rive orientale est vite intenable, mais leur repli, sous le commandement du maréchal von Manstein, s'effectue en bon ordre. Ils infligent des pertes sévères à l'assaillant. Le 15 septembre, le Führer autorise enfin le retrait derrière le fleuve.

Une véritable course au Dniepr oppose aux Allemands les unités avancées de l'Armée rouge qui tentent d'établir des têtes de pont. Il s'agit d'empêcher l'ennemi de renforcer ses défenses sur la rive droite. Les *frontoviki*[4] franchissent le large fleuve « à la russe », accrochés à des radeaux improvisés, des tonneaux, des planches, des fûts vides, des vessies de porc quand ce n'est pas à la nage. De ce fait, leur armement est très réduit et aucune des quelque vingt têtes de pont qui s'établissent à la mi-septembre, n'est assez solide, ni assez vaste pour permettre d'établir des ponts et de permettre l'acheminement des chars et de l'artillerie.

---

4. Le terme de *frontovik* (*frontoviki* au pluriel) peut être comparé à celui de « poilu » pendant la Grande Guerre.

C'est alors que la Stavka est avisée par le GRU[5] et les partisans qu'entre Kiev et Tcherkassy, le Dniepr forme sur sa rive droite une petite péninsule d'une dizaine de kilomètres autour de la ville de Boukrine. Aucune défense allemande digne de ce nom ne s'y trouve en dépit de la proximité de Kiev, à 50 kilomètres au nord. Ordre est alors donné, le 18 septembre, d'y établir une solide tête de pont, mais il faut faire vite, très vite afin de bénéficier de l'effet de surprise.

Quatre corps d'armée du front de Voronej (Vatoutine) se ruent sur le Dniepr. Il faut « passer coûte que coûte », a enjoint Joukov. Hélas, les écoutes de la VIIIe armée allemande (Wohler) ont intercepté et déchiffré les messages radio d'un détachement de partisans qui ne laissent guère de doute sur les intentions soviétiques en direction de la péninsule de Boukrine. Le général Wohler y dirige aussitôt un corps blindé et fait intervenir massivement la Luftwaffe contre les éléments avancés soviétiques. Les avions allemands coulent nombre de barges en train de passer le Dniepr. Les pontons pour faire passer les chars T34 sont détruits. Un général de blindés est tué. La chasse soviétique est absente, car ses bases sont encore trop éloignées. L'« occasion » de Boukrine tourne progressivement à l'impasse, d'autant que les unités qui parviennent à s'établir dans la péninsule y restent fixées sans pouvoir déboucher.

Moscou, pourtant, s'obstine. À la demande de Staline et de Vatoutine, une vaste opération aéroportée est décidée en arrière de Boukrine pour débloquer la situation. Il semble que Joukov se soit montré réticent en faisant observer qu'un tel parachutage devait être

5. Voir note 3 page 163.

appuyé par une attaque de forces principales et coordonné avec elle. Ce ne sera pas le cas : 10 000 parachutistes (1re, 3e et 5e brigades aéroportées de la Garde[6]), 108 avions de transport Lissounov Li-2[7] et 35 planeurs sont prévus.

Tout se fait dans l'urgence et l'improvisation. Les avions n'appartiennent pas en propre aux unités aéroportées. Un état-major a été hâtivement constitué « tout droit sorti des bureaux de Moscou » (Jean Lopez). Trois commandements sont institués : un avant le vol, un autre pendant et encore un autre (Vatoutine) une fois les parachutistes parvenus à terre. L'entraînement a été la plupart du temps sommaire (deux mois avec quatre sauts). Les parachutistes ne disposent pas de moyens radio (*talkie-walkie*). Bref, à l'opposé de toute planification rigoureuse, improvisation et débrouillardise sont de règle. On pense que « la magie para » fera le reste. Vatoutine assigne à l'opération aéroportée sa mission : le bouclage d'un vaste périmètre de 40 kilomètres très en deçà de la péninsule de Boukrine, le temps de permettre à la XLe armée de déboucher. La date du largage est fixée : ce sera pour la nuit du 23 au 24 septembre.

Rien ne va se passer comme prévu. À la différence des opérations allemandes et bientôt britanniques et américaines, aucun examen du terrain n'a eu lieu sur des caisses à sable et moins encore sur des maquettes. Il n'y a pas de *check-list* et des équipements essentiels

6. Appellation d'honneur.

7. Bimoteurs qui viennent d'être mis en service, infiniment plus modernes que les TB-3, en fait des Douglas DC-3 fabriqués sous licence.

manquent (des pelles, par exemple). Les reconnaissances photo aériennes, faute de temps, sont pratiquement ignorées. Il va falloir sauter à l'aveuglette, sans connaissance du dispositif ennemi. Or les divisions allemandes commencent à arriver en plein dans les zones de largage. C'est pratiquement toute la VIIIe armée de Wohler qui accourt dans le secteur.

Le rassemblement sur les pistes de décollage s'effectue dans d'invraisemblables conditions. Une partie des avions prévus n'est pas au rendez-vous, ni tous les parachutistes, pour la moitié coincés avec leur logistique dans le chaos des routes et des voies ferroviaires en grande partie détruites par les attaques de la Luftwaffe. Vatoutine retarde l'opération de vingt-quatre heures et en modifie les plans au dernier moment parce que les avions de transport concrètement disponibles ne sont plus assez nombreux : 65 appareils, dont de vieux TB-3, au lieu des 143 prévus[8]. De toute façon, il n'y a pas assez d'essence d'avion pour tous les appareils. Seuls 4 775 parachutistes des 3e et 5e brigades – moins de la moitié de l'effectif prévu – vont pouvoir être embarqués, et dans la plus grande confusion. Ce n'est que quatre-vingt-dix minutes avant le décollage que les commandants de brigade prennent connaissance des nouveaux ordres. Pour les hommes, ce sera une fois qu'ils seront montés dans les avions. La météo est exécrable, avec de la pluie et de violentes rafales de vent,

8. Le nombre restreint des avions de transport, ici particulièrement aigu, est un problème commun à tous les belligérants (et ce jusqu'à la fin de la guerre) dès qu'il s'agit d'une opération d'envergure, obligeant une opération aéroportée à s'effectuer en plusieurs passages, dangereusement distants dans le temps.

au point d'empêcher le marquage pyrotechnique des zones de largage[9].

Dans la nuit du 24 au 25 septembre, on s'envole quand même, à la russe. Le passage au-dessus du Dniepr déclenche la DCA de quatre divisions allemandes. Les pilotes, qui ne connaissent absolument pas la région et n'approchent pas en vol groupé, passent plus de temps à tenter d'éviter les tirs ennemis qu'à repérer les zones de largage.

Souvent, le « go » est donné beaucoup trop tôt, ou beaucoup trop haut. Treize avions vont rentrer à leur base sans avoir pu larguer leurs parachutistes. C'est ainsi que 44 % des parachutistes et 89 % des conteneurs d'armes et de munitions n'atteignent pas la zone de largage. L'éparpillement atteint 2 700 km^2 (près de la moitié d'un département français !). Des sections tombent dans le fleuve. D'autres en plein sur des unités allemandes en train d'arriver. Le lieutenant-colonel Binder de la 19e *Panzerdivision* raconte : « On tirait dessus alors qu'ils descendaient, avec toutes les armes possibles, y compris les fusils, et de tous les tubes de DCA rapidement mis en batterie (...) les parachutistes étaient lâchés sans aucun plan. Partout où ils atterrissaient, ils étaient aussitôt engagés. Ceux qui le pouvaient cherchaient refuge dans les nombreux ravins. Les parachutistes dispersés en petits groupes, le sort de l'entreprise était scellé. Durant la nuit, nous fîmes de nombreux prisonniers. Le reste fut détruit le jour suivant » (cité par Jean Lopez).

Après vingt-quatre heures, les Allemands dénombrent 1 500 parachutes, 692 cadavres et 209 prisonniers.

9. Dans toute opération aéroportée, des parachutistes sont largués en éclaireurs pour baliser les zones de largage. Chez les Anglo-Américains, ce sont les *pathfinders* rigoureusement préparés à leur mission.

Les survivants se réfugient dans les bois et entrent en contact avec les partisans avant de se rassembler dans la grande forêt d'Irdyn. De là, comme à Viazma, ils vont harceler l'ennemi pendant près de deux mois et faire du renseignement. Le 15 novembre, 1 800 rescapés rejoindront l'Armée rouge qui avance après avoir finalement franchi le Dniepr.

Staline, qui pourtant avait approuvé l'opération, manifeste son mécontentement dans une directive spéciale : « La tentative de réaliser un lâcher de parachutistes de nuit témoigne à l'évidence de l'incompétence de ses promoteurs. » Comme Hitler après la Crète, il interdira toute nouvelle opération aéroportée d'envergure. Les paras soviétiques, à l'instar des *Fallschirmjäger,* vont redevenir des unités d'infanterie d'élite, à « l'esprit para », qui interviendront aux points les plus difficiles des combats[10].

---

10. Les leçons de la Crète, de Viazma et de Boukrine ne vont pas profiter aux Anglo-Américains. Enhardis par le succès des opérations aéroportées du jour J, ceux-ci vont connaître un échec semblable lors de l'opération *Market-Garden,* en voulant s'emparer d'un « pont trop loin ». Montgomery, qui veut établir une tête de pont sur le Rhin, lance très imprudemment en septembre 1944 trois divisions aéroportées pour s'assurer du franchissement des trois grandes voies d'eau qui lui barrent la route du Rhin. Le parachutage de la *1st British Airborne* le plus au nord, à Arnhem, est un désastre. Après neuf jours de résistance, les parachutistes doivent cesser le combat. Douze cents ont été tués et 6 000 faits prisonniers, dont une moitié de blessés. Il apparaît décidément que les parachutistes ne sont pas efficaces dans les grandes opérations combinées. Le succès du jour J fait exception, et encore est-il cher payé du côté américain (40 % de pertes à la *101st US Airborne*), voire discutable dans sa raison d'être. Seules de petites unités, soigneusement préparées, réussissent des coups de main spectaculaires.

PERSÉVÉRANCE

La persévérance est la noblesse de l'obstination.

(Adrien Decourcelle)

La grande évasion

Tout officier prisonnier de guerre a le devoir de s'évader, mais il en est qui s'évadent plus que d'autres. Ce fut le cas de Roger Bushell, le principal personnage de cette histoire, une histoire d'évasion en masse, préparée comme une opération militaire – une grande évasion à laquelle le film de John Sturges, en 1963, a conféré célébrité et majuscules : *The Great Escape* (« La Grande Évasion »[1])...

Roger Joyce Bushell est né en Afrique du Sud, de parents anglais immigrés. Il a accompli néanmoins ses études supérieures en Angleterre, apprenant le français et l'allemand et pratiquant un ski de haut niveau. Alors qu'il entamait une carrière d'avocat, il intègre en 1932 la *Royal Auxiliary Air Force*. Et c'est tout naturellement qu'on le retrouve, la guerre venue, aux commandes d'un Spitfire, à trente ans. Il est *squadron leader* le 1er janvier 1940 et combat dans le ciel de Dunkerque. Il est crédité

1. Ce film américain en Panavision de près de trois heures a connu un succès mondial. Il n'en prend pas moins de grandes libertés avec la véritable histoire, ajoutant des évadés américains aux Britanniques, ainsi que des scènes hautement fantaisistes, comme celle de la chevauchée héroïque en moto (Steve McQueen).

de deux victoires avant d'être lui-même abattu par un Messerschmitt Bf110, le 23 mai 1940. Il peut sauter en parachute, mais atterrit au beau milieu des lignes allemandes.

Le voilà prisonnier, envoyé dans un camp de transit destiné aux équipages de la RAF : l'Oberursel, près de Francfort, plus communément appelé *Dulag Luft*[2]. Il intègre presque aussitôt « l'état-major » occulte du camp, où il fait la connaissance des officiers du comité d'accueil. Le « doyen », 40 ans, est le *wing commander* (lieutenant-colonel) Harry Day, surnommé « *Wings* », un militaire de carrière qui s'est distingué pendant la Grande Guerre dans les *Royal Marines*. Il a intégré la toute nouvelle *Fleet Air Arm* à la fin des années vingt, puis la RAF peu de temps avant la guerre. Il commandait le 57. *Squadron* quand il a été abattu lors d'un vol de reconnaissance le 13 octobre 1939. Il est l'un des premiers emprisonnés au *Dulag Luft* et entretient d'excellentes relations avec les gardiens et le commandant du camp, au point de paraître suspect aux nouveaux arrivants. En réalité, « *Wings* » ne songe qu'à s'évader comme il s'en ouvre auprès de Bushell et de quelques autres officiers.

Parmi ces derniers, Jimmy Buckley, 35 ans, fait lui aussi partie des « vieux ». Capitaine de corvette de l'Aéronavale et militaire de carrière, il a été abattu au-dessus de Calais le 29 mai 1940. Le major Johnnie Dodge, quant à lui, fait figure d'ancêtre avec ses 44 ans. Né aux États-Unis, il s'est engagé dans l'armée britannique pendant la Grande Guerre. Blessé, décoré, il a

---

2. *Dulag Luft* pour *Durchgangslager der Luftwaffe* (« camp de transit de la Luftwaffe »).

mené de nombreuses activités avant de réintégrer l'armée britannique dès la déclaration de guerre. Lorsque son unité, la *51st (Highland) Division*, doit se rendre aux Allemands à Saint-Valery-en-Caux, en juin 1940, Dodge tente déjà de s'évader en nageant en direction de navires qu'il aperçoit à l'horizon. Il est loin en mer lorsque ceux-ci disparaissent, et n'échappe que de peu à la noyade avant d'être repris. Au cours de la longue marche qui le conduit avec ses compagnons en Allemagne, il tente de s'échapper lors de la traversée de la Scheldt en sautant à l'eau. Capturé peu de temps après par un officier de la Luftwaffe – et bien qu'officier de l'armée de terre –, il est enfermé au *Dulag Luft*.

Sous l'impulsion de ces quatre hommes, le comité d'accueil du camp, tout à fait officiel et chargé de préparer les arrivants à leur nouvelle vie, ne tarde pas à se dédoubler en comité d'évasion. Trois tunnels sont creusés, dont deux se trouvent finalement noyés par des infiltrations. Le troisième aboutit au printemps 1941, permettant à dix-huit prisonniers de s'enfuir, parmi lesquels figurent, comme il se doit, Day, Bushell, Dodge et Buckley.

Cette première évasion en nombre se solde par un échec : tous les évadés sont rapidement repris. Ce n'est pas le tout de s'échapper d'un camp, il faut ensuite cheminer en pays ennemi sans avoir l'air, justement, d'un prisonnier évadé. Se posent alors les questions ardues des vêtements, des papiers d'identité, des vivres, du gîte pour la nuit, sans parler de la langue et du « scénario » à invoquer en cas de contrôle. Bushell a été bien près de réussir, puisqu'il n'a été repris qu'à quelques centaines de mètres de la frontière suisse. Harry Day, de son côté, est parvenu jusqu'en France, où il a été arrêté comme vagabond.

Les « quatre mousquetaires » et leurs compagnons d'évasion sont transférés dans un autre camp plus important, le Stalag Luft I, qui se trouve sur la Baltique. Le comité d'évasion (*escape committee*) est aussitôt reconstitué, et des tunnels tout aussitôt entrepris. Une tentative d'évasion manquée a lieu en août 1941. Les douze prisonniers ayant voulu prendre la fuite ont été cueillis dès la sortie du tunnel. À ce moment de la guerre, un certain « romantisme » préside encore à ce jeu du chat et de la souris. Les évadés repris sont punis de quelques semaines de cachot, mais ne sont pas maltraités. Les gardiens de la Luftwaffe ne sont d'ailleurs pas des tortionnaires. Mais les bombardements alliés qui s'intensifient sur l'Allemagne à partir de 1942 vont progressivement changer l'ambiance.

De nombreux transferts tentent de contrecarrer les plans d'évasion. Bushell, soupçonné non sans raison d'être l'un des meneurs, est envoyé à l'Oflag X-C à Lübeck puis à l'Oflag VI-B à Warburg. Lors de ce déplacement, il saute du train en compagnie d'un pilote tchèque, Jaroslav Zafouk. Ils parviennent à gagner Prague, où ils sont cachés par des patriotes tchèques. Hélas, l'attentat contre Heydrich survient peu de temps après, le 27 mai 1942. Les Allemands sont sur les dents, multipliant fouilles et contrôles, à telle enseigne que les deux fugitifs sont arrêtés. Cette fois, ce n'est pas la Luftwaffe, mais la Gestapo qui les interroge.

Curieusement, ce n'est pas Bushell mais son compagnon tchèque qui se retrouve enfermé dans la sévère forteresse de Colditz en Saxe, d'où les évasions sont censées être impossibles[3]. Bushell, lui, récidiviste de l'évasion et réputé comme tel, est envoyé dans un tout nouveau camp : le Stalag Luft III, installé en Silésie près de la ville de Sagan[4], et qui a été établi tout exprès en terrain sablonneux pour contrecarrer le creusement de tunnels. Dans une disposition rationnelle qui favorise la surveillance, quinze baraquements assez éloignés les uns des autres laissent un grand espace jusqu'à une ligne de hauts et denses barbelés que précède, sur tout le périmètre, un fil avertisseur. Un mirador se dresse tous les cent mètres. Les pins alentour ont été coupés. La garde est renforcée avec consigne de tirer à vue sur quiconque aura franchi le fil avertisseur. Enfin, des équipes spéciales sont instituées, non plus pour la surveillance du camp mais pour la recherche des tunnels. On va bientôt les surnommer « les furets ».

Bushell et ses compagnons n'ont cure de tout cela et reconstituent aussitôt l'*Escape Committee,* baptisé « Organisation X ». Son chef, dit « Big X », est d'abord Jimmy Buckley comme il l'était déjà au Stalag Luft I, mais il est transféré en octobre 1942 dans un autre *Oflag*[5].

---

3. Il y eut néanmoins dans cette célèbre forteresse trente-quatre évasions au total : la première, le 11 avril 1941, étant celle du lieutenant français Alain Le Roy, qui rejoindra par la suite le maquis du Vercors.

4. Aujourd'hui Zagan, en Pologne.

5. Transféré à l'Oflag XXI-B de Schubin, dans le nord de la Pologne, Buckley y reprend aussitôt ses entreprises d'évasion. Il s'enfuit le 5 mars 1943 avec trente-quatre autres prisonniers. Tous sont repris, sauf lui et un officier danois avec qui il fait équipe (Jorgen Thalbitzer). Ils réussissent à parvenir à Copenhague, d'où ils s'embarquent sur un canoë pour rejoindre la Suède. C'est là qu'ils

C'est alors au tour de Bushell de devenir « Big X ». Plus que jamais, il voit les choses en grand. Sa découverte de la Gestapo et de ses pratiques y est certainement pour quelque chose. Il médite une évasion massive, jamais vue jusque-là, de deux cents prisonniers. Ce sera une opération politique, une grande démonstration de résistance subjuguant les initiatives individuelles.

Celles-ci ne sont pas absentes du Stalag Luft III puisque, le 29 octobre 1943, le Britannique Eric Williams, 31 ans, réussit une évasion digne de figurer dans les annales. *Flight lieutenant,* navigateur sur bombardier Short Stirling de la RAF, il a été abattu au-dessus de l'Allemagne en décembre 1942. Trois jours sont nécessaires pour mettre la main sur lui et il tente de s'évader d'un premier camp avant de se retrouver au Stalag Luft III. C'est là qu'il a l'idée de refaire le coup du cheval de Troie. À l'inverse des tunnels horriblement longs à creuser au départ d'un baraquement, l'idéal est d'en commencer un au plus près des barbelés. Mais comment faire ? Eh bien, en y installant un grand cheval-d'arçons sur lequel vont s'entraîner activement et bruyamment les sportifs du camp, mais qui dissimulera le puits de départ du tunnel. C'est ainsi que s'évade Eric Williams, en compagnie du *flight lieutenant* canadien Olivier Philpot, 30 ans, et du *second lieutenant* Michael Cadner, 23 ans. Les trois évadés réussissent à rejoindre la Baltique, puis à s'embarquer pour la Suède et finalement l'Angleterre[6].

---

disparaissent. Le corps de Thalbitzer, noyé, est retrouvé peu après. Pas celui de Buckley.

6. Leur aventure a fait l'objet d'un livre à succès, *The Wooden Horse* (d'Eric Williams) et d'un film du même titre, en 1950.

Les prisonniers du Stalag Luft III ignorent que, le 17 septembre 1943, cent trente-deux officiers français s'évadent de l'Oflag XVII-A, en Autriche, où les conditions de détention sont particulièrement clémentes[7]. Tous les évadés sont repris, sauf six. Cette évasion en masse occasionne des répercussions politiques : Himmler, chef de la police du Reich, donne pour instruction de fusiller à l'avenir les prisonniers évadés et repris.

Big X entend mener sa grande évasion de façon toute militaire. Des conférences de situation sont tenues chaque jour par un état-major qui commande à une armée d'un demi-millier de prisonniers. Nul, en effet, ne peut ignorer une telle entreprise. Les compétences particulières sont recensées avant de constituer des équipes spécialisées. Il y aura d'abord celles chargées de creuser non pas un mais trois tunnels, afin que l'éventuelle découverte de l'un d'entre eux ne ruine pas l'entreprise. On ne prononcera jamais le mot « tunnel », mais « Tom » et « George » pour les deux plus courts et « Harry » pour le plus long (plus de cent mètres) et, partant, le moins soupçonnable. Ils seront creusés à 9 mètres de profondeur, soit près du double des tunnels « classiques ».

D'autres équipes fabriquent des cartes, des boussoles, des faux papiers, des vêtements civils, et tout cela non pour trois ou quatre candidats à l'évasion mais pour deux cents. Un service de renseignement est institué et un autre du guet, chargé de ne pas lâcher des yeux les furets et de donner l'alerte dès qu'ils approchent

---

7. Les prisonniers réussissent à filmer clandestinement la vie du camp et même la préparation de l'évasion. Cf. *www.bbc.com/news/world_europe/how French secretly filmed prison camp life in WW2.*

d'un atelier clandestin ou de l'une des trappes d'accès aux puits de creusement. Des équipes de diversion sont créées, qui feront perdre du temps aux gardiens survenant dans une zone sensible. Elles devront, en outre, retarder des appels au rassemblement inopinés afin de permettre aux « tunneliers » de réintégrer la surface. Des hommes de talent se révèlent, à commencer par ceux qui ont suivi des études d'architecte ou d'ingénieur. L'un d'eux, Johnny Travis, était ingénieur des mines dans le civil. Il est chargé, entre autres missions, de fabriquer ou de détourner le matériel d'évasion, ou encore de confectionner des pompes à air à partir de sacs et d'accordéons.

Une fièvre de l'évasion s'empare du camp tout entier. Elle ne va pas diminuer au fil des mois, des dix longs mois que va exiger un tel chantier. Outre le patriotisme indiscutable de ces officiers britanniques, les raisons de s'évader ne manquent pas, qui vont de l'ennui et du mal du pays à la promiscuité, au manque de confort, à la faim aussi. Certes, cela n'a rien à voir avec les camps de concentration, mais il n'empêche que les prisonniers, tous en âge d'être dotés d'un solide appétit, ont maigri depuis leur entrée d'une dizaine de kilos. Il y a quelques suicides.

Le creusement des tunnels est terriblement ardu. Les trappes d'accès doivent être astucieusement dissimulées. Celle de « Harry » l'est par une plaque de fonte amovible sur laquelle repose un poêle capable de fonctionner. Il est même poussé au rouge tout au long de l'hiver pour en éloigner les furets. Le sol sablonneux qui s'éboule régulièrement exige un étayage solide et complet à partir de planches prélevées sur les châlits, les planchers et tout ce qui peut être récupéré à droite et à gauche. Des rails sont posés, sur lesquels sont tractés par cordes des wagonnets. Pour « Harry », la longueur est telle que deux « chambres » intermédiaires ont été prévues sur son parcours où l'on pourra stocker du matériel de réparation.

Quatre hommes, dont un qui actionne la pompe à air, travaillent en permanence dans chaque tunnel. Un système d'alarme a été bricolé ainsi qu'un éclairage avec des lampes à huile. Le temps passant, d'habiles dérivations permettent d'installer l'électricité. L'évacuation du sable n'est pas une mince affaire. Jusqu'à cent « pingouins » font la navette. On les appelle ainsi parce que les ateliers d'évasion leur ont confectionné des pantalons spéciaux aux poches-sacs capables d'emporter 15 kilos de sable, qui peut s'écouler le long des jambes dès qu'on actionne leur ouverture. Il faut prendre garde à la différence des couleurs avec le terrain ainsi qu'aux itinéraires qui doivent être sans cesse modifiés pour ne pas attirer l'attention.

Pendant ce temps, les Allemands ne restent pas inactifs. Ils savent bien qu'il y a toujours une évasion en train de se préparer, et d'ailleurs la blague de rigueur du sous-officier chef des furets est d'entrer dans les baraquements en disant : « Bonjour ! Est-ce que le tunnel est en bonne voie ? » Des sismographes sont enfoncés dans le sol et, de temps à autre, de lourds camions vont et viennent afin d'effondrer d'éventuelles galeries, mais celles-ci sont trop bien profondes pour être menacées. Les fouilles improvisées se multiplient. Au début de 1944, la trappe de « Tom » est découverte alors que ce tunnel était presque terminé. D'habitude, les tunnels sont détruits au jet d'eau, mais celui-ci est si bien étayé que le commandant du camp doit avoir recours à un spécialiste en explosifs. Les charges sont placées si généreusement qu'une partie du baraquement de départ, heureusement évacué, vole en éclats.

Bushell suspend provisoirement les travaux dans les deux autres tunnels, le temps de ramener le calme. L'*escape committee*[8] met ce repos à profit pour procéder au casting des candidats à l'évasion. Tous le sont, mais chacun va recevoir un numéro de passage. Priorité est donnée à ceux qui parlent l'allemand ou sont au moins capables de dire quelques phrases. Les plans de voyage sont individuels et chaque scénario est soumis à une impitoyable critique, que l'itinéraire soit prévu à pied ou en chemin de fer. Ce n'est qu'avec ce numéro que les élus recevront à l'heure H du jour J leur viatique : une boussole, une carte, un *Ausweis*, un peu d'argent, des vêtements civils pour ceux qui n'ont pas su bricoler un uniforme transformable, de la nourriture pour deux jours composée d'une ration d'évasion assez infâme à base de lait condensé, de cacao, de margarine, de sucre, de poudre de biscuit et de quelques autres ingrédients. Les deux cent vingt prisonniers ainsi sélectionnés sont alors pris en charge par des « prévôts » qui leur font inlassablement répéter leur rôle.

« Harry » est achevé à la mi-mars 1944. C'est un grand moment d'émotion et de fierté pour tous ceux

8. Le pilote américain David M. Jones, 30 ans, en fait partie. C'est l'un des héros du raid de Doolittle sur Tokyo, le 18 avril 1942. Il a ensuite combattu en Inde avant d'être affecté à un groupe de bombardiers pendant la campagne de Tunisie. Abattu au-dessus de Bizerte le 4 décembre 1942, il échappe de nouveau à la mort et se retrouve prisonnier au Stalag Luft III. Les membres de l'« Organisation X » apprécient son sang-froid en toute circonstance.

qui, de près ou de loin, ont participé à cette extraordinaire entreprise. Le long tunnel atteint enfin la forêt. Le puits de sortie est également prêt, à l'exception du dernier mètre qu'il suffira de percer le moment venu. Mais la question de la date de la grande évasion se pose aussitôt. Big X veut hâter la décision, car la trappe de « Harry », mille fois déplacée et replacée, ne pourra plus longtemps supporter les inspections des furets dans le baraquement 104. La date du 25 mars, par une nuit sans lune, est arrêtée.

Le grand soir venu, ce n'est pas une mince affaire que de masser en secret les deux cents candidats à l'évasion dans le baraquement 104. Tout se passe cependant comme prévu. À l'heure H, dans leur tenue d'évasion, les numéros successifs se glissent un à un dans le tunnel et s'aplatissent tour à tour sur un wagonnet pour être tractés jusqu'à la sortie. Tout se passe bien jusqu'au numéro 76.

Il est 04 h 15 lorsque le n° 77 émerge à son tour de « Harry » pour se retrouver nez à nez avec un garde. D'habitude, les rares patrouilles ne s'éloignent pas du chemin qui entoure la ligne des barbelés. Le soldat allemand a peut-être voulu satisfaire un besoin naturel. Sa surprise est en tout cas totale, au point qu'il tire sans viser. La balle se perd, mais de stridents coups de sifflet ne tardent pas à suivre. Ce soldat aurait pu être neutralisé, mais il n'est pas question de tuer qui que ce soit. Ce n'est pas l'esprit de la grande évasion, qui du même coup s'arrête là. Plus personne ne sortira du tunnel.

Toute la garnison s'ameute. La sortie de « Harry » grouille de soldats qui ignorent encore d'où part le tunnel, mais des renforts ont très vite envahi le camp, mitrailleuses en batterie. L'heure n'est plus à la patience et il s'en faut de peu que les soldats ouvrent le feu sur les prisonniers qui font tout pour retarder la découverte du puits de départ et de ceux qui sont toujours entassés dans le baraquement 104, en tenues civiles. Tous sont bientôt mis au cachot du camp qu'on appelle « le frigo » et qui n'a jamais vu autant de monde.

Cette fois, il ne s'agit plus d'un « jeu ». Toutes les grandes villes allemandes sont écrasées sous les bombes alliées. Les évadés n'ont plus aucun capital de sympathie et la radio de Goebbels a beau jeu d'appeler la population à coopérer à leur capture. L'alarme est générale dans un rayon de 150 kilomètres autour du camp et les recherches sont prises en main par la Gestapo. Les contrôles sont multipliés dans les gares, dans les trains, aux carrefours et dans les lieux publics. Or, même avec des faux papiers de qualité, un évadé peut passer au travers d'un contrôle mais très difficilement de plusieurs se succédant rapidement. Il y a toujours un moment où un policier plus attentif s'avise que telle photo d'identité, tel tampon sont suspects. Les premières arrestations ne tardent pas, surtout dans les gares. Pour ceux qui ont choisi de marcher, la neige et le froid se mettent de la partie. Les mailles du filet sont si serrées qu'aux premiers prisonniers repris s'ajoute un nombre impressionnant d'individus en situation irrégulière : travailleurs étrangers en vagabondage, déserteurs, évadés d'un autre camp…

Deux semaines après l'évasion, il n'y a plus que trois prisonniers qui courent encore et qui d'ailleurs vont réussir à s'échapper d'Allemagne[9]. Les soixante-treize

---

9. Le sergent Bergsland et le sous-lieutenant Müller, tous deux Norvégiens engagés dans la RAF, réussissent à gagner Stettin par

autres sont repris et emprisonnés par la Gestapo au lieu d'être renvoyés dans leur camp comme cela se pratiquait jusqu'alors. Le drame se noue à partir de là. L'affaire est probablement remontée jusqu'à Hitler, qui aurait d'abord voulu faire fusiller tous les évadés repris, puis aurait consenti à ramener le nombre à cinquante, en se rendant aux arguments de Göring craignant des représailles sur des prisonniers allemands. L'ordre funeste redescend en tout cas jusqu'au chef de la Gestapo, Heinrich Müller, qui ordonne au chef de la Kripo (*Kriminalpolizei*) Arthur Nebe de dresser la liste fatale.

Les critères qui vont présider à l'établissement de celle-ci n'apparaissent pas clairement. Des noms s'imposent à Nebe comme celui de Roger Bushell, qui a été arrêté en gare de Sarrebruck avec son compagnon d'évasion, le sous-lieutenant Bernard Scheidhauer[10]. En revanche, Harry Day échappe à la liste rouge, peut-être parce qu'il est très connu en Grande-Bretagne. Johnnie Dodge a la même chance. Tous deux vont être envoyés au camp de concentration de Sachsenhausen, mais l'un et l'autre survivront à la guerre. Quant au jeune capitaine Dick Churchill, c'est certainement son homonymie qui le fait épargner[11].

---

le train, puis à s'embarquer pour la Suède et, de là, à rejoindre l'Angleterre. Le capitaine Van der Stock, hollandais, capitaine de la RAF, va accomplir un périple plus compliqué de quatre mois (Pays-Bas, Belgique, France, Espagne), au terme duquel il rejoindra lui aussi l'Angleterre.

10. Pilote des FAFL (Forces aériennes françaises libres).

11. C'est du moins ce qu'il affirmera. Il n'a en tout cas aucun lien de parenté avec le *Prime Minister*. Dick Churchill était en 2018, à 98 ans, le dernier survivant des évadés du Stalag Luft III. L'avant-dernier était l'Australien Paul Royle, décédé en 2015 à 101 ans.

Les cinquante évadés ne vont pas être envoyés devant un peloton d'exécution mais assassinés discrètement, sinon secrètement. Emprisonnés à Sarrebruck par la Gestapo, Bushell et Scheidhauer sont extraits trois jours plus tard de leur cellule et exécutés au bord d'une autoroute. De la même façon, les autres victimes sont extraites de leurs prisons et assassinées sur place, le plus souvent au cours d'un prétendu transfert. Pas d'exécution officielle, donc. Qui la Gestapo espère-t-elle abuser en voulant faire croire que ces cinquante prisonniers ont trouvé la mort en tentant de s'enfuir alors qu'il n'y a pas un seul blessé ?

Bushell et ses camarades de l'*Escape Committee* du Stalag Luft III[12] n'avaient certainement pas envisagé des conséquences aussi funestes, mais ils pouvaient difficilement croire que deux cents prisonniers pourraient s'extraire de « Harry » avant que l'alerte ne soit donnée. Ils ne pouvaient pas non plus escompter qu'un nombre suffisant (et lequel ?) parviendrait à recouvrer la liberté. Non, ce n'était pas le but. Ce fut, comme ils le voulaient, une opération politique, une démonstration de résistance en forme de provocation. Hélas, c'est bien ainsi qu'elle fut comprise par les nazis.

12. Le Stalag Luft III est aujourd'hui un lieu de mémoire à Zagan, en Pologne (à 40 kilomètres de la frontière germano-polonaise). Outre un monument dédié aux victimes, le tunnel « Harry » y est marqué par un chemin de pierres.

L'hallali du *Tirpitz*

Les marins norvégiens l'appellent « la reine solitaire du Nord » et Churchill « la Bête ». C'est en janvier 1942, en effet, au plus fort de la bataille de l'Atlantique, que le *Prime Minister* a fait ce commentaire acerbe : « Est-il bien nécessaire de désigner à chaque message le *Tirpitz* sous le nom d'*Admiral von Tirpitz* ? "La Bête" lui sied infiniment mieux. »

Sistership du *Bismarck*, qui a été coulé le 27 mai 1941, le *Tirpitz* est le seul des navires de ligne qui surclasse ses adversaires. En service depuis février 1941, long de 251 mètres et large de 36 mètres, il déplace 52 600 tonnes à pleine charge. Ses puissantes turbines lui permettent d'atteindre 31 nœuds. Son armement est impressionnant : 8 pièces de 380 mm en 4 tourelles[1] dont les obus portent à 36,5 kilomètres et bénéficient des meilleurs instruments de visée, 12 canons de 150 mm en 6 tourelles, 16 canons de 105 mm en 8 tourelles. S'y ajoute une puissante DCA de 16 canons de 37 mm et de 33 canons de 20 mm à tir rapide. Faite d'un acier

1. Ce sont de formidables casemates, pesant chacune 700 tonnes, qui ont chacune leur nom : à l'avant, *Anton* et *Bruno* ; à l'arrière, *César* et *Dora*.

spécial, sa formidable cuirasse (38 % du déplacement) entoure ses œuvres vives, sa ceinture, son pont, ses tourelles, défiant les obus et les bombes. Derrière cette carapace, le compartimentage des cloisons étanches a été multiplié. Tout cela confère au supercuirassé *Tirpitz* la réputation d'un navire incoulable – mais on disait la même chose du *Bismarck*[2].

Il faut 2 608 officiers et hommes d'équipage pour servir ce monstre d'acier qui, dès avant sa mise à l'eau, subit ses premières attaques aériennes. On en compte déjà six, toutes sans résultat, avant que le *Tirpitz* d'abord dévolu à l'Atlantique en compagnie de l'*Admiral Scheer* ne soit jugé finalement trop précieux et transféré, au début de 1942, en Norvège du nord. Avec la plupart des autres bâtiments de ligne de la Kriegsmarine, il menace désormais les convois de l'Arctique.

Sa seule menace obsède l'amirauté britannique et, tout particulièrement, Winston Churchill qui lui voue une haine particulière. Il est vrai que le *Tirpitz* immobilise à lui seul à Scapa Flow deux à trois navires de ligne et un porte-avions, toujours prêts à se lancer à sa rencontre s'il s'avisait de sortir du port norvégien de Trondheim pour s'aventurer en mer. Le Premier Ministre britannique adresse le 25 janvier 1942 au grand état-major une de ces notes fulminantes dont il est coutumier : « La destruction, ou même simplement la mise hors de combat de ce bâtiment constituerait le

---

2. La thèse qui prévaut dans l'Allemagne du IIIe Reich est que, outre la supériorité numérique de toute une flotte contre un seul navire, la chance a servi les Anglais lorsqu'une torpille lancée par un avion Swordfish a bloqué le gouvernail, désemparant le *Bismarck* et le mettant à la merci de ses adversaires.

plus grand événement naval du moment. Aucun autre objectif ne peut lui être comparé. (...) La situation navale, dans le monde entier, en serait transformée. (...) Toute la stratégie de la guerre tourne actuellement autour de ce cuirassé qui immobilise quatre grands navires de combat britanniques, sans parler des deux cuirassés américains récents que l'on maintient dans l'Atlantique. Je considère cette affaire comme de la plus grande urgence et de la plus haute importance... »

Churchill s'est juré d'avoir la peau de « la Bête »... Or celle-ci, en dépit de sa formidable puissance, ne sera pratiquement jamais engagée directement. Du 6 au 12 mars 1942, une sortie contre les convois PQ 12 et QP 8 se solde par un échec, et le *Tirpitz*, au retour, doit repousser une attaque de douze avions torpilleurs provenant du porte-avions *HMS Victorious*. Au début de juillet 1942, une sortie contre le convoi PQ 17 est interrompue à peine commencée, mais provoque la dispersion et la destruction du convoi[3]. Au retour, le cuirassé, décidément très surveillé, est atteint par la torpille d'un sous-marin soviétique, mais celle-ci ne provoque que des dégâts mineurs. Du 6 au 9 septembre 1942, le *Tirpitz* participe au bombardement et à la destruction des installations météo du Spitzberg. Ce sera sa seule « grande opération ». Ensuite, il ne fera plus rien, sinon menacer la Royal Navy. Le *Tirpitz* est une flotte de dissuasion à lui seul.

Tapi au fond de son fjord, camouflé par d'épais nuages de brouillard artificiel à la moindre alerte, il paraît hors d'atteinte. Les attaques aériennes continuent

---

3. Voir pages 207 à 219 : « La tragédie du convoi PQ 17 ».

pourtant. Il s'en compte six pour l'année 1942, sans le moindre résultat. La Luftwaffe ne manque pas d'intervenir : quinze appareils, dont cinq bombardiers Halifax, sont abattus au cours de ces attaques. Il faut changer de tactique en allant surprendre « la Bête » dans son antre, comme l'ont si bien fait, en décembre 1941, les nageurs de combat italiens en rade d'Alexandrie[4]. C'est sur ce modèle qu'est décidée l'opération *Source*.

La Navy vient d'inventer pour ce type de mission des sous-marins de poche, dits « de classe X », qui mesurent 16 mètres de long pour un diamètre de 1,65 mètre et pèsent un peu moins de 30 tonnes. Ils fonctionnent comme n'importe quel autre sous-marin : par moteur Diesel en surface (6 nœuds) et par moteur électrique en plongée (4,5 nœuds). Ils sont armés de deux lourdes charges latérales, détachables, de deux tonnes d'explosifs chacune. Quatre hommes composent l'équipage, dont un plongeur qui peut s'extraire par un sas minuscule[5]. Tout cela fonctionne moins bien dans la réalité que sur les plans, car les essais révèlent beaucoup de faiblesses. L'eau a tendance à s'infiltrer. Dans leur boîte de sardines, les hommes peuvent à peine se mouvoir. Pour leur recrutement, il ne peut s'agir, selon l'expression de l'amiral Horton, le commandant des sous-marins britanniques, que de « *volunteers for hazardous operations* ». Et hasardeuse, l'opération *Source* l'est en effet.

4. Voir pages 21 à 29 : « Torpilles humaines ».
5. Surnommé *Wet and Dry* (*W and D*).

Six de ces véritables cercueils sous-marins (X-5 à X-10) prennent la mer au départ du Loch Cairnbawn au nord de l'Écosse, les 11 et 12 septembre 1943, remorqués en plongée par des sous-marins conventionnels, avec pour objectifs le *Tirpitz*, le *Scharnhorst* et le *Lützow*. La traversée se révèle terriblement éprouvante. Les câbles se détachent ou rompent. Les avaries se multiplient et les voies d'eau sont permanentes. Le X-9 se perd et ne sera jamais retrouvé. Le X-8 subit tellement de dommages qu'il doit être sabordé. Les autres sous-marins de poche atteignent la côte norvégienne le 20 septembre.

L'opération *Source* peut commencer, après que les équipages de convoyage, totalement exténués, ont été remplacés, comme sagement prévu, par des équipages d'attaque. Au cours de l'approche des cibles, c'est au tour du X-5 de disparaître corps et biens. Les X-6 et X-7, concentrés sur le *Tirpitz*, parviennent le 22 septembre 1944 à franchir ses filets de protection et à placer leurs charges sous la coque. Cependant, ils ne parviennent pas à faire demi-tour et doivent faire surface. Faits prisonniers, les équipages n'ont pas encore été interrogés lorsque retentit une formidable explosion. Mille quatre cents tonnes d'eau s'engouffrent dans une longue déchirure sur la quille à bâbord. La tourelle Dora est endommagée et les deux hydravions de reconnaissance sont détruits.

Le X-10 est moins chanceux, car le *Scharnhorst* qu'il vise est alors en mer. Lui aussi a subi des avaries et il doit rebrousser chemin. Il va être le seul à rejoindre l'Angleterre, remorqué par le sous-marin *HMS Sceptre*. Il n'empêche que la cible principale a été atteinte : l'orgueil de la Kriegsmarine a subi de lourds dégâts, mais reste à flot. Faute de cale sèche assez grande pour l'accueillir[6], il va falloir réparer sur place. Le cuirassé est immobilisé jusqu'en mars 1944, mais l'amirauté britannique l'ignore, d'autant plus que les Allemands font tout pour masquer l'importance des réparations. « La Bête » doit continuer à inspirer la crainte. Et de fait, elle continue à obséder les Britanniques. De toute façon, il ne s'agit pas d'endommager le *Tirpitz,* mais bel et bien de le couler.

Une nouvelle attaque aérienne a lieu en février 1944, sans résultat. Elle provient cette fois de l'aviation soviétique, dont de nombreux appareils sont abattus. L'amirauté britannique, soupçonnant que le *Tirpitz* va bientôt être en état de reprendre la mer, décide de lancer une opération de grande envergure. Ce sera l'opération *Tungsten,* à partir de pas moins de six porte-avions[7] qui lanceront une attaque massive de quarante-deux bombardiers en piqué Barracuda, récemment mis en service, eux-mêmes protégés par une cinquantaine de chasseurs chargés en outre de mitrailler les ponts et les défenses antiaériennes. Les bombes choisies sont les plus lourdes qui puissent être portées par des appareils de la *Fleet Air Arm.* Cinq de ceux-ci sont armés chacun d'une bombe perforante de 1 600 livres (726 kilos), mais il faut qu'elle soit lancée d'une altitude d'au moins 1 067 mètres pour que sa vitesse permette de perforer le blindage du pont supérieur.

---

6. Celle de Saint-Nazaire avait été détruite en mars 1942 dans cette éventualité (voir pages 31 à 42 : « Le raid de Saint-Nazaire »).

7. Deux grands porte-avions (*Victorious* et *Furious*) et quatre porte-avions d'escorte (*Emperor, Fencer, Pursuer, Searcher*).

L'opération *Tungsten* est déclenchée le 3 avril 1944, un dimanche. Les Barracuda attaquent en deux vagues, la première à 00 h 29 et la seconde à 06 h 36 après que les chasseurs Wildcat[8] et Hellcat[9] ont attaqué les superstructures du cuirassé. Quatorze bombes atteignent leur cible, mais aucune ne transperce le blindage. On compte 122 tués et 316 blessés, dont beaucoup grièvement. Le *Tirpitz* est en piteux état, mais il est toujours à flot. Les Britanniques ont perdu 3 Barracuda et 1 Hellcat. Le roi adresse ses félicitations au Premier lord de l'Amirauté, mais il est désormais évident que les bombes de l'aéronavale ne suffiront pas.

L'amiral Dönitz, qui est devenu le commandant suprême de la Kriegsmarine, a bien compris que le *Tirpitz* ne participerait plus jamais à une opération ni ne pourrait rentrer en Allemagne, mais il veut entretenir le mythe. D'ailleurs les attaques aériennes se poursuivent tout au long du printemps et de l'été 1944. Deux bombes frappent de nouveau l'increvable « Bête » le 24 août, toujours sans résultat. Mais la guerre n'est jamais avare de nouvelles inventions. Les bombes conventionnelles ne sont pas assez puissantes ? Qu'à cela ne tienne : les ingénieurs de l'armement inventent la *Tallboy*, une bombe géante de 5,5 tonnes. Son poids ajouté à sa vitesse la fait s'enfoncer assez profondément dans

---

8. Voir note 3 page 87.

9. Ce sont des chasseurs américains spécialement conçus pour l'aéronavale, aux moteurs surpuissants (1 200 chevaux pour le Wildcat et 2 000 chevaux pour le Hellcat). L'un et l'autre se distinguent plus particulièrement dans la guerre du Pacifique.

le sol au lieu d'exploser à sa surface, provoquant ainsi un effet sismique. Destinée à détruire des forteresses de béton, elle est tout aussi indiquée pour frapper un cuirassé. Évidemment, aucun bombardier de l'aéronavale ne peut emporter un tel monstre. Seul le bombardier lourd Lancaster[10] en est capable et c'est donc à la RAF de prendre la main.

Une première tentative menée par 28 Lancaster a lieu le 15 septembre 1944. Elle n'est pas décisive, mais réussit cependant à paralyser le *Tirpitz*, qui doit être remorqué de l'Altafjord à Tromsø, un peu plus au sud, pour y servir de batterie flottante. Son nouveau mouillage en eau peu profonde est calculé de façon à ce que, s'il était sévèrement atteint, il ne puisse pas couler mais s'enfoncer bien droit en conservant sa puissance de feu. Ainsi, le *Tirpitz* serait immortel.

Vu du ciel, il a toujours fière allure et la chasse est toujours ouverte. Trente-huit Lancaster l'attaquent le 29 octobre 1944, sans résultat. Un Lancaster est abattu. La Luftwaffe veille au grain, mais sa très mauvaise coordination avec la Kriegsmarine va permettre le succès de l'opération suivante, la dernière. Très inconséquemment, en effet, il n'y a pas de plan d'action concerté entre les deux armes pour la défense du *Tirpitz*. La base aérienne toute proche de Bardufoss est prête à envoyer ses Messerschmitt BF 109 à la rescousse. Encore faut-il qu'elle soit alertée. Ce n'est pas le cas au petit matin du 12 novembre 1944.

10. Le quadrimoteur Avro Lancaster est le principal bombardier lourd de la RAF. Il pèse 31,7 tonnes en charge et peut emporter 9 980 kilos de bombes. Son équipage est de 7 hommes et son autonomie de 1 670 kilomètres.

Pour cette énième opération baptisée *Catechism*, trente-deux Lancaster ont emporté chacun une seule bombe en raison de son poids monstrueux, la Tallboy. De leur base de décollage en Écosse jusqu'à Tromsø, il y a 1 700 kilomètres – c'est-à-dire le double avec un retour toujours espéré. Aucune escorte n'est possible sur une pareille distance. Alors la RAF joue de ruse, faisant obliquer le vol des bombardiers vers l'est après qu'ils ont longé la côte norvégienne. Les radaristes allemands concluent à un vol vers l'Union soviétique et ne donnent pas l'alerte. Après cette feinte, les Lancaster repiquent plein nord, cap sur Tromsø et le *Tirpitz*. Ruse, certes, mais servie par la chance car les lourds Lancaster ne font aucune mauvaise rencontre. Deux ou trois chasseurs de la Luftwaffe auraient suffi pour se livrer à un affreux massacre.

À l'approche des bombardiers, le *Tirpitz* donne l'alerte, sauf à la Luftwaffe. Entre 08 h 42 et 08 h 45, les Lancaster larguent leur Tallboy. Deux font mouche en plein centre du navire, traversant son pont cuirassé avant d'exploser et de l'atteindre dans ses œuvres vives. Deux autres explosent en même temps à quelques mètres de sa coque, à bâbord. Leur terrible effet de souffle provoque ce à quoi personne n'avait pensé : le lent chavirement du navire, que facilite l'explosion d'autres bombes géantes (dix-huit au total), presque toutes du même côté. La gîte augmente progressivement jusqu'à ce que le commandant comprenne que son navire ne se redressera pas. Ses fonds sont noyés. L'eau monte. Les incendies font rage. Les morts et les blessés sont nombreux. Ordre est donné d'abandonner les entreponts inférieurs.

09 h 50. Une nouvelle bombe ou, plus probablement, l'explosion d'une soute à munitions projette à vingt-cinq mètres en l'air la tourelle *César*. La gîte atteint 90°. L'ordre d'abandon général est donné, mais trop tard : des centaines d'hommes sont d'ores et déjà prisonniers de ce cercueil d'acier avec ses cloisons étanches impossibles à forcer.

09 h 55. Le *Tirpitz* se retourne, offrant sa quille au ciel. Le seul espoir du commandant était que le cuirassé touche le fond avec ses superstructures et arrête du même coup son mouvement de bascule. Mais non, il y a assez d'eau pour qu'il puisse se retourner, mais pas assez pour qu'il disparaisse.

Quand les pilotes de la base de Bardufoss, qui ont fini tout de même par être mis en alerte, arrivent au-dessus de Tromsø, c'est pour découvrir le *Tirpitz* la quille en l'air[11]. Tout autour de l'épave, des matelots nagent désespérément dans l'eau glacée que recouvre une nappe de mazout. Nombreux sont les blessés et les brûlés. Environ mille hommes sont morts[12]. Un peu moins de cent ont été sortis de leur cercueil après qu'un trou a été laborieusement percé dans la coque. « La Bête »

---

11. Devant ce désastre, Berlin ne manque pas d'incriminer le chef de groupe de chasse *Jagdgeschwader-5*, Heinrich Ehrler, qui passe en cour martiale. Le manque de coordination entre la Kriegsmarine et la Luftwaffe est tellement patent qu'il sauve sa tête (il ignorait même le nouveau mouillage du *Tirpitz*). De toute façon, le IIIe Reich a trop besoin de pilotes de valeur. Ehrler, qui sera crédité de 208 victoires, est reversé aussitôt dans une nouvelle unité de Messerschmitt Me 262 (avions à réaction).

12. Elle-même prisonnière du mythe *Tirpitz*, la Kriegsmarine maintenait le cuirassé à effectifs quasi complets, comme s'il devait être prêt à tout moment à surgir hors de son repaire.

est enfin morte. Comme l'a écrit Ludovic Kennedy, journaliste, écrivain, scénariste et qui avait lui-même été officier de marine pendant la Seconde Guerre mondiale, le *Tirpitz* a eu « une vie d'invalide et une mort d'estropié[13] ».

13. Il existe de nombreuses séquences filmées des multiples attaques contre le *Tirpitz* (mais souvent incluses dans des « docufictions »). Cf. www.BritishPathé : *Tirpitz and Aerial Attacks on Battleships*. Cf. également sur Daily Motion : *Coulez le Tirpitz* (en trois parties). Ou encore : *Sink the Tirpitz* (DVD, 2006).

SACRIFICE

Le sacrifice est à la circonférence
de tous les devoirs.

(Louis-Joseph Mabire, 1830)

David contre Goliath

La plus grande bataille navale de la Seconde Guerre mondiale, dite bataille « de Leyte », se déroule dans l'archipel des Philippines en octobre 1944. À la différence d'un affrontement classique et relativement bref entre deux flottes, elle dure quatre jours sur un espace immense et conduit à quatre rencontres séparées au terme desquelles va sonner le glas de la marine impériale japonaise.

Les Philippines constituent la pièce maîtresse du périmètre défensif du Japon. Les Américains débarquent à partir du 20 octobre sur l'île de Leyte, au cœur de l'archipel, sous la conduite très médiatisée du général MacArthur. « *I shall return !* » (« Je reviendrai »), avait-il promis en évacuant Corregidor en mars 1942. Le 21 octobre, 103 000 hommes ont déjà débarqué sous la protection directe de la VIIe flotte (Kinkaid) et celle, à distance, de la IIIe flotte (Halsey). À elles deux, elles totalisent 16 porte-avions lourds et 18 porte-avions d'escorte (1 620 avions), 12 cuirassés, 23 croiseurs, 105 destroyers, 22 sous-marins.

L'amiral Toyoda, commandant en chef de la flotte combinée du Japon, a anticipé sans peine ce débarquement et préparé un plan de la dernière chance, baptisé

Sho-Go (« Victoire »), et qui prévoit de jeter dans une ultime bataille les dernières forces de la marine impériale. Face à l'écrasant dispositif américain, le Japon ne peut aligner que 4 porte-avions, 7 cuirassés, 13 croiseurs lourds, 6 croiseurs légers, 19 destroyers et 17 sous-marins. Et encore cette flotte est-elle dispersée, tant en raison des attaques permanentes de l'aéronavale américaine que des difficultés logistiques, notamment en matière de carburant. Ainsi une partie importante de la flotte se trouve-t-elle dans la région de Singapour, où le mazout reste disponible.

Par ailleurs, le nombre des avions embarqués est dérisoire : 116 (il n'y a pratiquement plus de pilotes d'aéronavale). Mille quatre cents avions sont certes basés à terre sur les îles des Philippines, mais leurs pilotes n'ont pas l'habitude de la coopération avec la marine de guerre. De surcroît, le commandement des forces armées japonaises aux Philippines n'est informé du plan *Sho-Go* que dans ses grandes lignes et au dernier moment. Mais ce n'est pas en ces termes que raisonne le haut commandement japonais, mais à l'inverse, selon les préceptes du zen : « L'homme puissant n'agit pas, car il garde jalousement sa puissance. L'homme qui dispose d'une faible force en vérité agit, car il est détaché des apparences contraignantes de la puissance. »

Le plan *Sho-Go,* qui tient compte de la dispersion de la flotte japonaise, est à la fois audacieux et compliqué. L'escadre de l'amiral Kurita constitue le fer de lance chargé d'aller frapper la force de débarquement en s'aventurant contre toute attente dans le labyrinthe des îles Philippines. Elle part de Lingga Roads près de Singapour et se compose de 5 cuirassés, dont les deux cuirassés géants *Yamato* et *Musashi,* de 12 croiseurs et de 15 destroyers. Aucun porte-avions. Simultanément, une autre escadre (amiral Nishimura), renforcée par celle de l'amiral Shima, converge vers le golfe de Leyte par une autre route. Ces deux escadres réunies ne comptent que 2 vieux cuirassés, 4 croiseurs et 8 destroyers. Toujours aucun porte-avions. L'aviation basée à terre doit assurer la protection des forces Kurita et Nishimura. Une troisième escadre (amiral Ozawa) arrive de la mer intérieure du Japon par le nord avec 4 porte-avions et 2 cuirassés hybrides[1]. Le plan *Sho-Go* escompte que les Américains, ignorant son aviation squelettique, se focaliseront sur l'escadre Ozawa, qui servira d'appât pour attirer à elle en se sacrifiant la redoutable IIIe flotte (Halsey), en laissant ainsi le champ libre aux cuirassés chargés d'attaquer la VIIe flotte qui protège le débarquement devant Leyte. Les deux flottes américaines se trouvent d'ailleurs temporairement sous des commandements différents (la IIIe sous celui de l'amiral Nimitz, commandant en chef de la flotte du Pacifique, et la VIIe sous celui de MacArthur, commandant en chef du débarquement sur Leyte).

L'opération *Sho-Go* s'engage mal avant même d'avoir commencé, car la force de Kurita est attaquée le 23 octobre, au nord de Bornéo, par deux sous-marins américains. Deux croiseurs sont coulés. Un troisième, gravement endommagé, doit regagner sa base escorté par deux destroyers. La force de Kurita se trouve, dès ce

1. Les cuirassés *Ise* et *Hyuga* ont été transformés en porte-avions après la bataille de Midway.

moment, amputée de cinq bâtiments. Le lendemain, à l'aube, c'est au tour de l'escadre de Nishimura d'être attaquée sur sa route par les avions de la IIIe flotte. Deux bâtiments sont touchés. Le 24 octobre, l'aviation japonaise basée à terre réagit : 200 appareils se lancent à l'assaut de la IIIe flotte. Ils réussissent à couler le porte-avions léger *Princeton,* mais au prix de 50 % de pertes. Dans le même temps, les avions de Halsey s'abattent sur l'escadre de Kurita en cinq vagues totalisant 259 sorties. Le croiseur lourd *Myoko* est désemparé. Le supercuirassé *Musashi, sistership* du *Yamato*[2] (l'un et l'autre réputés insubmersibles), finit par chavirer après avoir encaissé dix-sept bombes et dix-neuf torpilles.

Kurita fait demi-tour pour regrouper ses forces et non, comme le croit Halsey, en prenant la fuite. C'est alors que le chef de la IIIe flotte, qui pense avoir ainsi les mains libres, tombe dans le piège tendu. À l'annonce de l'apparition au nord de l'escadre des porte-avions d'Ozawa, il se lance à sa rencontre, loin du golfe de Leyte et de la VIIe flotte. Il est d'autant mieux dupé qu'Ozawa a lancé ses rares avions à l'assaut. Presque tous sont abattus, mais Halsey est plus persuadé que jamais qu'il se heurte là à la force principale.

Le message de Halsey à Nimitz et à Kinkaid n'est pas assez clair, laissant croire que ses cuirassés rapides et ses croiseurs sont restés en arrière et continuent de défendre le détroit de San Bernardino, au nord de l'île de Samar, qui est le passage par le nord vers le golfe de Leyte. En fait, c'est toute la IIIe flotte qui court sus à l'escadre d'Ozawa.

---

2. Voir page 289 à 298.

À l'aube du 25 octobre, 300 milles (555,6 kilomètres) séparent les deux flottes américaines. Abusé, Kinkaid attend de pied ferme l'escadre de Nishimura, qu'on lui signale arrivant par le sud. Celle-ci, ignorant le demi-tour provisoire de Kurita, pousse ses feux pour franchir le détroit de Surigao qui commande l'accès au golfe de Leyte par le sud. Dans la nuit du 24 au 25 octobre, elle tombe dans l'embuscade que lui tend, à la sortie du détroit, toute la flotte de soutien de Kinkaid, soit 6 cuirassés[3], 8 croiseurs et 21 destroyers auxquels s'ajoutent 32 vedettes lance-torpilles. L'escadre de Nishimura est taillée en pièces. Lorsque cinquante minutes plus tard, l'amiral Shima survient avec sa maigre force, il ne peut que constater le désastre. L'amiral lui-même a été tué. Il ne reste plus à Shima qu'à battre en retraite, vers cinq heures du matin.

Le triomphe de Kinkaid est de courte durée car, entre-temps, l'escadre de Kurita a repris sa marche en avant et franchi sans encombre le détroit de San Bernardino. Quand elle en débouche au lever du soleil, la flotte de débarquement américaine est en vue, en écran devant les navires de transport[4] qui alimentent la bataille terrestre. La VIIe flotte se réduit pour l'heure à 6 porte-avions d'escorte, légers

---

3. La plupart sont ceux qui ont été coulés lors de l'attaque de Pearl Harbour, mais qui ont été renfloués.
4. Dont les précieux LST (*Landing Ship, Tank)*, longs de 100 mètres et déplaçant 4 100 tonnes à pleine charge, dont l'US Navy n'est pas si riche.

et lents, et à 7 destroyers et escorteurs – une très petite force (*Taffy III*) que commande l'amiral Clifton Sprague. Les navires de ligne qui ont anéanti l'escadre de Nishima sont loin au sud et, de toute façon, en rupture de munitions. La IIIe flotte, plus loin encore au nord, s'acharne à poursuivre l'escadre d'Ozawa. Halsey estime que sa mission n'est pas de protéger la VIIe flotte, mais de s'attaquer au seul danger sérieux que constituent selon lui les porte-avions d'Ozawa (il pourra bientôt annoncer qu'il en a détruit quatre). Aussi ne tient-il pas d'abord compte des premiers messages d'alerte de Kinkaid. Celui-ci s'inquiète pourtant légitimement, face aux 4 cuirassés, 6 croiseurs lourds, 2 croiseurs légers et 11 destroyers qui viennent d'apparaître à l'horizon.

Kurita ouvre le feu à 06 h 58, de très loin mais en poursuivant son approche. Le plan japonais est en passe de réussir. Sprague ne peut opposer aux cuirassés et aux croiseurs japonais hérissés de canons à longue portée que ses trois destroyers et ses quatre petits escorteurs. Les premiers (*USS Johnston, USS Heermann, USS Hoel*) ne jaugent que 2 400 tonnes[5], mais sont fortement armés de dix tubes lance-torpilles, de neuf canons de 127 mm et de dix de 40 mm. Leur vitesse exceptionnelle de 38 nœuds est leur principal atout, couplée à leur grande manœuvrabilité. Quant aux quatre petits escorteurs ASW[6] (*USS Roberts, USS Butler, USS Raymond* et *USS Dennis*), ils ne déplacent que 1 400 tonnes, ne sont armés que de trois tubes lance-torpilles et de

5. Par comparaison, les supercuirassés *Yamato* et *Musashi* déploient 71 110 tonnes en ordre de combat.
6. Lutte anti-sous-marine (*Anti Submarine Warfare*).

deux canons de 127. Leur vitesse maximale ne dépasse pas les 25 nœuds.

Trop lents, les porte-avions légers ne vont pas pouvoir échapper aux Japonais, dont les croiseurs, bien plus rapides, entament déjà une manœuvre de débordement. Alors, Sprague décide de retarder au moins l'échéance fatale en lançant dans une attaque sans précédent ses petits destroyers contre les géants japonais.

Il est 07 h 10 quand les petits bâtiments partent à l'assaut, en émettant des écrans de fumée et en profitant de la météo, avec des grains qui ne cessent de s'abattre en réduisant la visibilité. L'*USS Johnston* (commandé par le capitaine de frégate Ernest E. Evans) fait la course en tête et ouvre le feu à 16 500 mètres sur le croiseur lourd *Kumano*. Il est pris aussitôt pour cible par les cuirassés *Yamato* et *Haruna* sans être touché une seule fois, alors qu'il parvient à tirer de son côté deux cents obus de 127. Il poursuit sa route à pleine vitesse et lance alors ses dix torpilles sur le croiseur. Une au moins atteint son but.

Tandis qu'il entreprend de faire demi-tour, il paie sa folle témérité en encaissant trois obus de 356 mm et trois de 203 mm. Par chance, ce ne sont pas des obus brisants qui explosent à l'impact, mais des obus de rupture[7] destinés à percer les épais blindages d'un navire de ligne. Si le vaillant destroyer est ravagé, il ne sombre pas. En dépit de sa vitesse qui tombe à 17 nœuds, il continue à manœuvrer et profite d'un grain pour disparaître. L'attaque a été si inattendue et si audacieuse que les Japonais, à cent lieues de comprendre qu'ils ont eu affaire à un simple destroyer,

7. Obus plein sans charge explosive, dit aussi « obus perforant ».

consignent officiellement qu'ils ont « détruit un croiseur ».

L'*USS Hoel* (commandé par le capitaine de frégate Leon S. Kintberger) a foncé à la suite du *Johnston* et attaqué le cuirassé *Kongo*. Un obus détruit ses installations radio, mais, à 07 h 25, parvenu à distance suffisante de sa cible, il lui décoche cinq torpilles. Une vigie aperçoit leur sillage et le *Kongo* les évite en abattant à bâbord. Plusieurs obus ont atteint le *Hoel*, qui se trouve durement touché. Cela ne l'empêche pas de s'approcher encore pour lancer ses dernières torpilles. Dans le tonnerre des coups de canon, la fumée, les averses qui ne cessent de tomber, il est difficile de dire quelles torpilles font mouche. Elles ont, en tout cas, le mérite de retarder l'escadre de Kurita et aussi de la disperser. Aussi l'orgueilleux *Yamato* lui-même juge-t-il plus prudent de virer de bord et de s'éloigner assez loin au nord.

Dans le même temps, l'*USS Heermann* (capitaine de frégate Amos G. Hathaway) attaque, en prenant pour cible le croiseur *Haguro* sur lequel il lance ses torpilles à 07 h 55. Le croiseur les évite, mais ne parvient pas à toucher le destroyer pourtant très proche. Le *Heermann*, qui manœuvre habilement en chassant les gerbes[8], choisit de ne pas se replier à la vue d'une formation de quatre cuirassés, sur laquelle il se rue en faisant feu de ses maigres 127. À 08 h 00, il lance ses dernières

8. « Chasser les gerbes » consiste à manœuvrer en se lançant au plus près du dernier impact d'une salve d'artillerie frappant l'eau, en anticipant sur l'arrivée de la suivante qui ne tombe jamais au même endroit. Les poilus de la Grande Guerre employaient la même tactique pour progresser sous le tir de l'artillerie allemande, en sautant d'une explosion d'obus à l'autre.

torpilles sur le cuirassé *Hasuna* dont il n'est distant que de 400 mètres. Encadré d'une multitude de gerbes mais miraculeusement indemne, il parvient à fuir en zigzaguant et en crachant des nuages de fumée.

L'*USS Hoel* n'a pas autant de chance, car le cuirassé *Kongo* et plusieurs croiseurs l'ont pris en chasse. Le destroyer va tirer cinq cents coups de ses 127, inopérants sur les puissants blindages des navires japonais. Il encaisse, quant à lui, une quarantaine de coups directs jusqu'à ce que, à 08 h 30, un projectile pénètre dans sa salle des machines et l'immobilise complètement. Cela équivaut à un arrêt de mort. À 08 h 50, son commandant donne l'ordre d'évacuer alors que son navire s'incline sur bâbord et commence à s'enfoncer. Il sombre à 08 h 35. Soixante-treize hommes seulement survivent sur un équipage de 325.

Les quatre petits escorteurs, de leur côté, ont reçu l'ordre d'attaquer à 07 h 50. On les appelle les « petits loups » par opposition aux « loups » que sont les destroyers. Et petits, ils le sont en effet, surtout face aux mastodontes japonais. Ils sont fragiles, avec une coque très mince, sans le moindre blindage, et n'ont même pas l'avantage de la vitesse. De surcroît, destinés à la lutte anti-sous-marine, ils n'ont jamais pratiqué ce type de combat. Mais c'est compter sans la résolution et même l'ardeur qui animent leurs équipages à la perspective d'une mission aussi folle. En fait, l'*USS Samuel B. Roberts* (commandé par le lieutenant de vaisseau R.W. Copland) avait déjà pris sur lui de se joindre aux destroyers, à la plus grande surprise de ceux-ci. Tout en faisant feu de ses canons, il a lancé ses torpilles sur des croiseurs lourds qui ont esquivé mais n'ont pas réussi à le toucher.

Les autres « petits loups » partent à leur tour à l'assaut, mais les destroyers japonais, qui ont rejoint, commencent à contre-attaquer. Leurs torpilles sont redoutables, deux fois plus puissantes que leurs homologues américaines[9]. Les petits bâtiments s'approchent follement près de leurs cibles, attaquant les croiseurs de leurs torpilles mais aussi de leurs canons (l'*USS Roberts* aura tiré au total 414 obus). Aux attaques des destroyers et des escorteurs s'ajoutent celles de l'aviation embarquée de Kinkaid qui harcèle sans cesse les bâtiments japonais. Nombre d'avions qui ont épuisé leurs munitions simulent des attaques pour saturer la DCA japonaise.

Tous ces assauts obligent les navires de Kurita à manœuvrer sans cesse et réussissent à retarder l'attaque des porte-avions qui ont commencé à s'esquiver, mais à 17 nœuds seulement. La menace japonaise se précise néanmoins quand les navires de Kurita gagnent de meilleures positions, en commençant à déborder la ligne des porte-avions en fuite. Leurs tirs se font dès lors plus précis. À 08 h 25, Sprague doit se résoudre à relancer ses destroyers. À 08 h 50, l'*USS Dennis* est sévèrement touché ainsi que l'*USS Roberts*, qui doit être évacué une heure plus tard après avoir été éventré par plusieurs obus de gros calibre. Il commence à s'enfoncer par l'arrière. Au terme d'un duel inégal contre le croiseur lourd *Chikuma*, l'*USS Heermann* est atteint à son tour par une salve.

Cependant, Kurita n'oublie pas les porte-avions, contre lesquels il lance ses destroyers torpilleurs sous

---

9. La torpille japonaise type 93 surnommée *Long Lance* par les Américains est la plus perfectionnée de la Seconde Guerre mondiale. Longue de 9 mètres et pesant 2,7 tonnes (490 kilos d'explosifs), elle file à 49 nœuds, une vitesse quasiment imparable.

la conduite du croiseur léger *Yahagi*. Le *Johnston* essaie en vain de s'interposer. Environné de navires ennemis, écrasé sous les obus, il s'incline fortement avant de sombrer. Plus de la moitié de son équipage périt avec lui.

Les porte-avions échappent aux torpilles[10], mais l'*USS Kalinin Bay*, placé en queue de formation, est touché à 07 h 50 en dépit des torrents de fumée qu'il déploie dans sa fuite. D'autres sont frappés à leur tour et ne doivent leur salut qu'aux averses qui les dérobent sans cesse à la vue de l'ennemi. Lui aussi en queue de formation, pris pour cible à la fois par le cuirassé *Haruna* et les croiseurs lourds *Chikuma* et *Tone*, l'*USS Gambier Bay* est criblé d'obus en dépit des efforts héroïques des destroyers pour détourner les tirs. À 08 h 45, il est stoppé et commence à s'enfoncer, tandis que ses assaillants redoublent d'ardeur. Cinq minutes plus tard, l'ordre d'évacuation est donné. Il coule à 09 h 07 après s'être couché sur bâbord.

Le désastre est proche. L'amiral Sprague, embarqué sur le porte-avions d'escorte *USS Fanshaw Bay*, écrira qu'il se préparait à mourir ou, à tout le moins, à nager au milieu des requins lorsqu'un timonier à la passerelle s'exclame : « Nom de Dieu ! Ils foutent le camp ! » Il est alors 09 h 25. Quelques minutes plus tard, des avions confirment la stupéfiante nouvelle : les Japonais s'éloignent bel et bien !

Kurita a pris cette décision à 09 h 11 et les raisons de ce véritable coup de théâtre font aujourd'hui

10. Fait rarissime, un canonnier de l'*USS Saint-Lo* réussit à faire exploser une torpille se dirigeant sur son bâtiment.

encore débat. N'avait-il pas partie gagnée ? Il semble qu'il ait cru qu'il avait devant lui non pas une faible escadre de porte-avions légers, pas même escortés, mais des porte-avions lourds faisant semblant de fuir pour l'attirer dans un piège, soit dans le golfe de Leyte soit au retour dans le détroit de San Bernardino. Son escadre dispersée, ses lourdes pertes (dont le super-cuirassé *Musashi*), le manque de visibilité, l'attaque des destroyers – si téméraire qu'il a cru avoir affaire à des croiseurs[11] –, son très mauvais soutien aérien, le fait qu'il croie avoir infligé de lourdes pertes à l'ennemi (il pense avoir coulé deux porte-avions lourds et deux croiseurs lourds), le débarquement sur Leyte qu'il croit terminé : autant d'éléments d'appréciation qui ont conduit sa décision. D'ailleurs, il n'a pas reçu les messages d'Ozawa l'informant que celui-ci était engagé par la IIIe flotte de Halsey.

Mais Kurita ne savait-il pas que cette grande bataille navale était la dernière ? Que lui servait dès lors d'économiser ses forces ? Anéantir la VIIe flotte avant d'être anéanti soi-même, n'était-ce pas une belle fin à la japonaise ? C'est que, pour Kurita comme pour tous ceux qui sont impliqués dans cet affrontement gigantesque, la bataille n'est pas finie. Il n'a pas tort de craindre que le détroit de San Bernardino va lui être bientôt interdit car, depuis 11 h 00, Halsey a dû suivre les ordres de Nimitz et se résoudre à faire demi-tour. Il arrivera trop tard pour intercepter Kurita.

La bataille du golfe de Leyte se prolonge jusqu'au 26 octobre et se solde, pour le Japon, par une terrible

11. Et, par conséquent, à des bâtiments escortant des porte-avions lourds.

défaite : le débarquement américain dans les Philippines n'a pas pu être empêché et 305 000 tonnes de navires ont été perdues[12] contre 37 000 pour les États-Unis[13]. La marine japonaise a définitivement cessé de constituer une menace sérieuse.

Les Japonais ne s'avouent pas vaincus pour autant. Déjà, dans le ciel de Leyte, une nouvelle menace est apparue qui est celle des actions kamikazes[14], sous le nom évocateur d'« attaques spéciales ». Au fil des années, les pertes grandissantes de l'aviation japonaise ont conduit à l'idée de ces attaques qui exaltent l'idéologie du sacrifice de soi. L'amiral Onishi, concepteur du corps des kamikazes, en résume ainsi la doctrine d'emploi : « Si nos pilotes sont à terre, ils périssent dans les bombardements ; dans les airs, ils sont abattus. C'est triste, trop triste. Laisser ces jeunes gens mourir en beauté, tel est l'esprit de l'unité spéciale par choc corporel. Accorder une belle mort, c'est faire preuve de compassion. »

Le 25 octobre, les porte-avions d'escorte qui ont si bien échappé à Kurita (sauf un) sont la cible de deux « attaques spéciales ». C'est d'abord une escadrille de cinq Zero qui survient. Un kamikaze s'écrase sur le porte-avions *USS Santee*, puis c'est au tour de l'*USS Suwannee* d'être touché. Pour déjouer les radars, les avions suicides volent d'abord au ras de l'eau, puis

12. Ce sont ses derniers porte-avions (1 lourd et 3 légers), 3 cuirassés, 10 croiseurs dont 6 lourds, une dizaine de destroyers, 5 sous-marins.

13. Et 1 000 avions contre 200.

14. *Kamikazé* est un mot composé (« dieu » + « vent ») signifiant « vent divin », en souvenir de deux typhons providentiels qui, en 1274 et 1281, auraient sauvé le Japon de l'invasion mongole.

grimpent à 1 700 mètres avant de plonger à la verticale sur leur objectif. Plus tard dans la matinée, une seconde escadrille de kamikazes surgit. L'*USS Kitkun Bay* est touché. À 10 h 50, un kamikaze frappe de plein fouet le pont d'envol de l'*USS Saint-Lo*[15], le transperce et explose dans le pont-hangar en déclenchant un énorme incendie. Celui-ci ne peut être maîtrisé et atteint la soute des torpilles et des bombes, qui explosent. L'incendie est général. L'*USS Saint-Lo* sombre à 11 h 25.

Les kamikazes sont en train de réussir ce que les cuirassés et les croiseurs de Kurita n'ont pu faire. Médusés, les Américains croient d'abord qu'il s'agit d'actes isolés, mais il apparaît vite qu'un nouveau type de guerre est en train de tomber du ciel.

---

15. L'*USS Saint-Lo* est un porte-avions d'escorte de 10 902 tonnes à pleine charge. Lancé en janvier 1943 et d'abord baptisé *Midway*, il a été renommé *Saint-Lo* en mémoire de la dure bataille qui venait d'être menée en Normandie à Saint-Lô.

Sonderkommando Elbe

À la fin de l'hiver 1944-1945, la Luftwaffe n'est plus que l'ombre d'elle-même. Elle ne dispose plus que d'une poignée de pilotes expérimentés, survivants de six années de guerre ininterrompue, et ses avions n'ont plus d'essence[1]. Depuis le début du conflit, elle a perdu 71 000 avions et 44 000 hommes, tués ou disparus. Sa dernière grande offensive stratégique, l'opération *Bodenplatte* qui, le 1er janvier 1945, visait à détruire les bases aériennes alliées au sud des Pays-Bas, à l'est de la Belgique et dans le nord-est de la France, s'est soldée par un grave échec. Elle a perdu 304 avions et 238 pilotes, morts ou capturés, contre 300 pertes alliées aussitôt remplacées.

La Luftwaffe, de surcroît, n'a pas su jouer sa dernière carte : l'avion à réaction. Les recherches, menées dès 1937, avaient abouti à un premier vol expérimental, en 1942, du Messerschmitt 262 (Me-262), un biréacteur volant à 870 km/h, armé de quatre canons de 30 mm

1. Le 8 mai 1945, la Luftwaffe comptait encore 3 500 appareils en état de vol, presque tous cloués au sol par manque d'essence. Dans les semaines ayant précédé la capitulation, il n'était pas rare de voir des bœufs remorquer des avions jusqu'au point de décollage.

et surclassant les appareils ennemis[2]. Le besoin d'un tel avion ne s'était alors pas fait sentir et sa production en série n'avait pas été envisagée.

À partir de 1944, face aux bombardements alliés qui se multiplient au-dessus de l'Allemagne, la donne change, en faisant apparaître la nécessité d'un avion d'interception rapide. Le choix du Me-262 s'impose dès lors, mais une querelle de doctrine d'emploi surgit. Adolf Galland, as de la Luftwaffe (104 victoires homologuées), couvert de décorations, le plus jeune général de la Wehrmacht et inspecteur de la chasse à partir de 1942, ne cesse de harceler Göring pour que la Luftwaffe se consacre pleinement à la défense des villes allemandes. Il essaie le Me-262 en avril 1943 et perçoit tout de suite ses avantages comme avion d'interception. Contre cette évidence, Hitler, comme à son habitude, ne veut pas entendre parler de défensive mais d'offensive. Dans cet esprit, il veut faire du Me-262 un bombardier rapide – ce qui n'est absolument pas sa vocation. Évidemment, Göring dit la même chose.

Galland a dû peser de tout son poids pour qu'une unité expérimentale de Me-262 d'interception soit constituée à l'automne 1944. Limogé de sa fonction de *General der Jagdflieger* à la suite de l'opération *Bodenplatte*, il obtient de constituer et de diriger en personne la *Jagverband 44* (JV 44), une unité essentiellement composée de Me-262. Les meilleurs pilotes se sont portés volontaires pour avoir l'honneur d'être sous son commandement. Ce n'est qu'à cette date qu'il est enfin décidé

---

2. Le plus proche – mais seulement à partir de 1943 – est le P-51 Mustang, qui peut voler à 700 km/h.

d'employer tous les Me-262 dans la défense du ciel allemand[3]. Trop tard, évidemment. Pour l'heure, les bombardiers britanniques et américains déversent impunément leurs bombes sur l'Allemagne : 41 500 tonnes en 1942, 206 000 en 1943, 1 202 000 en 1944... Le 3 février 1945, Berlin subit son bombardement le plus important lorsque 1 112 bombardiers américains larguent 2 800 tonnes de bombes sur la ville[4]. Dix jours plus tard, à 22 h 45, 245 bombardiers lourds Lancaster de la RAF répandent leurs bombes explosives et incendiaires sur Dresde, qui ne comportait aucun objectif militaire ou industriel. Le premier raid n'est que le prélude, au milieu de la nuit, à un second de 529 Lancaster qui lancent à leur tour 3 000 bombes. La ville qu'on surnommait « la Florence de l'Elbe » n'est plus qu'un océan de feu. Pour faire bonne mesure, le lendemain, à midi (les Américains bombardent le jour et les Britanniques

---

3. Environ 1 000 unités vont cependant être mises en production, mais 350 seulement aboutiront à leur phase opérationnelle. Excellent en tant que « tueur de bombardiers », le Me-262 est malhabile dans les combats tournoyants (trop grand rayon de virage) et vulnérable en phase d'atterrissage (du fait de sa longue décélération). C'est là que les chasseurs alliés l'attendent.

Tout aussi tardivement, le IIIe Reich met en fabrication d'autres avions à réaction, comme le bombardier biréacteur Arado-234. Dans sa version de reconnaissance, celui-ci survole les plages du débarquement en Normandie le 2 août 1944 puis les jours suivants, en prenant d'impeccables photographies de la côte, du port d'Arromanches et des terrains d'atterrissage situés en arrière.

Il y a aussi le Me-163 B Komet pourvu d'un moteur-fusée, plutôt un appareil expérimental plus dangereux pour ses pilotes que pour l'ennemi.

4. Berlin aura subi, au total, le nombre ahurissant de 363 bombardements aériens.

la nuit), 450 B-17[5] déversent 771 tonnes de bombes supplémentaires. Cette ville de 500 000 habitants avait vu ce nombre quasiment doubler du fait des nombreux réfugiés, persuadés qu'elle ne constituait pas un objectif militaire. Le nombre des victimes fait encore débat, oscillant entre 30 000 et 135 000 morts.

La propagande de Goebbels a beau jeu d'appeler à la résistance, à la vengeance. C'est dans cette atmosphère que naît l'idée d'un coup d'éclat, une opération spéciale dont Hans-Joachim (dit Hajo) Herrmann va être le promoteur. Comme Galland, qu'il croise à l'état-major opérationnel de la Luftwaffe où il a été nommé, c'est un partisan inconditionnel des Me-262 en tant que chasseurs d'interception. « C'était notre dernier espoir », écrira-t-il. Comme Galland encore, il est d'abord un pilote de guerre, très décoré, qui a fait toutes les campagnes en commençant par la guerre d'Espagne, dans la légion Condor. Parallèlement, il s'est fait remarquer par ses rapports tactiques et ses idées novatrices en la matière. À la mi-1943, il a été le créateur de la chasse de nuit et, à la fin de cette même année, nommé inspecteur de la défense aérienne de la Luftwaffe.

C'est à ce poste qu'il entreprend de mettre sur pied une opération de type *Taran*, un mot russe qui signifie « bélier », au sens de l'éperonnement volontaire en plein ciel d'un avion par un autre. Pour être folle, cette opération n'est pas celle du kamikaze japonais, où le pilote

---

5. B-17 Flying Fortress : bombardier lourd quadrimoteur à long rayon d'action (3 220 kilomètres d'autonomie). Armé de treize mitrailleuses de 12,7 mm, il emporte 2 724 kilos de bombes. Son équipage est de dix hommes. Sa vitesse maximale est de 460 km/h à 7 600 mètres d'altitude ; son plafond, de 10 800 mètres.

est assuré de mourir. Elle est censée laisser au pilote *Taran* une chance de survie. Au début de la guerre à l'Est, la chasse soviétique ne disposait que d'avions Polikarpov I-16, révolutionnaires au milieu des années trente mais aussitôt surclassés par les Messerschmitt Bf-109[6]. Ils avaient cependant l'avantage de la maniabilité dans un combat tournoyant à basse altitude et étaient, en outre, rustiques et solides, ce qui n'était pas le cas des bombardiers moyens allemands dont les ailerons de direction et de contrôle étaient encore en bois entoilé. L'attaque *taran* consistait alors à hacher ces gouvernes avec la robuste hélice métallique du I-16. Nombre d'appareils allemands furent éperonnés de cette façon, et le lieutenant Boris Ivanovitch Kobzan se sera payé le luxe d'abattre quatre avions ennemis par *taran* en survivant à chaque fois.

Des pilotes d'autres pays en guerre, polonais, grecs, yougoslaves, japonais (autres que kamikazes), ont mené ce type d'attaque, souvent en y laissant leur vie. Fort de ces précédents, Hajo Herrmann fait le siège du bureau de Göring. En attendant que les Me-262 soient assez nombreux pour assurer la défense du ciel allemand, son idée est d'accomplir une action d'éclat propre à frapper l'esprit de l'ennemi, à créer un choc psychologique qui l'amènera à desserrer l'étau de ses raids sur l'Allemagne, en suspendant les bombardements de jour.

6. Le Messerschmitt Bf-109 est le chasseur le plus utilisé par la Luftwaffe. Décliné en de nombreuses versions, il a été produit à 35 000 exemplaires (les deux tiers de la construction totale d'avions de chasse en Allemagne). Dans sa version G6, il est doté d'un puissant moteur Daimler-Benz de 12 cylindres en V inversé développant 1 475 chevaux, et vole à 653 km/h (à 8 700 mètres). Son plafond est de 12 000 mètres. Il est armé d'un canon de 20 mm, installé dans le moyeu de l'hélice, et de deux mitrailleuses de 13 mm dans les ailes.

Ce n'est qu'en février 1945 que Göring obtient l'autorisation du Führer. Un appel à volontaires est diffusé dans les unités de la Luftwaffe le 8 mars 1945, signé du *Reichsmarschall*. Le texte est solennel : « La bataille décisive pour le Reich, pour notre peuple, pour notre patrie a atteint son point critique. Pratiquement le monde entier est contre nous (...). Je m'adresse à vous pour sauver la vie de notre nation. Je vous appelle à une opération qui ne comporte que de petites chances de retour (...). Camarades, une place d'honneur sera vôtre dans l'histoire glorieuse de la Luftwaffe. » Deux mille pilotes répondent à cet appel, pour la plupart de très jeunes hommes, entre 19 et 21 ans, et pour beaucoup encore en formation. Les vétérans cependant ne sont pas absents, que Herrmann écarte le plus souvent de la liste finale, à commencer par ceux qui sont les plus décorés. De toute façon, il n'y a pas de place pour tout le monde, et faute d'avions, faute d'essence, faute d'infrastructures, l'opération montre vite ses limites. On avait d'abord parlé de mille avions, mais trois cents pilotes seulement sont sélectionnés.

Sous le nom officiel de *Schulungslehrgang Elbe* (« Stage de formation Elbe »), un centre d'entraînement est hâtivement aménagé à Stendal, à une centaine de kilomètres à l'ouest de Berlin, non loin de l'Elbe. Sur place, on parle plutôt du *Sonderkommando Elbe*, littéralement une « équipe spéciale ». Des Bf-109 (180 appareils au final) seront allégés au maximum, dépourvus de leur blindage et de leur armement, à l'exception d'une seule mitrailleuse approvisionnée à seulement soixante balles (en gros, une seule rafale). Dans ces conditions, tout duel est exclu. Le réservoir ne sera rempli qu'à moitié, puisque de toute façon l'avion ne pourra pas rentrer à sa base. De la sorte, les Bf-109 pourront grimper plus haut, un peu au-delà du plafond des chasseurs ennemis. Parvenus à 36 000 pieds (11 000 mètres), ils plongeront en piqué sur une formation de bombardiers, visant l'empennage de queue.

Les chances d'en réchapper sont sérieusement envisagées par les pilotes, qui se proposent d'éjecter leur cockpit juste avant l'impact pour pouvoir sauter en parachute. L'entraînement, et pour cause, est des plus sommaires. Il se réduit pour l'essentiel à une intense préparation idéologique et psychologique : « Vous êtes les défenseurs du peuple allemand. N'oubliez pas les femmes et les enfants morts dans les ruines de Dresde. »

Le 4 avril 1945, deux jours avant l'opération, l'as allemand de la Luftwaffe Heinrich Ehrler, 28 ans, titulaire de 208 victoires en près de 400 missions[7], pilote le nouveau et révolutionnaire Messerschmitt Me-262 à réaction, l'un des rares appareils à cette date qui s'emploient à défendre Berlin contre les vagues de bombardiers alliés[8]. Ce jour-là, Ehrler vient d'abattre deux B-24 Liberator et il en engage un troisième. C'est alors que son ailier, Theodor Weissenberger, le reçoit par radio : « Theo, ici Heinrich, j'ai abattu deux bombardiers. Je n'ai plus de munitions. Je vais percuter celui-là. Adieu. Rendez-vous au Walhalla[9] ! » Les deux appareils se percutent et s'écrasent. Ehrler est tué ainsi

7. Voir note 11 page 258.

8. Il reste des avions, mais peu de pilotes et moins encore de carburant.

9. Dans la mythologie nordique, le Walhalla est le séjour des guerriers les plus valeureux tués au combat. En compagnie du dieu Odin, ils se battent le jour et festoient la nuit.

que tout l'équipage du B-24 (Weissenberger, quant à lui, survivra à la guerre).

Dans la nuit du 6 au 7 avril 1945, les pilotes du *Sonderkommando Elbe* sont transférés de Stendal dans sept bases alentour. Herrmann conduit l'opération à partir de la tour de contrôle de Treuenbrietzen, au sud de Berlin. Le temps est clair et très froid quand l'ordre de décollage est donné. Les pilotes ne sont pas équipés de combinaison de vol et sont vite transis. Dans leurs casques retentissent des chants patriotiques entrecoupés de nouvelles exhortations. Mais où est l'ennemi ?

Pour l'USAAF, le 7 avril est un jour comme les autres : une formidable flottille de 1 300 bombardiers et 850 chasseurs d'escorte de l'*US 8th Air Force*[10] se dirige sur l'Allemagne. Les objectifs du jour sont nombreux et comportent notamment les aérodromes censés héberger les déjà redoutés Me-262. Cette vague immense avance en soixante formations séparées qui désorientent le centre de contrôle allemand. Les cibles sont trop nombreuses pour coordonner une attaque concentrée. Or les Bf-109 n'ont qu'un demi-plein d'essence et ne vont pas pouvoir longtemps attendre dans le ciel, à la merci des chasseurs d'escorte alliés. D'ailleurs, beaucoup d'appareils sont en mauvais état et incapables de grimper jusqu'à l'altitude requise. C'est le cas de l'appareil de l'aspirant Franz-Josef Schmidt dont le train d'atterrissage refuse de se rétracter. Il peut de justesse retourner à sa base, où il demande un autre avion. Il dira qu'on lui donne

10. Celui qui commande alors la *8th USAAF* n'est autre que James H. Doolittle.

alors un Bf-109 plus vieux encore, avec lequel il ne peut rejoindre les autres. Attaqué par un chasseur américain, il est contraint d'opérer un atterrissage de fortune en secteur ennemi, où il est fait prisonnier. Il en va de même pour le sergent-chef Müller, un vétéran pourtant, pris à partie par trois Thunderbolt[11] quelques minutes seulement après son décollage et aussitôt abattu. Bientôt Herrmann ne contrôle plus rien du tout. Les actions ne vont pouvoir être qu'individuelles.

La première vague de bombardiers est composée de B-24 Liberator[12]. Loin au-dessus de la formation, le Bf-109 du caporal Heinrich Rosner entame sa plongée. D'abord, il opère un véritable slalom au milieu des B-24 comme un requin qui cherche sa proie. Après un large virage, il choisit de foncer droit sur le bombardier de tête, *Palace of Dallas*. Éberlués par cette manœuvre totalement inhabituelle, les mitrailleurs n'ont guère le temps d'ouvrir le feu. Le Bf-109 percute de plein fouet le cockpit qui se désintègre. Le choc est si violent que l'avion allemand, une aile arrachée, est propulsé sur un autre B-24. Tandis que les deux bombardiers s'abattent, Rosner, que le choc a d'abord rendu

---

11. P-47 Thunderbolt : chasseur américain de premier plan, engagé en Europe à partir d'avril 1943. Doté d'une grande vitesse ascensionnelle et armé de huit mitrailleuses de 12,7 mm. Grâce à son autonomie (3 000 kilomètres), il peut escorter les bombardiers lourds. Sa grande robustesse est devenue légendaire.

12. Avec le B-17, le B-24 est le principal bombardier lourd de l'USAAF. C'est un quadrimoteur à l'autonomie de 3 400 kilomètres qui emporte 5 800 kilos de bombes (plus du double de l'emport du B-17) et est armé de dix mitrailleuses de 12,7 mm. Son équipage est de dix hommes. Il aura été construit à 18 188 exemplaires (contre 12 700 B-17).

inconscient, réussit à s'extraire de son avion en torche et à sauter en parachute. Il est miraculeusement indemne.

Les vagues d'assaut suivantes sont attaquées à leur tour. Heinrich Henkel se précipite sur le B-24 Sack-time, dont il percute la queue en utilisant son aile et son hélice comme une faux. Le mitrailleur de queue n'a eu que le temps de hurler : « Bandit à cinq heures ! » à la vue du bolide qui se précipite sur lui. C'est une masse de 2,7 tonnes qui, à 620 km/h, percute le B-24, arrachant la queue et trouant le fuselage arrière. Henkel s'évanouit sous le choc. Devant le pilote du bombardier abasourdi passe au ras du cockpit en tournoyant l'épave du chasseur allemand. Son pilote a également beaucoup de chance. Quand il revient à lui, les ailes de son appareil se sont arrachées, mais il parvient tout de même à sauter du cockpit. « Je me suis légèrement égratigné quand j'ai touché le sol », consignera-t-il dans son rapport. L'équipage du B-24 s'en sort également. Le bombardier en perdition peut être maintenu en vol après s'être débarrassé de ses bombes. Deux chasseurs Mustang[13] l'escortent jusqu'à la Belgique, mais il n'est pas en état d'atterrir. L'équipage saute en bon ordre avant le crash de l'appareil.

Les équipages des B-17 qui suivent croient d'abord qu'il s'agit d'avions ennemis désemparés, mais ils comprennent vite. Il en va de même pour les chasseurs d'es-

13. P-51 Mustang : chasseur américain de la nouvelle génération. Sa vitesse supérieure à 700 km/h et ses six mitrailleuses de 12,7 mm lui permettent de supplanter les meilleurs chasseurs allemands. Très polyvalent, le Mustang escorte les bombardiers lourds sur l'Allemagne grâce à des réservoirs supplémentaires. Il aura été produit à 15 586 exemplaires.

corte qui se ressaisissent et s'emploient à empêcher une seconde attaque lorsqu'un Bf-109 a manqué son objectif. De nombreux pilotes allemands se donnent la mort en percutant leur objectif sans tenter d'en réchapper. Le sous-officier Klaus Hahn a, lui aussi, choisi de sacrifier sa vie, mais le destin en décide autrement. Après avoir décollé, il s'est trouvé isolé avant d'être attaqué par quatre Mustang. Il est gravement blessé au bras gauche, tandis que son avion pique vers le sol. C'est alors qu'il aperçoit une formation de B-17. Perdu pour perdu, autant en entraîner un dans sa chute. Ne pouvant plus piloter que d'un bras, il parvient néanmoins à percuter la queue d'un bombardier. Son aile gauche arrachée reste fichée dans le B-17. Évanoui, Hahn a été éjecté de son avion. Il reprend conscience après un long temps de chute libre et parvient à ouvrir son parachute *in extremis*. Il va perdre un bras mais conserver la vie. De son côté, le bombardier américain désemparé a quitté sa formation pour ne pas risquer d'entraîner d'autres appareils dans sa chute. Son pilote fait des efforts inouïs pour ne pas être contraint d'atterrir en Allemagne. Après avoir volé un temps vers l'ouest, il doit atterrir en catastrophe, craignant les pires représailles. Nouveau coup de chance : les Américains viennent tout juste de s'emparer du terrain.

Le sacrifice des pilotes du *Sonderkommando Elbe* n'aura pas suffi à assurer le succès de la mission du 7 avril. Ce sera d'ailleurs la seule, alors que le IIIe Reich est à un mois de la capitulation. Cent quatre-vingt avions pour partir à l'assaut de 1 300 bombardiers, c'était déjà peu, mais sur ce nombre 60 ont dû revenir à leur base ou atterrir sans avoir pu remplir leur mission ; 47 autres ont été abattus par la chasse américaine et 6 par les mitrailleurs des bombardiers. Seule, finalement, une poignée de pilotes a réussi à percuter un B-17 ou un B-24. L'USAAF fera état d'une douzaine de bombardiers abattus tandis que la Luftwaffe en revendiquera le double, soit entre 1 % et 2 % des bombardiers qui frappèrent le Reich ce jour-là. Ce n'était sûrement pas de cette manière que les bombardements stratégiques sur l'Allemagne allaient être découragés.

Le suicide du *Yamato*

Au printemps 1945, le Japon a virtuellement perdu la guerre. Toutes ses grandes villes sont écrasées sous les bombes et son potentiel industriel est détruit à 80 %. L'empire du Soleil-Levant ne s'avoue pas pour autant vaincu. Okinawa est le dernier objectif avant l'invasion de l'archipel japonais proprement dit. Les moyens mis en œuvre par les forces américaines sont gigantesques, ne réunissant pas moins de trois *task forces*. La flotte de débarquement proprement dite, la TF 51, est forte de 1 205 navires, dont 18 porte-avions d'escorte et 10 cuirassés. Elle est chargée de débarquer trois divisions de *marines* et quatre divisions de l'US Army (172 000 hommes). La protection de l'opération est assurée par la TF 58 avec ses 18 porte-avions lourds (1 350 avions), 8 cuirassés, 2 croiseurs lourds, qu'entoure une nuée d'escorteurs. Une *task force* britannique de 4 porte-avions, 2 cuirassés, 7 croiseurs et 15 destroyers vient encore grossir cette immense armada.

Face à un tel déploiement, les Japonais n'ont pratiquement plus rien à opposer, sinon leur acharnement à se défendre. Les débarquements qui commencent le 1er avril préludent à un affrontement de trois mois au cours duquel les soldats nippons vont se défendre pied à pied, en se faisant tuer sur place. Un commandant de *marines* écrira : « Aidés par l'artillerie navale, nous déversions une quantité inouïe de projectiles sur leurs positions. Il semblait que rien ne pouvait survivre dans ce chaos calciné, mais, dès que nous reprenions notre avance, les Japs étaient là, plus enragés que jamais. »

Le haut commandement nippon, qui a perdu ce qui lui restait d'aéronavale lors de la bataille de Leyte (octobre 1944) et qui a lancé à cette occasion ses premières actions kamikazes, a décidé de systématiser les attaques-suicides. Au large d'Okinawa, les kamikazes attaquent. Le 6 avril, une première vague de 355 avions-suicides prélude à neuf autres grandes vagues qui vont s'abattre sur la flotte américaine pendant trois mois. Neuf cents avions-suicides seront abattus sans pouvoir franchir le véritable mur de feu que dresse la DCA américaine. Cependant, quinze navires vont être coulés et des centaines endommagés, dont quatre porte-avions sévèrement touchés ; 5 000 marins américains vont être tués et 5 000 autres blessés, le plus souvent gravement brûlés. L'effet psychologique produit est catastrophique, car les Américains ne comprennent pas ce type de guerre. La presse américaine, qui d'ordinaire rend un compte assez exact des opérations, garde un temps secrète l'apparition des kamikazes.

Une idéologie kamikaze s'installe, qui invite le pays tout entier à sacrifier sa vie contre l'envahisseur. Il ne s'agit pas tant de remporter une victoire à laquelle on ne croit plus guère que de sauver l'honneur de la nation. La marine impériale s'est mise au diapason en concevant des vedettes-suicides (*Shinyo*) de 6 mètres de long, filant 30 nœuds et munies d'une proue portant 300 kilos d'explosifs. Quatre cents d'entre elles sont employées à

Okinawa et plus de 5 000 sont gardées en réserve pour l'ultime défense des côtes japonaises. Des sous-marins de poche-suicides (*Kaiten*[1]), conçus autour d'une torpille Type 93 (le triple d'une torpille classique), sont inventés.

C'est dans cet esprit qu'est décidé, au tout début de la bataille d'Okinawa, le sacrifice du supercuirassé *Yamato*. Son nom a été puisé dans la poésie japonaise médiévale (« C'est un beau pays que le pays de Yamato ») et il est un emblème dans tout le Japon. D'une certaine façon, sa fin et celle du pays ne font qu'une.

Mis sur cale en 1937, lancé en juillet 1940, il est le premier de la génération des quatre cuirassés les plus puissants du monde[2]. Armé le 16 décembre 1941, il surclasse de loin à la fois les deux grands cuirassés allemands *Bismarck* et *Tirpitz* (46 000 tonnes et 8 pièces de 380 mm) et les cuirassés américains de la classe *Iowa* (49 000 tonnes et 9 pièces de 406 mm). Avec une longueur de 263 mètres, une largeur de 39 mètres et un déplacement de 67 000 tonnes, il est armé principalement de trois tourelles triples de 457 mm, les plus gros canons jamais embarqués, portant à 44 kilomètres[3]. Ce calibre a été tenu secret et ne sera connu des Alliés qu'après 1945. S'y ajoutent quatre tourelles triples de

1. *Kaiten* : « départ pour le ciel ».

2. Il n'y en aura finalement que deux : le *Yamato* et le *Musashi*, son *sistership* coulé le 24 octobre 1944, lors de la bataille de Leyte. Un troisième, le *Shinano*, a été converti en porte-avions après la bataille de Midway et coulé par un sous-marin américain lors de ses essais. Le quatrième ne sera jamais achevé.

3. Un obus pèse 1 462 kilos.

155 mm, douze canons jumelés DCA de 27 mm ainsi que d'autres pièces antiaériennes d'un moindre calibre. Pour servir un tel monstre capable de filer 27 nœuds, un équipage de 2 750 hommes est nécessaire. Son blindage (un tiers du poids total à vide) et ses 1 150 compartiments étanches lui confèrent la réputation d'être insubmersible.

Ce géant des mers, à l'image des ambitions japonaises à la veille de la guerre, a répondu à une conception de la guerre maritime très vite dépassée. Le *Yamato*, comme les vingt-sept autres navires de ligne de la marine impériale, était destiné à vaincre au terme d'une bataille géante et décisive, un duel à l'ancienne de cuirassés et de croiseurs lourds, là où en effet les canons du *Yamato* et du *Musashi* auraient pu faire la différence. Toutefois, très vite, la guerre sur mer s'est menée « au-delà de l'horizon », par porte-avions interposés. D'ailleurs, l'amiral Yamamoto s'était montré hostile à la construction des supercuirassés, en voulant privilégier l'aéronavale. Le cuirassé *HMS Prince of Wales*, le plus moderne de la Royal Navy, et le croiseur lourd *HMS Repulse*, envoyés par le fond le 11 décembre 1941 par les avions japonais, avaient pourtant démontré la vulnérabilité de ce type de navires en l'absence d'une forte couverture aérienne.

Et c'est pourtant ce qui est décidé pour la dernière sortie du *Yamato* – jusqu'alors sous la protection de l'aviation lors de ses engagements dans la guerre du Pacifique (il a même été le navire amiral de Yamamoto pendant la bataille de Midway). Mais d'aéronavale, en avril 1945, il n'y en a plus pour l'opération *Ten'Ichigo*[4]. Une flotte composée du *Yamato*, escorté par le croi-

4. Opération *Ten'Ichigo* (« N° 1 au Paradis »), dite aussi *Ten'Go*.

seur léger *Yahagi* et par huit destroyers, a pour mission-suicide de faire route sur Okinawa et d'y attaquer les navires américains devant les plages avant d'aller se saborder par petit fond, en préservant sa capacité de tir. Après qu'il aura épuisé toutes ses munitions, ainsi transformé en batterie côtière, il enverra à l'attaque son équipage mué en troupe d'assaut. Ce plan parfaitement irréaliste a été aussitôt critiqué par l'amiral Ito, chargé de commander la maigre flotte sans la moindre protection aérienne. Tous les chefs militaires ne sont pas partisans des missions-suicides. L'amiral Kusaka, chef de l'état-major, a dû se déplacer depuis Tokyo pour lui rappeler son devoir.

Le *Yamato* et son escorte appareillent de Tokuyama dans la mer intérieure, l'après-midi du 6 avril, prenant la direction au sud du détroit de Bungo. Toujours plein sud, les navires commencent à doubler la côte est de Kyushu. Ils ne tardent pas à être aperçus par deux sous-marins américains. Précédé du *Yahagi* et entouré de ses destroyers, le *Yamato* progresse à 20 nœuds. Sa formidable masse ne roule ni ne tangue. « Même sur le pont, nous avons l'impression d'être sur la terre ferme », note l'enseigne Mitsuru Yoshida. Né en 1923, mobilisé en 1943 dans la marine impériale et presque aussitôt embarqué sur le *Yamato,* il est officier de pont, assistant de l'officier radar. Il raconte l'ambiance surréaliste qui règne à bord après que les officiers – et seulement eux – ont été enfin informés de l'opération *Ten'Ichigo*. Celle-ci est présentée comme une attaque de la flotte d'invasion à Okinawa, le jour J étant fixé au 8 avril.

Des B-29[5] passent régulièrement très au-dessus de la formation. L'équipage est invité à écrire à sa famille. « Qu'il est difficile d'écrire une lettre qui ne sera lue qu'après sa mort », note Yoshida.

À l'aube du 7 avril, les navires doublent Kyushu et mettent cap à l'ouest pour tenter de masquer leur route au sud qu'ils reprennent une heure et demie plus tard. Dès lors, l'objectif d'Okinawa est clairement affiché pour la *Task Force 58* qui croise à distance. À partir de 10 h 00, onze de ses porte-avions catapultent en plusieurs vagues 386 avions. Ce sont d'abord des chasseurs Hellcat[6], suivis de bombardiers en piqué Helldiver[7], puis de bombardiers torpilleurs TBF Avenger[8]. Au cas où cette attaque aérienne ne suffirait pas, une escadre de 6 cuirassés, de 7 croiseurs et de 21 destroyers se tient prêt à intercepter le *Yamato*. La nuée des avions américains vole vers son objectif en toute tranquillité. Il n'y a pas un seul appareil japonais dans le ciel.

À 12 h 00, le *Yamato* n'est encore qu'à la moitié de son parcours. Il vient tout juste de quitter les eaux amies. La visibilité est mauvaise, avec une pluie qui

---

5. B-29 Superfortress : bombardier stratégique de l'USAAF, mis en service en mai 1944. C'est le plus gros des avions construits pendant la Seconde Guerre mondiale. Avec quatre moteurs de 2 200 chevaux et onze membres d'équipage, il emporte 9 tonnes de bombes.

6. Voir note 9 page 255.

7. Helldiver (SB2C Curtiss) : bombardier en piqué biplace de l'US Navy, très rapide, au moteur surpuissant, armé de deux canons de 20 mm, de deux mitrailleuses de 7,62 mm vers l'arrière, emportant 900 kilos de bombes en soute, plus une bombe de 225 kilos sous chaque aile.

8. Voir note 2 page 87.

tombe en rafales. À 12 h 20, ses radars signalent une importante formation aérienne qui se dirige vers lui. À 12 h 32, une vigie hurle : « Deux avions par bâbord avant ! » Ce ne sont que les premiers d'une trentaine d'appareils qui s'abattent sur le *Yamato* et son escorte. Les bâtiments japonais font feu de toutes leurs pièces DCA et accélèrent leur vitesse tout en manœuvrant en zigzags. Les bombardiers en piqué Helldiver attaquent d'abord pour que l'attention de la DCA se détourne des torpilleurs qui volent au ras des flots. Edward Albert Sieber, pilote d'une escadrille de Helldiver embarquée sur le *USS Bennington*, témoigne[9]. Son avion émerge des nuages à 6 000 mètres pour piquer à 90° sur le *Yamato* qui semble immobile sur les flots alors qu'il évolue au maximum de sa vitesse en tentant des manœuvres d'esquive. Mais il n'a pas l'agilité d'un destroyer. « Je fais feu de tout mon armement, en tirant huit roquettes de 127 mm et des obus de 20 mm, tout en larguant mes quatre bombes à environ 460 m (...). Nos bombes [celles de Sieber et de ses deux coéquipiers] explosent au pied de l'îlot de commandement, détruisant la station radar et déchiquetant le pont à hauteur de la tourelle n° 3, perforant deux étages. Leur explosion a déclenché un

9. Edward Albert Sieber a accordé très tardivement (à 91 ans) une interview à la revue *Guerres et Histoire*. Né en 1923, il a rejoint l'US Navy en 1943 après avoir entamé des études d'ingénieur en aéronautique. Au terme de trente et une missions de guerre qui lui ont valu de nombreuses décorations, il a été démobilisé en 1945 et a réussi non sans mal à décrocher un emploi de pilote de ligne. Celui qui l'embauche, lui-même ancien combattant de l'Air Force, le prévient : « Ne parlez jamais de la guerre, c'est compris ? La dernière chose dont j'ai besoin, c'est qu'on apprenne que j'ai embauché un pilote de bombardier en piqué pour faire voler un avion de ligne ! »

feu à l'avant du *Yamato* que les équipes anti-incendie, probablement décimées et désorganisées, ne sont jamais parvenues à éteindre (...). Je rétablis à 300 mètres et je change sans cesse de direction pour désorienter les artilleurs (...). Nous avons juste eu de la chance de sortir de cet enfer. Notre Helldiver est criblé d'éclats, mais il vole toujours. »

Outre les bombes, une première torpille atteint le *Yamato,* sans dommage. Dans le même temps, deux destroyers sont mis hors de combat dont le *Hamakaze,* frappé d'une torpille, qui coule aussitôt. Les deuxième et troisième vagues font intervenir chacune une centaine d'avions qui concentrent leurs frappes sur le *Yamato.* Huit torpilles et une quinzaine de bombes l'atteignent. Ses superstructures et, par suite, ses communications internes sont détruites. Nombre d'officiers de navigation ou de conduite de tir sont tués. Le géant des mers est de moins en moins en mesure de se défendre et doit se contenter d'encaisser les coups. Ses seules pièces demeurées intactes, les terrifiants canons de 457 mm, ne lui sont d'aucun secours contre ces nuées d'avions. Le *Yahagi,* frappé de plusieurs torpilles, chavire et sombre à 14 h 05. Trois nouveaux destroyers sont touchés.

Les vagues suivantes se ruent à la curée. Le *Yamato* ne peut supporter indéfiniment l'impact des torpilles et des bombes. La dévastation règne sur les ponts du géant, où se mêlent dans les incendies, la fumée et le sang, ferrailles tordues et cadavres, ou plutôt débris humains. Le *Yamato,* que la plupart des torpilles de 900 kilos ont atteint à bâbord, commence à donner de la gîte. Le navire menace de chavirer. Les chaudières et la salle des machines tribord sont volontairement noyées pour éviter le pire, mais la vitesse tombe à 10 nœuds et le grand navire s'enfonce dangereusement dans l'eau. Les attaques redoublent.

À 14 h 02, il est définitivement désemparé. L'amiral Ito « met fin à l'opération » et donne l'ordre d'évacuer le bâtiment. Trop tard pour ceux, les plus nombreux, qui se trouvent prisonniers des entreponts alvéolés de multiples portes étanches verrouillées depuis le début de l'attaque. Pour celui qui réussit à se jeter à la mer ou plutôt dans le mazout et les débris de toutes sortes, il faut s'éloigner d'au moins 150 mètres pour ne pas être aspiré vers le fond quand le navire coulera.

Au terme d'une attaque où il a encaissé un total de 23 bombes et de 12 torpilles, le *Yamato* commence à sombrer. À 14 h 23, il explose subitement dans une énorme boule de flammes qu'on aperçoit de Kagoshima, à la pointe sud de Kyushu. Un gigantesque panache de fumée noire s'élève dans le ciel jusqu'à 6 000 mètres. Le magasin des munitions qui vient ainsi de sauter a probablement été mis à feu par des obus de 460 mm déjà munis de leurs fusées et glissant hors de leurs magasins du fait de la gîte. Il ne reste plus à la surface que trois destroyers, endommagés, qui s'évertuent à recueillir les survivants. L'enseigne Yoshida[10] est de ceux-là – il a vécu des heures terribles au milieu du mazout, en voyant se noyer autour de lui nombre de naufragés trop épuisés pour survivre[11]. Deux cent quatre-vingts marins seule-

10. Yoshida publie ses *Mémoires* en 1952 et décède en 1979 après une carrière à la Banque du Japon.

11. Pour pouvoir plonger et nager sous la nappe de mazout, il faut avoir la présence d'esprit et le sang-froid de se débarrasser de son gilet de sauvetage. Et encore faut-il que le mazout ne soit pas en flammes.

ment sont sauvés, sur les 2 498 que comptait l'équipage. Les amiraux Ito et Ariga (le commandant) sont morts avec leur navire. Au total, 3 665 marins japonais ont trouvé la mort dans cette folle aventure. Okinawa était encore à 200 kilomètres[12].

12. Photographies sur Wikimedia Commons/Japanese Battleship Yamato.
La fin du *Yamato* marque toujours les mémoires au Japon. Un *Yamato Museum* a été inauguré en 2005 à Kure (préfecture de Hiroshima), à l'emplacement des docks où le supercuirassé avait été construit. Ce musée est célèbre pour sa maquette géante du *Yamato* au 1/10e (près de 30 mètres de long).

IMAGINATION

La raison, c'est l'intelligence en exercice ;
l'imagination, c'est l'intelligence en érection.

(Victor Hugo, *Faits et croyances*)

« Ils sont fous, ces Anglais ! »

Dans le domaine de l'imagination, des trouvailles en tous genres et des idées baroques, la Grande-Bretagne en guerre mérite incontestablement la palme. Ces insulaires ont une psychologie d'éternels assiégés. De là, certainement, l'esprit de résistance, l'opiniâtreté, l'inventivité. David contre Goliath, ce n'est pas seulement l'héroïsme du petit contre le grand, mais aussi l'idée de la fronde... La personnalité de Churchill, tout comme celle de lord Mountbatten, le chef des *Combined Operations*, y ont puissamment contribué. Lord Moran, médecin personnel du *Prime Minister*, dira de son illustre patient (plutôt impatient) : « Aucune idée ne lui paraissait trop improbable ou trop absurde pour qu'un essai lui fût refusé. »

Raids et actions de commando l'enchantent, tout comme les armes et les matériels nouveaux. D'où la création, au sein de l'Amirauté, d'un *Department of Miscellaneous Weapons Development*, une sorte de concours Lépine permanent de la guerre. De ce « magasin des jouets » de Churchill sortent parmi beaucoup d'autres le premier bazooka, les chars spéciaux surnommés les *funnies* (« rigolos », « clowns ») et les ports artificiels du débarquement en Normandie. L'activité de l'Intelligence

Service (renseignement) et les actions en Europe occupée du SOE (*Special Operations Executive*) bénéficient également de son soutien le plus total. Dans une de ses notes inimitables, il tance par avance ses collaborateurs : « Ne commencez pas à parler de problèmes ! Les difficultés parleront d'elles-mêmes. »

Mais Churchill ne perd pas de vue pour autant l'effort de guerre dans son ensemble. Et il ne recule pas devant cette guerre totale qu'a voulue Hitler. « Nous irons jusqu'au bout (...). Nous ne nous rendrons jamais », a-t-il proclamé dans son célèbre discours du début de la guerre. Et ce ne sont pas seulement des mots. Les armées du IIIe Reich menacent de débarquer en Angleterre ? L'opération *Banquet* se met en place. Tout ce qui peut voler, y compris les petits biplans de Havilland des écoles d'entraînement, devra prendre l'air, chacun muni d'une bombe minuscule de 20 livres. Tous devront se ruer à l'assaut de la flotte d'invasion. « À chacun, son homme ! » : tel est le mot d'ordre du vieux lion britannique.

L'Espagne va être envahie et Gibraltar occupé ? L'opération *Tracer* est lancée qui, à la fin de 1941, entreprend de creuser une installation souterraine ultrasecrète dans le fameux rocher. Six volontaires sont sélectionnés pour l'opération : un chef de station, deux médecins et trois opérateurs radio. Emmurés avec des provisions pour un séjour de plusieurs années, ils pourront, à défaut de l'interdire, espionner le détroit par une fente d'observation surplombant la baie[1].

1. L'installation souterraine, assez vaste, a été longtemps tenue secrète, puis oubliée avant d'être redécouverte en 1998. Cf. *Opération Tracer. « Stay behind Cave »* sur YouTube.com (27'57).

Quand il apparaît que la guerre va durer, Churchill décide très tôt de lancer des bombardements stratégiques contre le IIIe Reich. Il crée à cet effet le *Bomber Command*, ne craignant pas de frapper les villes en représailles contre les bombardements allemands. Jamais il ne se départira de cette volonté, même lorsqu'une partie de l'opinion publique s'indignera, au lendemain du bombardement de Hambourg en juillet 1943 (55 000 morts). Aussi ne s'offusque-t-il pas quand parvient sur son bureau au *Cabinet War Rooms*[2] au début de 1942, le projet d'une opération *Vegetarian* qui consisterait à empoisonner des pâtures de l'Allemagne par le *Bacillus anthracis*[3], agent de la maladie du charbon. Celle-ci frappe le plus souvent des animaux herbivores, mais peut être transmise par eux à l'homme (anthropozoonose). La destruction des troupeaux provoquerait, pour commencer, la famine. Ensuite, la population serait touchée par l'épidémie ainsi provoquée. Dans sa rare forme respiratoire, la maladie du charbon est mortelle dans 90 à 100 % des cas et, dans sa forme gastro-intestinale, dans un tableau de vomissements sanglants et de diarrhées, elle tue encore en quatre ou cinq jours entre 25 et 60 % des malades.

La Grande-Bretagne vit alors ses heures les plus sombres de la bataille de l'Atlantique et l'ordre est donné d'expérimenter cette idée sur une petite île, au nord de l'Écosse, l'île Gruinard. On y transporte plusieurs trou-

2. Complexe souterrain visitable aujourd'hui à Londres (Westminster).

3. Le mot anglais *anthrax* est souvent utilisé en France mais à tort, car l'anthrax est une autre pathologie, une infection staphylococcique sous-cutanée siégeant généralement à la nuque.

peaux de moutons avant d'y larguer des tourteaux de lin contaminés. Le résultat dépasse les espérances : en quelques semaines, pas un mouton ne survit. Il faut alors se hâter de placer l'île en quarantaine sous strict contrôle militaire, sous peine que tout le pays ne soit contaminé. Bien qu'on se pose aussitôt la question de la pertinence d'une arme aussi terrifiante et incontrôlable, on n'en commence pas moins à fabriquer en quantité industrielle des tourteaux contaminés. On pense même à une opération plus radicale, plus simple aussi, qui consisterait à bombarder les grandes villes allemandes de spores du *Bacillus anthracis*. Une production voit le jour à la Grosse Île, au Canada, au milieu du fleuve Saint-Laurent.

Mais on en reste là, non pas tant pour des considérations morales que par crainte que l'ennemi ait les mêmes armes à sa disposition et ne se retienne de les utiliser que par appréhension de subir le même sort – ainsi, l'équilibre de la terreur, à l'heure de la dissuasion nucléaire, a eu un prédécesseur. Et puis, à quoi servirait, pour peu qu'on gagne la guerre, d'occuper un pays rendu inhabitable ?

Les Alliés ignorent que les armes biologiques n'ont pas été développées dans l'Allemagne nazie, Hitler s'étant toujours farouchement opposé à leur utilisation tout comme à celle des armes chimiques – singulière contradiction au regard des chambres à gaz. Cette interdiction du Führer, qui ne se démentira jamais, n'a pas empêché quelques timides et discrètes recherches menées par la SS au camp de concentration de Dachau, inépuisable réservoir de « cobayes » humains. On y éleva des moustiques réputés capables de propager le paludisme et aussi quelques rats dans la perspective de la peste. Quant au bacille du charbon, rien n'est moins sûr, en dépit de rapports secrets alliés affirmant l'existence d'une telle arme chez l'ennemi.

L'opération *Vegetarian* serait restée secrète si, au lendemain de la guerre, l'opinion publique britannique (et, avant cela, écossaise) ne s'était violemment émue en découvrant la contamination de l'île Gruinard. Elle restera contaminée pendant près d'un demi-siècle, durant lequel il aura fallu déverser des flots de formol pour éradiquer le très résistant *Bacillus anthracis*. Ce n'est qu'en 1990, après qu'un énième troupeau de moutons y aura enfin survécu, que l'île sera déclarée officiellement décontaminée[4].

Le dossier *Vegetarian* n'est passé que rapidement dans les mains de Churchill, assez longtemps toutefois pour qu'il y appose son redoutable tampon « *Action this day* ». En cette année 1942, la conduite de la guerre au jour le jour l'accapare : dans l'Atlantique où les *U-Boote* font des ravages, dans le Pacifique, en Méditerranée, dans

---

4. La recherche en matière de guerre biologique s'est poursuivie après la guerre, notamment aux États-Unis, toujours avec ce raisonnement qu'il fallait être en mesure de dissuader l'ennemi potentiel de se lancer dans une guerre de ce type. L'adversaire soviétique en fit sûrement autant. Des « spores militarisés » (un nom qui ne s'invente pas !) furent donc fabriqués aux États-Unis dans le plus grand secret, et certainement bien d'autres germes infectieux. Leur existence fut bien involontairement dévoilée lorsque, une semaine après les attentats du 11 septembre 2001, des enveloppes postales piégées furent envoyées aux principaux journaux new-yorkais. Vingt-sept personnes furent contaminées et cinq en moururent. Le coupable identifié par le FBI, au terme d'une enquête de plusieurs années, était Bruce Ivins, 62 ans, chercheur dans un laboratoire spécialisé dans les armes biologiques. Il se suicida en 2008, probablement pour échapper à une arrestation imminente. Toute cette affaire reste à ce jour mal élucidée.

le désert libyen contre Rommel... Malgré cela et mille autres questions, il y a toujours de la place pour les projets un peu fous – et fou, le projet *Habbakuk* l'est tout particulièrement. Le choix du nom de code l'indique assez, puisqu'il fait référence à un prophète de la Bible qui dit : « Je vais faire quelque chose que tu ne croiras jamais, même si on te le dit. »

Habbakuk, c'est l'idée d'un porte-avions monstrueux de 610 mètres de long, 100 mètres de large avec des flancs de 12 mètres d'épaisseur, déplaçant 1 814 300 tonnes (les plus gros porte-avions du moment sont ceux de la classe *Essex,* qui déplacent 33 000 tonnes). Le matériau d'un pareil mastodonte ? De la glace ! Le professeur Tournesol qui a eu cette riche idée a pour nom Geoffrey Pyke, 50 ans, journaliste scientifique qui travaille dans l'équipe de Mountbatten[5]. On a d'abord pensé à découper « simplement » un morceau de banquise, mais la glace doit être régénérée. Pyke a eu alors l'idée d'utiliser un matériau composite, existant déjà mais qui va prendre son nom : le « *Pykerete* », fait de 86 % de glace et de 14 % de pâte de bois. Le bois réduisant fortement la conductivité de la chaleur, la masse de *pykerete* fondra plus lentement qu'une masse équivalente de glace. Des unités de réfrigération empêcheront cette fonte.

Aucun port ne pourra accueillir un pareil monstre (au tirant d'eau de 46 mètres !), mais qu'importe puisque sa

5. Pyke a d'autres idées tout aussi révolutionnaires, comme celle d'une locomotive propulsée... par la force humaine. Progressivement en disgrâce, soupçonné de communisme et réduit à la misère, Pyke se suicide le 23 février 1948. En guise d'éloge funèbre, le *Manchester Guardian* conclut : « L'imagination était sa première caractéristique, et en partie la cause de sa perte. »

destination est toute trouvée : au beau milieu de l'Atlantique, dans ce terrible trou noir où les convois qui ravitaillent la Grande-Bretagne sont privés de la protection des avions américains et britanniques, hors limite de leur rayon d'action, et de ce fait livrés aux meutes de *U-Boote*. La mobilité de cette petite île flottante sera très restreinte : 10 nœuds avec vingt-six moteurs électriques en nacelles extérieures du fait de la chaleur générée. En revanche, un tel géant sera insensible aux torpilles, les blocs de *pykerete* étant remplaçables à l'infini. Quarante tourelles doubles à tir rapide défendront une piste d'atterrissage/décollage capable d'absorber 150 bombardiers et chasseurs bimoteurs.

Enthousiasmé, Mountbatten suit d'abord la voie hiérarchique en soumettant le projet le 20 octobre 1942 à Frederick Alexander Lindemann, physicien et conseiller scientifique du gouvernement, mais celui-ci se montre fort peu convaincu. Alors, Mountbatten, qui a ses entrées chez le Premier Ministre, entreprend de lui faire une démonstration dans sa baignoire : un bloc de glace y fond rapidement, tandis qu'un bloc de *Pykerete* résiste. Churchill, qui n'adore rien tant que ces démonstrations, fait sien le projet, adressant aussitôt une note aux chefs d'état-major : « J'attache la plus grande importance à un rapide examen de ces idées, toutes facilités devant être conférées au chef des Opérations combinées pour les développer (...). Les avantages d'une ou de plusieurs îles flottantes sont à ce point éblouissants qu'ils ne sauraient pour l'instant être discutés. » C'est pourtant ce que fait Lindemann, aussitôt rembarré par le *Prime Minister* : « Le projet de glace doit être considéré comme prioritaire. Ne vous y opposez pas. » Il semble, d'ailleurs, que l'idée de baptiser ce projet « *Habbakuk* » soit de Churchill en personne.

Au début de l'année 1943, l'amirauté britannique obtient du gouvernement canadien un accord pour construire sur le lac Patricia, en Alberta, un bloc de *pykerete* de 18 × 9 mètres pour un poids de 910 tonnes. Un moteur réfrigérant l'empêchera de fondre. Les premiers essais sont concluants. Baptisé « l'arche de Noé » par les ouvriers (qui ne sauront qu'après la guerre de quoi il s'agissait), le parallélépipède flotte et reste stable.

Le commandement américain en est informé à l'occasion de la conférence de Québec (du 17 au 24 août 1943). Dans son *Journal*, Alan Brooke, chef de l'*Imperial General Staff* et perpétuel opposant aux idées de Churchill, raconte à sa façon comment Mountbatten a réussi à imposer sa présence pour présenter *Habbakuk* que, bien entendu, lui-même voue aux gémonies. L'intrépide chef des Opérations combinées se livre à une démonstration tout aussi excentrique que le projet. Il fait apporter un bloc de glace et un autre de *pykerete* avant de sortir son revolver. Il tire sur le premier, qui vole en éclats, puis sur le second, que la balle entame à peine. Un des officiers de l'état-major restés dehors s'exclame : « Bon sang, ils se tirent dessus à présent ! »

George Marshall, le grand chef d'état-major de l'armée américaine, n'est qu'à moitié convaincu et n'approuve le projet qu'à condition que les essais soient franchement concluants. Paradoxalement, les idées de port artificiel (*Mulberry*) et de pipe-line sous l'océan (*Pluto*[6]) sont repoussées lors de la même conférence.

6. *Pluto* : acronyme de *Pipe-Lines Under The Ocean.*

Elles vont pourtant figurer un an plus tard parmi les grandes innovations du D-Day. Ce sont d'ailleurs les problèmes logistiques urgents posés par le Débarquement qui vont reléguer *Habbakuk* au second plan.

L'automne marque un net ralentissement des ardeurs quand on s'avise enfin d'en calculer le coût : 70 millions de dollars (un peu plus d'un milliard d'aujourd'hui !) et une mobilisation de 8 000 ouvriers. La question d'un site de construction qui ne serait pas trop éloigné de sa destination finale se pose également. Par ailleurs, les courbes des pertes de la bataille de l'Atlantique sont en train de s'inverser au profit des Alliés : le Portugal a autorisé l'utilisation de bases sur les Açores, et de nouveaux modèles d'avions à long rayon d'action, équipés de radars performants, permettent d'effacer le trou noir du milieu de l'Atlantique. La conférence de Québec n'est pas plus tôt terminée que Churchill se passionne désormais pour *Mulberry* et *Pluto*. *Habbakuk*, si l'on ose dire, tombe à l'eau.

Fausse monnaie

Au début de la guerre, le RSHA[1], l'organisation SS de la sécurité du Reich, outre ses fonctions de police politique à l'intérieur du pays, entend intervenir à l'étranger par l'espionnage et le sabotage. Himmler en a confié la direction à Reinhard Heydrich, monstre froid et organisateur cynique qui fait sienne, au début de 1940, l'idée d'Arthur Nebe, chef de la police criminelle du IIIe Reich, de déstabiliser l'économie britannique en l'inondant de fausses livres sterling[2]. De fausses coupures de 5, 10, 20 et 50 livres sterling seront parachutées par ballots entiers sur l'Angleterre. Qui résistera à

1. *Reichssicherheitshauptamt* (mot à mot : « Office principal de la sécurité du Reich »).

2. La fabrication massive de fausse monnaie destinée à déstabiliser l'économie d'un pays ennemi en y provoquant une hyperinflation n'était pas nouvelle. Pendant la Révolution, l'Angleterre répandit de faux assignats sur la France et, pendant les guerres napoléoniennes, cette dernière fabriqua en quantité de faux billets de banque anglais et autrichiens. Cette pratique, d'une certaine façon, n'a pas disparu de nos jours, puisque circulent de par le monde, et en grande quantité, des *supernotes* de 100 USD (« plus vrais que vrais », se lamentent les experts de la « Fed », la Réserve fédérale des États-Unis). Washington en a longtemps accusé la Corée du Nord.

une pareille manne tombée du ciel ? Eh bien, les Britanniques peut-être... Goebbels a trouvé ce plan grotesque, mais Hitler l'a autorisé.

La mise en œuvre de l'opération *Andreas* ainsi décidée est confiée au commandant SS Alfred Naujocks, nazi de la première heure, spécialiste en espionnage, contre-espionnage et machinations en tous genres. C'est lui qui a joué le premier rôle dans l'incident de Gleiwitz le 31 août 1939, opération de provocation simulant une attaque polonaise contre un émetteur radio allemand qui a servi de prétexte à l'invasion de la Pologne. Tout une équipe de spécialistes est mise à sa disposition pour résoudre les nombreuses difficultés techniques, à commencer par celle du papier spécial utilisé par la Banque d'Angleterre. Des billets de banque britanniques sont longuement analysés par des laboratoires jusqu'à ce que leur composition soit parfaitement identifiée : une pâte à papier fabriquée à partir de chiffons de toile pure usagés, salis puis lavés, le tout fait à la main.

Et ce n'est qu'un problème parmi d'autres : gravure, algorithme des numéros de série, détection des marques de sécurité – ces minuscules erreurs volontaires d'impression que des faussaires risquent d'oublier. Sur des clichés agrandis, on va en détecter près de cent cinquante. Toutes ces « erreurs » doivent être reproduites fidèlement. Il faut aussi vieillir les billets trop neufs, les plier, les froisser, les écorner, les salir.

Des échantillons de cette fausse monnaie sont testés dans des banques suisses où des expertises sont demandées, comme si lesdits billets étaient suspectés d'être faux. Ils sont validés. Seule la confrontation avec des billets authentiques portant les mêmes numéros de série pourrait établir la contre-preuve. L'opération paraît donc bien engagée et l'on peut commencer à envisager la production de série, lorsque tout s'arrête à la suite d'un différend entre Heydrich et Naujocks dont on ignore la nature. L'affaire est suffisamment grave pour que le chef de l'*Unternehmen Andreas* se retrouve soudain muté en 1941 dans la division blindée SS *Panzerlehr* qui combat sur le front de l'Est.

En juillet 1942, deux mois après l'assassinat de Heydrich, Himmler relance l'opération, moins ambitieuse que la précédente, et baptisée cette fois *Bernhard*. La Luftwaffe à cette date n'a plus les moyens de survoler la Grande-Bretagne et il n'est, de toute façon, plus envisageable de fabriquer de fausses livres sterling dans les quantités initialement prévues. Il s'agit dorénavant de financer les besoins de la RSHA pour ses services de renseignement et d'espionnage.

La direction de cette nouvelle opération est confiée au *Sturmbannführer SS* Bernhard Krüger, agent actif du département étranger de la RSHA, qui doit avant toutes choses constituer une nouvelle équipe, la première s'étant trouvée dispersée. Il n'est plus question alors de recruter des experts de la Reichsbank. Ceux de la première équipe avaient témoigné une certaine répugnance pour ce travail, contraire à leur éthique professionnelle. Or il s'agit maintenant de servir directement la SS, un État dans l'État à cette date, menant sa propre politique et pourvoyant à ses propres besoins, notamment avec les camps de concentration. C'est à l'intérieur de ceux-ci que Krüger entreprend un vaste ratissage de techniciens de l'imprimerie et de la gravure. Parmi eux, Adolf Burger, arrêté à Bratislava comme faussaire. Ce militant communiste juif slovaque de 25 ans, imprimeur fabriquant de faux certificats de baptême pour sauver des

Juifs, a été déporté à Auschwitz en août 1942 et ne pèse plus que 35 kilos quand il est transféré au camp de concentration de Sachsenhausen.

C'est dans ce camp situé à Oranienburg, à 30 kilomètres de Berlin, que Krüger a décidé d'installer, dans le plus grand secret, l'atelier de fausse monnaie de la SS. Vingt-six déportés y arrivent en septembre 1942, puis quatre-vingts autres en décembre. Ils sont presque tous juifs. Strictement isolés dans deux blocs à l'intérieur du camp, ils bénéficient d'un traitement très amélioré : alimentation suffisante, cigarettes, radio et même une table de ping-pong. En échange de quoi, ils doivent fournir un effort de travail qui reste concentrationnaire, avec des équipes tournant pendant douze heures d'affilée sur des machines qui ne s'arrêtent jamais. Le matériel le plus moderne a été mis à leur disposition ainsi que le papier spécial.

Pourtant la production n'avance pas vite, des petits problèmes techniques ne cessant de surgir. Les détenus ont compris que si tout se met à tourner sans anicroche, il n'y aura plus bientôt besoin d'eux et que leur sort sera scellé. À l'inverse, ils subissent la pression constante de Krüger, qui les menace d'être accusés de sabotage, c'est-à-dire immédiatement exécutés.

Après des tests positifs, 65 000 billets sont fabriqués et vieillis chaque mois, de la mi-1943 à la mi-1944. Les coupures sont soigneusement examinées et triées. Celles du type n° 1, les plus parfaites, sont réservées aux achats dans des pays neutres ainsi qu'aux espions et aux saboteurs de haut vol. Le type n° 2, encore très utilisable mais présentant de légers défauts, est distribué aux agents de la Gestapo dans les territoires occupés. Une troisième qualité est réservée à un éventuel envoi sur l'Angleterre. L'opération *Andreas* n'est donc pas totalement enterrée.

Les coupures du type n° 1 vont notamment servir à payer des informateurs sur le lieu de détention de Mussolini avant qu'il ne soit délivré par Otto Skorzeny, ou encore à rétribuer l'espion Elyesa Bazna (pseudonyme *Cicero*[3]), valet de chambre de l'ambassadeur de Grande-Bretagne en Turquie, qui ne s'étonnera pas de l'énormité de la somme consentie par les agents secrets du IIIe Reich (300 000 livres, soit près de 15 millions d'euros[4]).

L'opération *Bernhard* réussit donc à merveille, même si Himmler ne se satisfait pas des quantités produites. En mai 1944, Kaltenbrunner, le nouveau chef du RSHA, demande à Krüger de commencer à fabriquer de faux dollars. L'entreprise se révèle plus difficile, notamment à cause du papier utilisé aux États-Unis qui ne peut être reproduit de manière satisfaisante. Les dessins, les encres posent également problème. Krüger repart alors à la pêche dans les camps de concentration, à la recherche cette fois d'un faussaire en dollars. Il en trouve un au camp de Mauthausen en la personne de Salomon Smolianoff, un Juif ukrainien, faussaire longtemps recherché avant la guerre par plusieurs polices d'Europe

3. Dans ce qui va devenir la célèbre « affaire Cicéron », il est dit que, parmi des documents vendus aux Allemands, d'octobre 1943 à avril 1944, figurait l'annonce du débarquement en Normandie. Un document de mars 1944 évoquait, en effet, l'ouverture d'un second front en Europe occidentale (ce qui était prévisible) sous le nom d'opération *Overlord* (ce que les Allemands ignoraient). En tout cas, ni la date ni le lieu n'étaient précisés.

4. Après la guerre, Bazna intentera un procès à l'État ouest-allemand pour se faire « indemniser de l'escroquerie nazie » (!).

et spécialisé dans le faux dollar quoique n'étant jamais allé aux États-Unis. L'arrivée de ce vrai droit-commun (à la différence de Burger, qui s'était improvisé faussaire pour la bonne cause) n'est pas bien vécue par ses codétenus, surtout après qu'il s'est exclamé : « Ici au moins, je vais pouvoir travailler sans craindre la police ! » Toujours est-il que, sous sa conduite, le nouveau chantier avance. À la fin de 1944, les planches pour les billets de 50 et de 100 dollars sont prêtes.

Alors que les bombardements de Berlin se multiplient au début de l'année 1945, il est décidé d'évacuer l'équipe de faussaires de Sachsenhausen, trop proche de la capitale du Reich. Caisses entières de faux billets, matériel et hommes (dans cet ordre de priorité) sont transférés en Autriche dans un des nombreux camps annexes de Mauthausen : Redl-Zipf, essentiellement composé de tunnels à l'abri des bombes, qui travaille à la production de carburant pour les V2. On est à la mi-mars.

Bien avant le suicide de Hitler le 30 avril 1945, Himmler a commencé à jouer un jeu personnel en s'imaginant pouvoir traiter avec les Anglo-Américains. C'est dire qu'il faut mettre un terme à l'opération *Bernhard*. Les faussaires devront être transférés pour « liquidation » au camp de concentration d'Ebensee (autre annexe de Mauthausen). On est alors aux premiers jours de mai, à moins de cinq jours de la fin de la guerre. Il a été précisé que ces déportés spéciaux devront impérativement être exécutés ensemble, comme pour bien mettre un point final à l'opération secrète. Or il n'y a qu'un camion disponible pour le transfert et le temps que celui-ci fasse un second trajet, on est à la veille de la libération du camp par les Américains. Le 5 mai, les gardes SS prennent la fuite. Pas un homme de l'opération *Bernhard* ne périt.

Les miraculés se hâtent de disparaître, de peur d'être repris ou, au mieux, d'être de nouveau mis dans d'autres camps, fussent-ils de libération. Ils rentrent pour beaucoup tout simplement chez eux rejoindre les leurs (quand ceux-ci ont survécu). C'est le cas d'Adolf Burger, qui retourne à Bratislava : « Quand j'ai été libéré par les Américains, je suis retourné chez moi calmement, comme si j'avais eu un mauvais rêve. Pendant des années, je me suis tu. Je ne voulais pas parler de tout cela. C'est seulement quand les néonazis ont commencé leurs mensonges que je me suis décidé[5]. »

Mais que sont devenus, pendant ce temps, les faux billets et les plaques d'impression ? À la fin des années 1950, des rumeurs persistantes relancent la chasse à « l'or des nazis ». Alors, quand des témoins se réveillent en disant avoir vu, dans les tout derniers jours de la

5. Adolf Burger est devenu tardivement un témoin très médiatisé de l'opération *Bernhard*. Après avoir publié en 1983 ses mémoires, d'abord en tchèque et en slovaque, avec la même année une traduction en allemand, il est propulsé sur le devant de la scène médiatique avec une édition américaine et surtout un film austro-allemand en 2007 : *Le Faussaire*, récompensé l'année suivante de l'Oscar du meilleur film étranger. À l'occasion de sa tournée de promotion, il est reçu avec faste à la Banque d'Angleterre, dont on lui fait visiter les chambres fortes et où il se fait photographier par la presse en tenant à la main l'un des faux billets de l'opération *Bernhard*. Il décède en 2016, à l'âge de 99 ans.

guerre, des SS jeter de lourdes caisses dans le lac Toplitz, niché au cœur des Alpes autrichiennes, des plongeurs partent inspecter ses sombres eaux. Une équipe est même financée par le tout-puissant magazine *Stern* qui suit l'affaire de près.

Et voilà qu'un beau matin de l'automne 1959, la plus grande agitation semble régner à bord d'une des barques. Un plongeur vient de découvrir des dizaines de caisses au fond des eaux du lac. De l'or ? Le « trésor de Rommel » ? Non, mais le matériel et les fausses livres sterling de l'opération *Bernhard,* sans autre valeur désormais qu'historique. On s'avise alors que l'ancien camp d'Ebensee était tout proche. Aucun mystère donc. Les hommes et le matériel de l'opération *Bernhard* n'avaient été dissociés qu'au dernier moment, comme à regret.

Ballons-bombes et bombes chauves-souris

Depuis le raid de Doolittle sur Tokyo en avril 1942, le haut commandement japonais brûle du désir de se venger d'un tel affront en exerçant des représailles sur le sol américain. Celui-ci paraît hors d'atteinte jusqu'à ce qu'on se souvienne d'un projet étudié en 1933 consistant à lancer sur les États-Unis des bombes portées par des ballons libres[1]. Le programme est repris sous l'égide du 9e Institut de recherches techniques de l'armée impériale. Ce sera l'opération *Fu-Go*, que le Japon prend très au sérieux, mais qui doit venir à bout d'énormes difficultés. Certes, l'idée de départ est simple : utiliser les grands courants aériens qui soufflent en haute altitude au-dessus du Pacifique d'est en ouest. Encore faut-il calculer le temps du vol (sur 10 000 kilomètres) au terme duquel un système automatisé larguera sa

1. L'idée n'est pas nouvelle, puisque des ballons incendiaires ont été lancés par l'Autriche sur Venise en 1849, la plupart de la terre et quelques dizaines à partir du *SMS Vulcano*, un steamer à aube, qui devient ainsi d'une certaine façon l'ancêtre du porte-avions. D'autres épisodes du même type ont eu lieu au fil des siècles, et ce dès l'Antiquité.

charge. Or, entre le jour et la nuit, les températures varient considérablement et auront pour effet de faire monter et descendre le ballon tel un yo-yo. Un système de lâcheurs de lest automatiques doit alors être mis au point, et ce n'est là qu'un des obstacles. Rien d'étonnant dès lors à ce que les essais, pourtant menés avec ardeur, prennent deux ans.

Le ballon incendiaire, finalement mis au point, est un engin de 10 mètres de diamètre gonflé à l'hydrogène dont l'enveloppe est constituée de quatre couches de papier de soie. Chaque ballon nécessite 600 morceaux de papier collés et étanchéifiés les uns aux autres. Son appareillage est très sophistiqué et sa charge, en nacelle au bout de câbles de 15 mètres de long, comporte une bombe incendiaire et une bombe antipersonnel de 15 kilos. Quant à sa mise en production, elle est de 10 000 unités, qui devront être opérationnelles avant l'arrivée des grands courants aériens de l'automne-hiver 1944-1945.

La fabrication mobilise le pays, à commencer par les élèves des lycées. Tanaka Tetsuko, 16 ans, est l'une de ces jeunes désireux de participer à l'effort de guerre. Elle raconte qu'à son collège, le gymnase et le terrain de basket ont été réquisitionnés pour le séchage du papier. Un officier est venu leur parler de la préparation d'une « arme secrète ». Puis elle est partie avec ses camarades travailler dans une usine également affectée à la fabrication du papier des ballons. « Vous allez vaincre l'Amérique avec ces armes ! » a proclamé un autre officier. Le travail 24 heures sur 24, par équipes de 12 heures, est exténuant et la nourriture fait défaut, tout comme l'hygiène. Du dortoir jusqu'à l'usine, il y a près d'une heure de marche que les filles accomplissent au pas, en scandant des chants militaires sous le bandeau : « Force d'attaque spéciale des étudiants ».

Trois sites de lancement, construits sur la côte sud-est de Honshu, sont équipés d'énormes cuves à hydrogène. La mise en œuvre des ballons n'est pas une mince affaire. Il faut trente hommes une heure durant pour préparer et lancer un seul ballon. Le premier est lâché le 3 novembre 1944, prélude au lancement de 9 300 au rythme de 200 par jour quand la météo le permet. Le commandement japonais a prévu un important déficit, et en effet moins de cinq cents ballons vont atteindre les côtes américaines, tandis que le plus grand nombre va s'abîmer en mer. Deux cent quatre-vingt-cinq seulement explosent sur une zone immense, allant du cercle arctique au Mexique. Les dégâts occasionnés sont dérisoires et se limitent à quelques incendies de forêt vite maîtrisés et à l'arrêt momentané d'une centrale électrique dans l'État de Washington.

Le Japon a aussi misé sur un impact psychologique. Jamais, en effet, les Américains n'ont été frappés sur leur territoire par une armée ennemie. Lorsque *Newsweek* commence à évoquer dans son numéro du 1er janvier 1945 un « *Balloon Mystery* », la censure conjure la panique en intervenant aussitôt auprès des rédactions pour leur expliquer que les « Japs » doivent rester dans l'ignorance totale des résultats de leur offensive. Le « silence radio » est toutefois levé lorsque, le 5 mai 1945, cinq adolescents et leur accompagnatrice sont tués dans l'Oregon par l'explosion d'une bombe qu'ils ont découverte dans les bois et bien imprudemment ramassée. Ce seront, pour toute la Seconde Guerre mondiale, les seules victimes sur le sol américain. Personne, en tout cas, n'imagine que ces ballons-bombes[2] ont traversé le Pacifique. On évoque plutôt des sous-marins les envoyant à proximité des côtes.

Les chasseurs de l'USAAF se lancent à la recherche de ces cibles faciles en montant la garde du sud de la Californie aux îles Aléoutiennes. Et puis, à la fin d'avril 1945, l'offensive des ballons-bombes cesse brusquement. Du fait des bombardements stratégiques du Japon, il n'y a plus d'hydrogène.

Au regard des efforts déployés, l'opération *Fu-Go* a été un fiasco total. Tout autres eussent été les résultats si les ballons avaient véhiculé des bombes bactériologiques comme certains chefs militaires le préconisaient. Le bacille du charbon, notamment, était disponible, mais l'empereur du Japon avait signifié son opposition quoique n'étant pas en charge de la conduite de la guerre.

Tandis que les Japonais s'échinent à lancer leurs improbables ballons-bombes sur les Américains, ceux-ci préparent la bombe atomique. Il y a pourtant eu place en 1942 et 1943 pour un projet infiniment plus fantaisiste, comme un écho aux ballons-bombes, qui consistait à transformer d'inoffensives chauves-souris en redoutables engins incendiaires.

Cette idée saugrenue naît au lendemain de l'offensive japonaise sur Pearl Harbor dans le cerveau fertile de Lytle S. Adams, un dentiste et inventeur de 60 ans. En visitant des grottes dans le Nouveau-Mexique, il a été

2. Un ballon-bombe au complet et intact est exposé au musée de la guerre d'Ottawa.

impressionné par les dizaines de milliers de chauves-souris en hibernation tapissant les voûtes. Il les imagine répandant des incendies dans les maisons de bois et de papier du Japon, surtout après qu'il découvre qu'elles peuvent transporter plusieurs fois leur poids (leurs petits notamment). Il s'enthousiasme : pourquoi pas dès lors de petites charges incendiaires ?

Adams peaufine son projet et l'envoie à la Maison Blanche le 12 janvier 1942. Or le plus fou de cette histoire est que le rapport non seulement soit parvenu jusqu'au bureau du président Roosevelt, mais que celui-ci, au lieu de le mettre à la corbeille en haussant les épaules, lui ait donné le feu vert. Adams est recruté. Louis Fieser, l'inventeur du napalm, se montre à son tour enthousiaste et s'emploie à mettre au point de minuscules charges incendiaires (17 et 28 grammes !). Le zoologiste Donald Griffin se met de la partie, tandis que la très sérieuse Commission nationale de recherche pour la Défense coordonne et finance le tout[3].

Après une année d'études et d'expériences, le projet est suffisamment élaboré pour que l'Air Force l'adopte sous le nom d'opération *X-Ray*. Une « bombe à chauves-souris » a été mise au point sous forme d'un conteneur percé de petits trous. Vingt-six plateaux s'y empilent, chacun alvéolé de quarante compartiments logeant autant de chauves-souris lestées de leur charge incendiaire. Une seule bombe contient ainsi un total de 1 040 bestioles lestées de leur mini-engin incendiaire. Un seul quadrimoteur pouvant emporter une centaine de ces conteneurs, une escadrille de dix B-24 Liberator décol-

3. Le même organisme étudiait également un projet de *pigeon-controlled guided bombs*.

lant de l'Alaska pourra larguer sur la baie d'Osaka, désignée comme la cible de l'opération, la bagatelle d'un million de chauves-souris incendiaires !

Pendant les essais, une difficulté majeure est apparue. Il faut que les chauves-souris soient en hibernation quand on les manipule (quitte à créer celle-ci artificiellement), mais elles ne doivent pas le rester une fois larguées, sous peine de s'écraser au sol comme les premières expériences l'ont montré. On a imaginé alors un conteneur lentement parachuté dont les parois s'ouvriront : le réchauffement de l'air à l'approche du sol réveillera les chauves-souris qui pourront ainsi s'éparpiller.

On commence à douter de l'opération *X-Ray* lorsque, le 15 mai 1943, la base aérienne de Carlsbad (Nouveau-Mexique) est incendiée en partie par des « *bat bombs* » du programme qui se sont échappées. Un faux village japonais est aussitôt construit. Lui aussi brûle très bien, même si toutes les chauves-souris n'arrivent pas à destination. Cependant, le calcul des militaires est terrifiant de simplicité : n'en resterait-il que 10 % que cela ferait encore 100 000[4] !

Alors, qu'est-ce qui va empêcher l'opération d'aller jusqu'à son terme ? D'abord, en dépit des rapports favorables, celle-ci est tellement baroque que l'Air Force s'est empressée, en août 1943, de la repasser à la Navy, laquelle, en décembre, s'en est déchargée à son tour sur

4. Les Américains ne se sont pas posés, semble-t-il, la question d'un bombardement bactériologique, à l'évidence plus adapté au poids des chauves-souris que de minuscules engins incendiaires. L'idée est, en tout cas, reprise dans un roman d'Alan Scott, *The Anthrax Mutation* (1976), dans lequel des chauves-souris s'échappent d'un laboratoire expérimental semant le bacille du charbon.

le Marine Corps. Ainsi, on est arrivé à l'été 1944 avec la restriction que ces *bat bombs* ne pourront être véritablement opérationnelles avant la mi-1945. Le sort de la guerre est alors scellé, et le projet *Manhattan* occupe désormais tout l'horizon stratégique. Les chauves-souris n'y ont plus leur place[5].

Et les Anglais dans tout cela ? Pas d'engins incendiaires dans leur vaste panoplie ? Bien sûr que si ! Ce fut l'opération *Outward* qui débuta au printemps 1942. La distance à franchir n'ayant rien à voir avec celle de l'opération *Fu-Go*, les ballons choisis furent beaucoup plus petits, en fait de classiques ballons météo lancés sur l'Allemagne *via* la mer du Nord en deux versions : l'une incendiaire et l'autre plus inventive, des ballons traînant sous eux une longue béquille destinée à rompre les fils électriques sous haute tension.

Loin d'une opération gadget, ce sont un peu plus de 99 000 *outward balloons* qui ont été lâchés en direction de l'Allemagne du printemps 1942 au 4 septembre 1944, date à laquelle les armées alliées entament leur progression vers le Rhin. Il faut éviter aussi le risque de collision avec les bombardiers. Les dommages infligés ont été sans commune mesure avec le nombre énorme de ballons lancés. Quelques incendies et un certain nombre de lignes haute tension arrachées ont cependant suffi à mobiliser la défense et plus encore à participer, aussi peu que ce soit, à l'entreprise de démoralisation de l'ennemi.

Dans le même esprit, un *rat bomb* est inventé en 1942 par le SOE (*Special Operations Executive*), le service

5. Cf. YouTube : The *Bat-Bomb* (9'35).

d'action directe de la Grande-Bretagne en Europe occupée qui a pour mission de mener de multiples actions de sabotage et de soutenir les organisations de résistance[6]. Entre autres moyens de ne pas laisser l'occupant nazi en paix, le SOE a donc imaginé de farcir des rats morts de plastic sur le principe du « *booby trap* ». Attrape-nigaud ou farce-attrape dans son sens usuel, le mot signifie « objet piégé » dans le vocabulaire militaire des Anglo-Américains.

En l'occurrence, les rats ainsi préparés (une centaine) sont disposés à proximité d'usines servant directement l'effort de guerre du Reich. L'idée, un peu fumeuse si l'on ose dire, est que par souci d'hygiène ces bestioles ne seront pas jetées à la poubelle mais brûlées dans les chaudières desdites usines où elles exploseront. Le même raisonnement vaut pour le tender d'une locomotive, avec l'assurance cette fois que le rat mort rejoindra directement le foyer de la chaudière.

Les premiers cadavres d'*explosive rats* sont découverts par des soldats allemands en 1941 et déclenchent aussitôt alarme et recherches intensives. Le but recherché est ainsi atteint, comme s'en explique le SOE : « La confusion et l'inquiétude ainsi provoquées furent pour nous un bien plus grand succès que si les rats avaient été effectivement employés. »

---

6. Rien que pour la France résistante, le SOE aura parachuté au cours de la guerre plus de 5 000 tonnes de matériel (dont 100 000 mitraillettes et 300 tonnes d'explosifs) ainsi que 400 officiers instructeurs et agents spéciaux.

RAISON D'ÉTAT

La raison d'État, c'est une autorité
sans faille au service d'une claire vision
d'un sombre avenir.

(Luc de Heusch)

High-value targets

On les désigne sous le terme de *high-value targets* (« cibles de haute valeur »). Ce sont, tout au long de la guerre, les chefs d'État, les personnalités, les grands généraux que leurs ennemis ont projeté d'assassiner. En fait, les opérations qui ont réussi sont exceptionnelles, et aucune n'a eu raison de la vie d'un chef d'État en guerre, trop bien gardé et aux déplacements imprévisibles.

On a vu comment l'amiral Yamamoto périt dans une embuscade aérienne, le 18 avril 1943[1] – et encore n'était-ce pas une cible choisie de longue date, mais une occasion saisie à la suite d'une information quelques jours auparavant. Il n'en va pas de même pour l'opération *Anthropoid* visant Heydrich. Bras droit de Himmler, chef depuis le début de la guerre du RSHA[2] et principal acteur de la mise en place de la Solution finale, celui-ci a été appelé par Hitler en septembre 1941 pour soumettre la Bohême-Moravie. Le *Reichsprotektor* a aussitôt instauré l'état d'exception dans tout le pays à coup de tortures, de déportations, de massacres, de germanisation forcée. Le gouvernement tchèque en exil,

---

1. Voir pages 77 à 84 : « *Get Yamamoto !* »
2. Voir note 1 page 311.

qui siège à Londres, décide alors d'éliminer celui qu'on surnomme le « boucher de Prague ». Le SOE se charge de la planification de l'opération et de l'entraînement en Écosse d'un commando de soldats de l'armée tchécoslovaque en exil.

Dans la nuit du 28 décembre 1941, sept hommes sont parachutés près de Prague. Ils sont pris en charge par plusieurs familles qui les aident à préparer leur attentat. Les deux chefs de l'opération – Jozef Gabcik, 29 ans, et Jan Kubis, 28 ans – ont d'abord envisagé un attentat dans le train, car Heydrich ne cesse de se déplacer par ce moyen entre Prague et Berlin, où il a conservé la direction du RSHA. Ils ont également songé à l'attaquer sur la route, en pleine forêt, entre Prague et sa résidence. Cependant, ils observent qu'arrivé à Prague, Heydrich effectue immuablement le même trajet qui le conduit à son bureau dans la ville haute, au château de Hradcany, dans une Mercedes-Benz décapotable.

Le 27 mai 1942, le « boucher de Prague » accomplit son trajet comme à l'habitude. En retard, il n'a pas voulu attendre son escorte. À mi-chemin de la longue montée vers le château de Prague, dans un virage en épingle à cheveu, trois hommes l'attendent depuis longtemps. Lorsque l'imposante Mercedes se présente enfin, Gabcik se précipite au milieu de la rue pour ouvrir le feu avec sa mitraillette Sten, mais celle-ci s'enraye[3]. Le

3. Le pistolet-mitrailleur britannique Sten MK, à la forme caractéristique avec son long chargeur (32 balles) en position latérale, est l'arme emblématique de la Résistance en Europe. Cette arme rustique, produite à moindre coût, à cadence de tir rapide (500 à 600 coups par minute), très efficace à courte distance, a pour inconvénient principal de s'enrayer facilement.

chef SS commet alors l'erreur d'ordonner à son chauffeur de s'arrêter. Il se lève de son siège pour abattre son agresseur lorsque Kubis, qui s'était placé en retrait, lance une grenade antichar sur la voiture. Les éclats traversent la portière droite et atteignent Heydrich, qui parvient toutefois à s'extraire du véhicule et à faire feu sur ses assaillants en fuite avant de s'effondrer. Les deux auteurs de l'attentat disparaissent, persuadés qu'ils ont échoué.

Heydrich, qui n'a pas été mortellement touché, semble devoir se rétablir rapidement d'une opération au cours de laquelle ont été extraits de nombreux éclats de carrosserie qui lui ont labouré le dos. Six jours plus tard, il prend déjà un déjeuner assis sur son lit quand soudain son état s'aggrave. Une septicémie foudroyante l'emporte en quelques heures. Des particules du rembourrage des sièges constitués de crins de cheval avaient pénétré dans la plaie. Le 4 juin 1942, à 09 h 24, il meurt.

Jamais, au cours de l'histoire du IIIe Reich, on n'aura assisté à de telles funérailles[4]. Hélas, la répression est en proportion, d'autant que les « terroristes » sont toujours en fuite. Le 9 juin, les SS encerclent le village de Lidice, à 20 kilomètres de Prague, vaguement soupçonné d'avoir abrité les membres du commando. Les 184 hommes sont fusillés et les femmes déportées au camp de concentration de Ravensbrück. Quant aux 105 enfants du village, ils sont envoyés au camp d'extermination de Chelmno, où ils périssent dans des camions à gaz. Seuls dix d'entre eux ont été sélectionnés comme de « type aryen » et confiés à l'organisation

4. Cf. YouTube : *Heydrich funeral* (5'12) et France Actualité (0'56).

SS *Lebensborn* pour être éduqués selon l'idéologie nazie. Le village est détruit pierre par pierre et le terrain nivelé à la dynamite[5].

Une récompense fabuleuse de 10 millions de couronnes a été offerte à qui permettra l'arrestation des « terroristes ». Ceux-ci se cachent dans la crypte de l'église Saints-Cyrille-et-Méthode, dans le centre de Prague, jusqu'à ce que l'un des résistants, Karel Curda, les trahisse. L'assaut est donné le 18 juin à 04 h 15 du matin. Au terme d'un véritable siège, tous les résistants sont tués ou se donnent la mort. La répression va se poursuivre tout au long de l'été 1942 et faire plus d'un millier de victimes, à commencer par l'évêque orthodoxe de Prague ainsi que les prêtres et les sacristains de l'église où les hommes de l'opération *Anthropoid*[6] avaient trouvé refuge.

Rommel, le chef de l'Afrikakorps, a constitué lui aussi une cible, mais cette fois l'opération a échoué. À l'automne 1941, celui qu'on va bientôt surnommer « le Renard du désert » est sur le point d'emporter le siège de Tobrouk quand les Britanniques décident de lancer une puissante offensive, l'opération *Crusader*. Ils sont telle-

5. Le village martyr de Lidice est aujourd'hui un mémorial, où se distingue un ensemble statuaire de bronze dédié aux enfants victimes de la guerre. On peut aussi voir à Prague le monument Mémorial de l'opération *Anthropoid*, sur le lieu même de l'attentat (érigé en 2009).

6. L'opération *Anthropoid* a inspiré plusieurs films, notamment en 1943 *Les bourreaux meurent aussi* de Fritz Lang. *Opération Anthropoid* (2016) est plus conforme à la vérité historique. On notera aussi *HHhH* (2017), adapté du roman éponyme de Laurent Binet – « HHhH » étant le sigle de l'aphorisme « *Himmlers Him heisst Heydrich* » (« le cerveau de Himmler s'appelle Heydrich »).

ment obsédés par Rommel qu'ils décident de l'éliminer avant le déclenchement de l'opération, programmé pour le 18 novembre. Ce sera l'opération *Flipper*, confiée au SAS dont la devise est : « Qui ose, gagne ! »

En octobre, le capitaine John Haselden a quitté Alexandrie en sous-marin pour être débarqué près de Cyrène sur la côte de Libye. Ce Britannique de 38 ans, né en Égypte, est un as du renseignement, parlant l'arabe et l'italien, habillé en bédouin et parfaitement au fait des coutumes locales de la Cyrénaïque où il se meut comme un poisson dans l'eau, renseignant les hommes du LRDG[7] qui lancent des opérations de commando sur les arrières des lignes ennemies. Il a localisé la villa où loge Rommel, dans le petit village de Beda Littoria, à l'ouest de Cyrène. Il reconnaît soigneusement les lieux et les voies d'accès avant de regagner Alexandrie.

Dans la nuit du 14 au 15 novembre 1941, un commando SAS est débarqué par deux sous-marins, mais le mauvais temps complique la manœuvre et seulement 39 hommes sur 60 peuvent prendre pied sur la plage. Deux détachements se mettent en route : l'un sous le commandement du lieutenant-colonel Robert Laylock, 34 ans, et l'autre sous celui du lieutenant-colonel Geoffrey Keyes, 24 ans. Haselden et trois hommes ont été parachutés quelques jours avant pour les conduire. Après trois jours de marche, les commandos sont devant les jardins de la villa.

Le 17 novembre à minuit, le groupe de Keyes donne l'assaut tandis que celui de Laylock reste en arrière pour assurer le repli. Une sentinelle est neutralisée, mais elle a eu le temps de tirer, déclenchant ainsi l'alerte. Tout

7. Voir page 198.

l'effet de surprise disparaît en un instant. Le combat qui s'engage alors dans la villa, où toutes les lumières ont été éteintes, est confus. Les Allemands se défendent. Keyes est tué d'une balle en plein cœur. D'autres commandos sont blessés et faits prisonniers. L'attaque tourne court et les survivants doivent décrocher. Ils rejoignent la côte, mais la tempête interdit tout rembarquement. Seuls Laylock et un lieutenant pourront être recueillis après une errance de trente-sept jours dans le désert. Tous les autres sont faits prisonniers.

Quant à Rommel, il n'était pas là, mais à Rome pour fêter son anniversaire (un 15 novembre). Il apparaîtra d'ailleurs que celui-ci ne venait que rarement à la villa de Beda Littoria. Haselden n'était pas si bien renseigné qu'il le croyait[8]. Keyes et quatre soldats allemands sont inhumés dans le petit cimetière du village où Rommel a dépêché son aumônier.

L'élimination de Rommel aurait, à coup sûr, radicalement changé le cours de la guerre du Désert, mais que dire alors de celle de Hitler ! Ce fut d'abord le calcul des Allemands eux-mêmes, crédités d'une quarantaine de tentatives d'assassinat. C'est beaucoup et il est difficile de faire le tri entre les projets sérieux et ceux supposés. Il y en eut cependant : de l'attentat à Munich le 8 novembre 1939, d'un authentique antinazi, Georg Elser, à celui du 20 juillet 1944, perpétré par des officiers s'opposant à la poursuite de la guerre plutôt qu'au nazisme. À chaque fois, Hitler a bénéficié d'une chance insolente, au point de le persuader qu'il était protégé par la Providence.

---

8. Il va être tué le 14 septembre 1942 devant Tobrouk lors d'un raid commando.

A fortiori, les pays en guerre contre le IIIe Reich auraient dû caresser un tel projet. Or rien de tel apparemment n'a été médité au Kremlin et moins encore à la Maison Blanche alors qu'à Londres, Churchill ne reculait pas devant ce qu'il nommait une « guerre de voyous ». C'est ainsi que le vieux lion britannique a donné son feu vert au SOE, tardivement d'ailleurs, en 1943, pour planifier un attentat contre Hitler. Ce sera l'opération *Foxley*.

Jamais à court d'imagination, le SOE envisage différents scénarios : empoisonner le thé du Führer ou attaquer son train personnel, jusqu'à ce qu'on sache que c'était une véritable forteresse sur rails et que ses horaires étaient totalement imprévisibles. Bientôt le plan se restreint à sa résidence chérie, le Berghof, non loin de Berchtesgaden, au cœur des Alpes. Certes, le lieu paraît hors d'atteinte. De hauts grillages entourent la « zone réservée du Führer », dans un rayon de 15 kilomètres autour de la résidence où patrouillent des SS et leurs chiens. À la fin de 1944, près de 2 000 SS assurent la protection de la « montagne du Führer ». Les routes et les chemins d'accès sont contrôlés très en avant, et le moindre étranger au paysage est aussitôt appréhendé. Au plus près, la garde du Führer est tout aussi étroite. Même les serviteurs sont des SS. Et puis Hitler n'est pas toujours là et il ne décide qu'au dernier moment ses déplacements, conscient que c'est là un gage de sécurité.

Il y a largement de quoi renoncer, mais ce n'est pas ainsi que fonctionne le SOE. C'est là d'où l'on ne l'attend pas que le coup doit surgir. Les quelques renseignements obtenus indiquent qu'une fois au Berghof, le Führer, dont la présence est imprudemment signalée par un drapeau nazi qui flotte sur la résidence, est un homme d'habitudes et qu'après le déjeuner a lieu, immuablement, sa promenade à pied à travers les arbres jusqu'à la « maison de thé » (*Teehaus*). C'est sur ce passage que deux hommes, l'un parlant couramment l'allemand et l'autre tireur d'élite, devront s'embusquer après avoir été parachutés au plus près de l'enclave. Ils seront tous deux revêtus de l'uniforme des chasseurs de montagne de la SS, l'une des unités de surveillance.

Il se trouve tout de même quelques voix au sein du SOE pour relever les nombreux aléas de l'opération, à commencer par la marche d'approche dans une zone sillonnée par des patrouilles et où les civils sont des nazis inconditionnels. Et puis, combien de jours les tireurs devront-ils rester en embuscade ? Quant à l'exfiltration en cas de réussite, elle paraît proprement impossible. Or l'opération *Foxley* n'a jamais été conçue comme une mission suicide.

Ces considérations font traîner les choses. On est alors à l'été 1944. Le débarquement en Normandie a réussi et la défaite du IIIe Reich paraît désormais assurée. Par ailleurs, le 20 juillet 1944, un attentat contre Hitler a eu lieu qui était l'œuvre d'officiers de la Wehrmacht. Pourquoi dès lors ne pas laisser les Allemands eux-mêmes « faire le job » ? Et un assassinat du Führer par l'ennemi ne galvaniserait-il pas la résistance de la population allemande[9] ? Bref, l'opération *Foxley*[10] est abandon-

---

9. En réalité, la liquidation de Hitler aurait très certainement raccourci la guerre de neuf mois et économisé des centaines de milliers de vies.

10. L'opération *Foxley* a inspiré un documentaire-fiction en 2005 à la *BBC* (*Killing Hitler*), disponible en DVD (« Assassinez Hitler », éd. Montparnasse). En 2017, RMC Découverte a diffusé de son

née. Ironie du sort, celle-ci était d'autant plus vouée à l'échec qu'en 1944 Hitler ne se rendait presque plus au Berghof, étant la plupart du temps reclus dans son QG de Prusse-Orientale, le *Wolfsschanze* (« la Tanière du loup »).

Et le Reich nazi, de son côté ? L'assassinat politique était bien dans sa manière et pourtant son bilan est des plus maigres, surtout lorsque l'on écarte les légendes. La plus belle est celle d'une opération *Weitsprung* (« saut en longueur ») visant à faire d'une pierre non pas deux mais trois coups en éliminant en même temps Staline, Roosevelt et Churchill à l'occasion de leur rencontre au sommet, à Téhéran, fin novembre 1943. Voilà qui, en effet, eût été un coup fameux, mais Otto Skorzeny, chef présumé de l'opération, explique dans ses *Mémoires* d'après guerre que rien de tel ne fut entrepris (dans le cas contraire, il n'aurait pas manqué de s'en vanter). L'as des missions spéciales du IIIe Reich raconte qu'il fut appelé au QG du Führer quelques jours seulement avant le début de la conférence et que l'idée d'un raid éclair fut évoquée mais, écrit-il, « un coup de main sur Téhéran eût exigé de 150 à 200 combattants minutieusement préparés, des avions, des véhicules spéciaux, une parfaite connaissance des lieux et du dispositif de sécurité des adversaires. Je ne savais pratiquement rien et il n'y avait donc pas la moindre chance d'un succès quelconque. Un tel projet était utopique. Je fis connaître mon opinion au Führer : il la partagea entièrement. »

Ce sont en fait les Soviétiques qui, à la veille de la conférence de Téhéran, invoquent un vaste complot

---

côté *Opération Foxley : l'assassinat d'Hitler* (sur Daily Motion et sur YouTube).

nazi sur le point d'éliminer les trois grands. Cette fable permet à Staline non seulement de justifier dans la capitale iranienne la présence de près de 3 000 agents du NKVD, mais surtout de persuader Roosevelt de s'installer par mesure de sécurité dans une villa de la vaste ambassade soviétique, où se tient la conférence (condition *sine qua non* à sa présence). La délégation américaine est, en effet, installée loin de là, avec un long trajet propice à un attentat. C'est ainsi que Staline peut surveiller de près son hôte et s'entretenir en privé avec lui, enfonçant un coin mine de rien entre ce dernier et Churchill sur le thème majeur de la conférence : l'ouverture d'un second front à l'Ouest[11]. Harry Hopkins, conseiller privé du président américain et présent à la conférence, s'en irrite : « Les domestiques qui faisaient les lits et le ménage des chambres appartenaient à la police secrète, le très efficace NKVD (...) ; les hommes du service secret de la Maison Blanche se montraient assez nerveux car, dressés à soupçonner tout le monde, ils n'étaient jamais tranquilles de voir auprès du Président des gens armés[12]. »

En dépit du scepticisme aussitôt exprimé par l'Intelligence Service britannique, la légende va croître et

---

11. Staline et Roosevelt sont partisans d'un assaut direct contre la « forteresse Europe » (stratégie du fort au fort), à la différence de Churchill qui a fait prévaloir une « stratégie périphérique » avec le débarquement en Afrique du Nord le 8 novembre 1942 (stratégie du fort au faible). Un débarquement en Sicile a suivi en juillet 1943 et Churchill entend bien poursuivre sa « stratégie périphérique ».
12. Cf. le film d'archives sur YouTube (*La Conférence de Téhéran*), 9'56, mettant en scène la photo officielle des trois grands, installés dans leurs fauteuils devant leurs conseillers respectifs. On a la curieuse impression que le siège de Churchill est plus bas !

embellir en Union soviétique après la guerre. Un agent du NKVD, Gevark Vartanian, reçoit la médaille enviée de « Héros de l'Union soviétique » pour avoir, avec son équipe, repéré et neutralisé plus de quatre cents agents nazis s'apprêtant à assassiner les trois grands dans un Téhéran devenu la capitale de l'espionnage mondial. Les romans populaires, les émissions de télévision et les films[13] se multiplient. Aujourd'hui encore, la légende n'est pas totalement éteinte.

En revanche, l'élimination de Staline a été véritablement envisagée, dans le cadre de l'opération *Zeppelin*[14] qui visait plus largement, depuis l'été 1942, à renvoyer des prisonniers de guerre soviétiques dans leur pays pour y accomplir des missions d'espionnage et de sabotage. Au début de juillet 1944, l'officier des opérations du KG 200[15] est convoqué par Ernst Kaltenbrunner, qui a remplacé Heydrich à la tête du RSHA. À cette date, l'organisation SS, devenue tentaculaire, a absorbé

---

13. Cf. notamment, en 1980, le curieux *Téhéran 43*, un film (France/Suisse/URSS) qui a connu un énorme succès en Union soviétique (47,5 millions d'entrées). On y voit Alain Delon, Claude Jade et Curd Jurgens, dont c'est le dernier film. La chanson-thème du film (« Une vie d'amour ») a été écrite et chantée par Charles Aznavour.

14. Il y a eu une autre opération *Zeppelin*, britannique celle-ci, faisant partie de l'opération de désinformation *Bodyguard* destinée à masquer le débarquement en Normandie.

15. Le *Kampfgeschwader 200* est une unité de bombardiers de la Luftwaffe, à long rayon d'action, chargée de missions spéciales telles que des vols de reconnaissance lointaine ou des parachutages d'agents derrière les lignes ennemies. Le KG 200 reconvertit, par ailleurs, des appareils de prise dans des missions de combat afin d'en tester les capacités.

l'Abwehr[16] de l'amiral Canaris, lui-même jugé trop timoré, voire suspect de diplomatie parallèle. Sans lui indiquer le but de l'opération, Kaltenbrunner demande à l'officier de préparer un appareil qui devra voler jusqu'aux abords de Moscou et y atterrir au plus près d'une route menant à la capitale. Deux agents seront débarqués ainsi qu'un véhicule.

Le choix se porte sur un avion de transport Arado AR 232, capable de voler sur de longues distances et de se poser en terrain difficile. Il est pourvu d'une rampe arrière qui permet le débarquement rapide d'un engin de taille moyenne. L'opération commence par le parachutage d'agents volontaires chargés de reconnaître un lieu d'atterrissage[17]. Une ancienne piste d'atterrissage de la Luftwaffe est localisée, mais elle se trouve à 300 kilomètres de Moscou, à très courte distance toutefois de la voie rapide Smolensk-Moscou.

L'opération entre alors dans sa phase active avec l'entrée en scène de deux mystérieux agents : un Ukrainien, officier décoré de l'Armée rouge qui a déserté, et son épouse ou considérée comme telle, qui fera fonction d'opérateur radio. Les Allemands le désignent sous le nom de Polikov, mais il dit s'appeler Shilo – ce qui n'est probablement pas vrai. Il affirme bien connaître des membres de la Stavka[18]. Son identité en Russie, avec des papiers et un ordre de mission en règle, sera

---

16. Voir page 117.

17. On ignore si quelque chose a été prévu pour l'exfiltration de ces agents parachutés au beau milieu de la Grande Guerre patriotique. Probablement rien. Les agents sont censés rejoindre les lignes allemandes par leurs propres moyens.

18. Voir note 1 page 162.

celle d'un officier blessé en convalescence, répondant au nom de Piotr Ivanovich Tavrin.

Sa mission ? Tout simplement, tuer Staline ! Certes, le Kremlin est un sanctuaire impénétrable, mais à chaque 25 octobre, la cible préside au défilé sur la place Rouge pour l'anniversaire de la révolution. Voilà qui paraît bien hasardeux et même fou. Il est plus difficile encore d'approcher le « tsar rouge », qui se méfie de tout et de tous, que Hitler.

À la fin d'août, les deux présumés « tueurs de Staline » embarquent dans l'Arado prévu avec une moto side-car soviétique M.72. On décolle de Riga, mais l'aventure commence mal, puisque l'appareil, touché peut-être par un tir de DCA, manque son atterrissage. La rampe d'accès est bloquée. Il faut recommencer. Qu'à cela ne tienne, on repart avec un nouvel Arado dans la nuit du 3 au 4 septembre, toujours au départ de Riga. Vers 03 h 00, par une nuit bien noire, l'atterrissage est de nouveau manqué quand une aile de l'avion percute un arbre et qu'un moteur prend feu. Cependant, le couple peut extraire le side-car, gagner l'autoroute et s'élancer vers Moscou, tandis que les quatre hommes d'équipage s'évanouissent dans la nature.

À partir de là, les versions divergent. Le crash de l'Arado a-t-il provoqué l'intervention d'une patrouille qui a donné l'alerte ? Toujours est-il que le side-car ne roule pas longtemps avant d'être stoppé par un contrôle militaire. Dans la version romantique, les deux agents si peu secrets se seraient trahis en invoquant une longue route déjà accomplie pour une mission urgente à Moscou. Or il avait plu toute la nuit et la moto, comme ses passagers, n'étaient aucunement trempés et maculés de boue. Dans une version plus plausible, l'opération était parfaitement connue du NKVD, dont les agents se sont tranquillement assurés des « tueurs du Kremlin ». Une troisième hypothèse complète la deuxième, en faisant de Polikov un agent double qui aurait abusé les piètres espions du RSHA (peut-être dans le but de conjurer une tentative plus sérieuse ?).

Plus sérieusement menée est l'opération *Rösselsprung* (nom donné au déplacement du cavalier dans le jeu d'échecs) qui s'est donné pour but d'éliminer Tito, chef de la résistance yougoslave et du parti communiste clandestin qui combat avec un succès grandissant l'occupant nazi. Au début de 1944, celui-ci a libéré une partie du pays et fait figure de chef d'État, reconnu comme tel non seulement par Staline mais aussi par les alliés occidentaux. Sa tête est mise à prix pour la somme de 100 000 Reichsmark.

Plusieurs divisions allemandes exclusivement affectées à la guerre antipartisans s'échinent en vain à poursuivre l'ennemi dans un terrain montagneux et boisé, propice à la guérilla. À la fin février 1944, le groupe de reconnaissance de la division *Brandenburg*[19] a localisé le QG de Tito à Drvar, un bourg de Bosnie-Herzégovine, dans la vallée de l'Unac. Le haut commandement allemand décide alors d'agir en lançant une vaste opération aéroportée directement sur ce QG, avec le *SS Fallschirmjäger-Bataillon 500*[20]. La zone sera en même temps encerclée

19. La division d'infanterie motorisée *Brandenburg* de la Wehrmacht s'est spécialisée dans la lutte antipartisans sur le front de l'Est, puis dans les Balkans. Elle comporte quatre régiments de chasse (*Jäger-Regiment*) et un bataillon de parachutistes.
20. Environ 1 000 parachutistes répartis en quatre compagnies. Ce sont notamment eux qui ont libéré Mussolini le 12 septembre 1943 avec un commando de Skorzeny.

et verrouillée par des colonnes motorisées de la 2. *Panzer Armee*, dont la division de montagne *SS Prinz Eugen* qui s'est signalée par de nombreuses atrocités commises sur la population. Ce sont en tout 20 000 soldats et 200 avions (dont 60 planeurs) qui sont mobilisés pour l'opération.

Tito ne devait pas en sortir vivant, mais les services de renseignement britanniques l'ont informé de l'imminence d'une attaque d'envergure. L'alerte maximale a été déclenchée. Le chef de « l'Armée de libération populaire et détachements de partisans de Yougoslavie » et son état-major ont quitté la maison qu'ils occupaient pour se replier dans un « chalet » construit en encorbellement sur une grotte à flanc de montagne. Des forces non négligeables occupent des postes névralgiques alentour : un bataillon d'escorte, un bataillon d'infanterie et un bataillon du génie que renforcent quelques engins blindés légers. Dans un cercle plus large se positionnent cinq « divisions » (des régiments). Dix-sept mille hommes au total, infiniment plus assurément que la bande de partisans que s'attendent à surprendre les Allemands.

Le 25 mai 1944, à l'aube, la première vague de parachutistes SS est larguée à très basse altitude au-dessus de Drvar, avec le commandant du bataillon, le *SS Hauptsturmführer*[21] Kurt Rybka. Son premier objectif est de repérer et de sécuriser une aire d'atterrissage pour les planeurs, mais les assaillants, loin de tout effet de surprise, se trouvent aussitôt sous le feu et subissent des pertes sérieuses.

Quand les planeurs peuvent finalement atterrir, ils sont pris également à partie. Plusieurs flambent. À 09 h 00, cependant, Drvar est aux mains des Allemands,

---

21. Équivalent de *Hauptmann* (capitaine) dans la Wehrmacht.

qui finissent par repérer la grotte d'où proviennent de nombreux tirs. Rybka ordonne un assaut qui se solde par un carnage. Il faut se replier, tandis que des renforts de partisans commencent à affluer. Une seconde attaque ne réussit pas davantage et les pertes réduisent désormais l'assaillant à la défensive.

À 11 h 50, après que des Stukas[22] ont effectué le mitraillage des positions qui ont pu être repérées, une seconde vague de deux cents *Fallschirmjäger* saute sur ce qui est en train de devenir le « chaudron de Drvar ». Un troisième assaut est lancé contre le PC, au cours duquel Rybka est grièvement blessé par des éclats de grenade. Cette fois, la grotte est conquise, mais elle est vide ! Dès le début de l'attaque, Tito s'est enfui avec son état-major par des tunnels et des boyaux qui l'ont conduit sur le sommet de la montagne. De là, les fugitifs ont enfourché des chevaux et ont galopé jusqu'à une piste d'atterrissage, à 67 kilomètres de là. Un avion va venir les récupérer pour les mettre en sécurité sur l'île de Vis dans l'Adriatique.

C'en est fini de l'opération *Rösselsprung*, sauf pour les parachutistes allemands qui doivent constamment reculer devant les contre-attaques. Quand la nuit tombe, leur périmètre défensif se réduit au cimetière et à ses alentours. Il faut même creuser des tranchées en attendant des renforts terrestres qui n'arrivent pas, car ils tombent sans cesse dans des embuscades.

Le lendemain à l'aube, la position des parachutistes tient toujours grâce à l'action appui-feu de l'avia-

---

22. Surclassé en 1944, le bombardier en piqué Stuka (Jünkers JU-87) sert encore d'appui-sol avec deux mitrailleuses MG 17 (à très grande cadence de tir) et une MG 15 en tourelle arrière.

tion, mais leurs pertes (morts et blessés) s'élèvent à 800 hommes. Ils ne sont plus que 200 en état de combattre, pratiquement à court de munitions quand ils sont enfin rejoints par un *Kampfgruppe* de la division *SS Prinz Eugen*. Les renforts allemands qui arrivent maintenant renversent la situation. Les pertes yougoslaves sont très lourdes et l'organisation de la Résistance se trouve démantelée pour de longs mois. Mais de Tito, les parachutistes, qui posent pour une photo de propagande, n'ont pu s'emparer que de l'uniforme de parade, fraîchement repassé, qui attendait son propriétaire chez un tailleur.

Otto Skorzeny dans ses *Mémoires* fulmine contre cette opération, bien trop ample de toute façon pour pouvoir espérer jouer sur l'effet de surprise. Consulté, il avait proposé de mener jusqu'au QG de Tito un petit commando de tueurs déguisés en partisans[23].

---

23. Six mois plus tard, il va déguiser ses commandos en GI lors de l'offensive d'hiver des Ardennes.

Hanna Reitsch au *Führerbunker*

Le 28 mars 1941, à la chancellerie du Reich, en présence du *Reichsmarshall* Göring, tout sourire, et de dignitaires de la Luftwaffe, Hitler décore de la croix de fer de 2e classe l'aviatrice Hanna Reitsch. Cette petite blonde menue de 1,54 m, aux cheveux courts, âgée de 29 ans, célibataire, est l'un des meilleurs pilotes d'essai de la Luftwaffe, où il n'y a pourtant guère de place pour les femmes. Elle bénéficie d'un grade tout exprès forgé pour elle : *Flugkapitän*.

Elle a rêvé de voler dès son plus jeune âge, et c'est contre l'avis de son père, un ophtalmologiste renommé qui voulait en faire un médecin, qu'elle a appris à piloter des planeurs, les seuls avions autorisés en Allemagne par le traité de Versailles. Dès sa première année de vol, en 1932, elle a battu le record féminin de durée de vol en planeur : 5 h 30. Les records mondiaux se sont dès lors accumulés. L'arrivée de Hitler au pouvoir lui a permis d'apprendre à piloter des avions à moteur. En 1937, la Luftwaffe l'a recrutée pour sa maestria et son sang-froid, lui faisant tester dès l'année suivante un prototype d'hélicoptère[1], puis

1. Focke-Wulf Fw-61.

un planeur de transport lourd[2]. La propagande nazie s'est emparée d'elle et c'est tout naturellement qu'elle est devenue pilote d'essai du bientôt et tristement célèbre bombardier en piqué Stuka[3], ainsi que du bombardier léger Dornier[4].

Après sa croix de fer, Hanna Reitsch passe à la vitesse supérieure. En 1942 en effet, elle expérimente le premier avion à fusée : le Me-163 Komet, dont les essais ont déjà coûté la vie à plusieurs pilotes d'essai. En attendant de devenir un redoutable avion de chasse, c'est pour l'heure un engin très difficile à piloter. Cette espèce d'aile volante capable de voler à 950 km/h a pour particularité de larguer son chariot de décollage, ce qui l'oblige à atterrir en planant, un patin étant placé sous le fuselage. Notre intrépide pilote ironisera en faisant remarquer qu'entre ces deux moments délicats, l'avion était « très facile à piloter ». La vitesse ascensionnelle est telle (3 666 m/min) qu'elle lui fera dire : « C'était fascinant ; j'avais l'impression d'avoir fait un trou dans le ciel[5]. » Oui, mais ce qui devait arriver arrive et elle se crashe lors d'un atterrissage. Elle est grièvement blessée de plusieurs fractures du crâne et de la mâchoire, avec le nez pratiquement arraché. Cinq mois d'hôpital s'ensuivent, durant lesquels elle reçoit la croix de fer

2. Messerschmitt Me-321 (130 fantassins ou 22 tonnes de fret).

3. Junkers Ju-87 (1er vol en 1935).

4. Dornier Do-17 (expérimenté pendant la guerre d'Espagne au sein de la légion Condor).

5. Cf. YouTube : *Hanna Reitsch tests the Me-163 in Peenemunde* (2'29), ou encore : *Me-163 flow by test pilote Hanna Reitsch et Heini Dittman* (6'34). Dans ce dernier documentaire, Hanna Reitsch donne une rare interview après la guerre.

de 1re classe, décernée pour la première et la seule fois à une femme.

Est-elle une parfaite nazie ? Assurément oui, même si on peut tout aussi bien parler de patriotisme exacerbé. Elle veut lutter jusqu'à la mort pour le *Vaterland,* demandant à aller combattre sur le front de l'Est. Le haut commandement de la Luftwaffe n'entend pas se priver d'un élément aussi précieux, mais la laisse tester en 1943 une version pilotée de V1[6]. « Le seul moyen d'atteindre sûrement le but avec un engin capable de provoquer une destruction totale, écrit-elle, c'était de faire guider cet engin par un homme qui n'hésiterait pas à le monter, qui se précipiterait avec lui sur l'objectif, trouvant dans l'explosion une mort certaine. » En un mot, des V1 kamikazes et cela avant les Japonais. Un groupe de pression se crée qui se heurte aussitôt à la hiérarchie militaire et surtout à Hitler qui, paradoxalement, ne veut pas entendre parler de ces « volontaires de la mort ». D'abord, estime-t-il, la situation n'est pas désespérée à ce point. Ensuite, une telle idée est contraire à l'esprit allemand (!). Reitsch dira qu'elle plaida elle-même cette cause auprès du Führer au début de 1944, mais rien n'est moins sûr.

Ses essais ne s'en poursuivent pas moins. Elle accomplit des missions d'observation à la fin de l'année 1943 au-dessus du front de l'Est comme pilote du général Robert Ritter von Greim, un ancien de l'aviation pen-

6. Le V1 est une bombe volante à pilote automatique (le premier missile de croisière de l'histoire de l'aéronautique) envoyée à partir d'une rampe de lancement. Sa portée est de 200 à 210 kilomètres, mais sa précision dans sa version classique non pilotée n'est pas très grande.

dant la Grande Guerre qui a adhéré au parti nazi dès 1923. Après l'arrivée de Hitler au pouvoir, il a participé à la création de la Luftwaffe avant de commander les flottes aériennes d'invasion de la Pologne, de la Norvège puis de l'Union soviétique. Même si la Luftwaffe fond littéralement dans le ciel soviétique, il conserve toute la confiance du Führer, qui lui décerne, le 27 août 1944, les insignes de chevalier de la croix de fer avec feuilles de chêne et épées.

Quel est le lien exact qui unit le *Generaloberst* (général d'armée aérienne) à Hanna Reitsch ? Certains historiens[7] en font sa maîtresse. Tous deux sont assurément très liés, puisque c'est elle qu'appelle von Greim au téléphone le 25 avril 1945 pour lui annoncer une stupéfiante nouvelle : il est convoqué par le Führer à la chancellerie du Reich. Il lui demande de l'accompagner dans cette mission à haut risque – à cette date, les Soviétiques ont investi la capitale du Reich. En octobre 1944, elle a eu l'occasion de survoler Berlin, ou plutôt ses ruines, à bord de son Bücker Bv-181, un tout petit avion d'entraînement qui lui a permis de voler au ras des toits. Elle connaît notamment la topographie des abords de la Chancellerie. Son concours sera précieux, même si de son côté le général est un pilote chevronné.

À Berlin, Hitler s'est enfermé depuis la mi-janvier dans son *Führerbunker*, à 12 mètres sous les jardins de la Chancellerie. En dépit des objurgations de ses proches, il a décidé qu'il resterait là, continuant à déplacer sur les cartes des armées fantômes. Très diminué depuis

7. Notamment Antony Beevor (*La Chute de Berlin*).

l'attentat du 20 juillet 1944 auquel il a échappé de justesse, voûté, le visage gris et boursouflé, agité de tremblements, il alterne de longues périodes d'abattement et des crises de rage lorsque lui parviennent, quotidiennement, les mauvaises nouvelles. La guerre est perdue depuis longtemps, mais la déréalisation la plus totale règne à l'intérieur du bunker. Goebbels, le seul dignitaire avec Martin Bormann à être resté auprès du Führer, écrit dans les toutes dernières pages de son journal, à la date du 28 mars : « La question est de savoir si nous pourrons rattraper ces pertes plus tard au cours de la poursuite de la guerre. » Or il s'agit là d'une pensée intime et non d'un discours.

Le 20 avril, tous les hauts dignitaires du régime nazi sont venus saluer Hitler pour son anniversaire, mais ils se sont empressés de repartir pour ne jamais revenir. Parmi eux, Göring, le chef de plus en plus méprisé de la Luftwaffe, celui qui n'a pas su empêcher les bombardements de l'Allemagne, reste néanmoins le successeur désigné du Führer. Il a rejoint sa résidence de Berchtesgaden, non loin du Berghof. Et voilà que le 23 avril, après que ses informateurs lui ont appris que Hitler avait parlé de se suicider, il lui a envoyé un télégramme en lui demandant si cette décision faisait de lui son successeur. Un délai de réponse était fixé pour le jour même. Un ordre a été aussitôt envoyé aux SS qui gardaient étroitement la résidence du Berghof d'arrêter le « dauphin », accusé de haute trahison.

C'est alors que le Führer a décidé de remplacer Göring par von Greim à la tête de la Luftwaffe, mais il tient à lui signifier de vive voix cette bien tardive promotion. Et voilà pourquoi von Greim et Hanna Reitsch s'envolent au petit matin de Munich vers Rechlin, le grand centre d'essais de la Luftwaffe situé à une centaine de kilomètres au nord de Berlin. Arrivés là, ils apprennent que la capitale est encerclée, mais il n'est pas question de reculer pour autant. Un chasseur bombardier monoplace Focke-Wulf Fw-190 est aussitôt affrété, dont von Greim prend les commandes tandis que sa passagère parvient tant bien que mal à se loger derrière le siège grâce à sa petite taille. Aux approches de Berlin, littéralement en feu, il apparaît qu'il sera impossible d'y atterrir. L'avion se pose alors à Gatow, au sud-ouest de la ville. Que faire ? Comment gagner la Chancellerie ?

De l'avis de la pilote casse-cou, la seule solution consiste à utiliser l'un des deux petits Fieseler Storch[8] qui se trouvent sur la base et qui peuvent atterrir sur une distance extraordinairement courte (une vingtaine de mètres). Mais où ? Eh bien, pourquoi pas sur la Charlottenburger Chaussee, la grande avenue rectiligne qui mène à travers les bois du Tiergarten jusqu'à la porte de Brandebourg, à moins d'un kilomètre de la Chancellerie ? La colonne de la Victoire (*Siegessaüle*), qui se dresse en retrait, constituerait un excellent point de repère pour se diriger en dépit des torrents de fumée qui recouvrent la ville. C'est très possible techniquement, et d'ailleurs en 1939, pour la fête de la Wehrmacht, un Storch s'est posé sur la célèbre avenue Unter den Linden. C'était déjà un exploit, mais l'atterrissage avait été minutieusement balisé et, surtout, Berlin n'était pas sous le feu de l'artillerie soviétique. Le moindre trou d'obus fera capoter l'appareil.

Le *Generaloberst* doit convenir qu'il n'y a pas d'autre solution. Une communication, très difficilement établie

8. Voir note 4 page 184.

avec la Chancellerie, a confirmé que le Führer voulait à tout prix lui parler. On y va ! Cependant l'aventure s'annonce mal, puisque le Storch qui a été préparé est détruit par les obus qui commencent à tomber sur la base. Il n'en reste plus qu'un, qui n'est prêt à décoller que vers 6 heures du soir, en ce 26 avril 1945. Qui va piloter ? Techniquement, Hanna Reitsch est toute désignée, mais l'heure est historique et le général, lui-même excellent pilote sur des appareils conventionnels, estime que cet honneur lui revient. Il est cependant convenu que Reitsch se tiendra juste derrière le siège du pilote, à la fois pour le guider et, si besoin est, pour se saisir par-dessus son épaule gauche de la manette des gaz et du manche à balai.

Le Storch décolle, vole au ras des arbres, survole le lac Wannsee qui miroite dans le soleil couchant. La chasse soviétique est omniprésente dans le ciel de Berlin et c'est un miracle que l'avion, totalement démuni d'armement, ne soit pas aperçu et abattu. On survole les bois du Grunewald, au ras de la cime des arbres. On distingue nettement les colonnes de chars soviétiques qui resserrent leur étreinte sur le centre de la capitale, les ministères, le Reichstag, la Chancellerie.

Soudain, un violent tir de DCA se déchaîne. Le Storch a été aperçu. Des mitrailleuses se mettent de la partie. Tout le secteur est en alerte et tire à l'envi jusqu'à ce qu'un terrible craquement retentisse et que le pilote pousse un cri. L'appareil est touché et un éclat d'obus a traversé le pied de von Greim qui s'évanouit sous la douleur. C'est alors que les qualités de sang-froid de la pilote la plus célèbre du IIIe Reich sauvent la situation. Dans des conditions particulièrement acrobatiques, elle parvient à s'emparer des commandes et à maintenir l'avion en vol tout en opérant des zigzags pour échapper aux tirs. Bientôt la colonne de la Victoire se profile au-dessus du Tiergarten. Le Storch s'aligne sur elle, descend jusqu'à la vitesse de décrochage qui sur ce petit avion bat les records de tolérance (46 km/h), puis atterrit sans dommages sur l'avenue[9].

Dans la nuit noire, il n'y a personne, ni ami ni ennemi. Des branches arrachées jonchent le sol tandis que règne un étrange silence. Le blessé est incapable de marcher et il faut attendre le passage d'un véhicule. Si c'est un soviétique, le Storch sera facile à repérer. La chance continue à sourire aux deux aventuriers : au bout de deux heures surgit un camion de la Wehrmacht qui les prend à son bord et les mène à la Chancellerie.

Il est minuit passé quand les deux pilotes tombés du ciel, Hanna Reitsch remorquant von Greim sur ses frêles épaules, parviennent au *Führerbunker* dont le sas d'entrée émerge dans le jardin de la nouvelle Chancellerie. Des SS conduisent aussitôt le blessé à l'infirmerie, mais Hitler qui se couche toujours très tard (2 heures, voire 3 heures du matin) ne veut pas attendre le lendemain pour rencontrer ses deux héros. Il annonce tout de go la grande nouvelle à von Greim, qui vient tout juste d'être pansé : il est nommé à cette heure commandant en chef de la Luftwaffe en lieu et place de Göring et, pour faire bon poids, promu au grade de *Generalfeldmarschall*[10].

---

9. À vrai dire, des arbres ont été abattus et les lampadaires retirés pour aménager une piste de fortune – cf. notamment Hans Baur (*J'étais le pilote de Hitler*) ou encore Rochus Misch (*J'étais le garde du corps de Hitler*).

10. Il est le 26e et dernier de l'histoire du IIIe Reich à être promu à ce grade suprême.

À partir de ce moment, von Greim ne va jouer aucun rôle à l'intérieur du *Führerbunker*, à la différence de Hanna Reitsch qui apporte avec elle un souffle d'énergie et d'espoir. Sous sa combinaison de vol, elle a revêtu une étroite jupe longue et un pull-over noir qui mettent en valeur ses courts cheveux blonds et surtout la croix de fer de 1re classe qu'elle porte au cou. De surcroît, elle se montre souriante et avenante. Elle est un rayon de soleil au fond du bunker, en même temps que le symbole d'un nazisme indomptable, bravant tous les dangers.

À l'évidence, dans les jours qui suivent son arrivée, alors que personne ne se soucie de savoir comment les deux visiteurs vont pouvoir repartir, Hitler s'est entretenu plusieurs fois avec elle. Que se sont-ils dit ? Il n'existe que le témoignage de Hanna Reitsch, mais on peut la croire quand elle raconte qu'elle a adjuré le Führer d'échapper au piège dans lequel il s'était enfermé pour aller continuer la lutte, en se proposant d'être son pilote. Hitler a dit non. Il ne veut pas avoir l'air de fuir. Il tient à donner l'exemple en restant à son poste. Et puis tout espoir n'est pas perdu. L'armée du général Wenck[11] arrive du sud pour secourir Berlin.

Hanna plaide également en faveur des enfants Goebbels. La première personne qu'elle a croisée dans les

11. La XIIe armée de Wenck, au demeurant très éprouvée et réduite, engagée sur l'Elbe face aux Américains, a reçu l'ordre de faire volte-face pour voler au secours de Berlin. Elle va être stoppée au niveau de Potsdam en dépit d'un effet de surprise initial. Irrésistible, le « rouleau compresseur » soviétique a engagé dans son offensive sur la capitale du Reich 2 millions d'hommes, 6 000 chars et canons d'assaut, 5 000 avions.

couloirs sinistres du bunker, en effet, a été Magda Goebbels, arrivée quelques jours avant avec ses six enfants pour rejoindre son époux. L'aînée a 12 ans et le plus jeune 4 ans. En l'honneur de leur idole, les parents ont donné à chacun un prénom commençant par la lettre H : Helga, Hilde, Helmut, Holde, Hedda et Heidi. Ils appellent le Führer « oncle Hitler ». Les deux femmes ont sympathisé et les enfants ont aussitôt adopté l'héroïne. Il n'a pas fallu longtemps à celle-ci pour comprendre que si Magda Goebbels est venue ici, c'était pour y mourir. Dès lors, Hanna va tout faire pour sauver les enfants, adjurant leur mère. Rochus Misch, garde du corps de Hitler, est témoin de l'une de ces scènes : « Si vous voulez rester ici, c'est votre affaire. Mais pas les enfants. Même si je dois faire vingt allers et retours en avion, je les sortirai d'ici. »

Hitler ne s'y oppose pas, mais Magda reste inflexible. Elle a préparé une lettre à l'intention de son fils né d'un premier mariage : Harald Quandt, 24 ans, qui combat dans la Luftwaffe sur le front d'Italie. « Notre magnifique idée s'effondre, et avec elle tout ce que j'ai connu de beau, d'admirable, de noble et de bon dans ma vie. Le monde qui va venir après le Führer et le national-socialisme ne vaut plus la peine qu'on y vive, et c'est pour cela que j'ai aussi emmené les enfants ici. Ils sont trop bons pour la vie qui viendra après nous et Dieu, dans sa bienveillance, me comprendra si je leur donne moi-même la délivrance. »

La mort dans l'âme, Hanna passe le plus gros de son temps avec les enfants, en leur racontant ses histoires d'aviatrice. C'est elle, accompagnée d'Eva Braun, qui les met au lit. Traudl Junge, la secrétaire du Führer, en témoigne : le soir du 27 avril, « en passant devant la porte de la chambre des petits, j'entendis chanter leurs voix si claires d'enfants. J'entrai, ils étaient assis dans trois lits à deux étages et ils se bouchaient les oreilles pour ne pas se gêner les uns les autres dans le chant à trois voix. Hanna Reitsch chantait avec eux. »

Une ambiance de mort règne dans le bunker. La fin approche, à preuve les obus qui tombent maintenant directement sur la Chancellerie et son parc, en ébranlant les murs et les voûtes dont le béton s'effrite. La ventilation fonctionne mal, ajoutant à l'oppression du lieu. Le général Wenck n'arrive pas. Le 28 avril est pire encore. Ce jour-là, Hitler apprend que Himmler, le fidèle entre tous (« *der treue Heinrich* »), l'a trahi en tentant de négocier avec les Anglo-Américains. La dépêche, selon l'expression d'Hanna Reitsch, porte « un coup mortel à tout le bunker ». D'abord sidéré, Hitler entre dans une rage folle. Et d'abord, où est Hermann Fegelein, l'officier de liaison de Himmler ? Il a disparu. On le fait rechercher et on le découvre dans son appartement de Berlin, s'apprêtant à déserter. Peu importe à Hitler qu'il ait épousé la sœur d'Eva Braun, Grete : il est ramené à la Chancellerie, jugé par une cour martiale improvisée et fusillé dans les jardins à l'occasion d'une accalmie.

Himmler a été aussitôt déchu de l'ensemble de ses fonctions et remplacé à la tête de la SS par Karl Hanke, un fanatique qui vient d'être décoré de l'Ordre allemand (*Deutscher Orden*), la plus haute distinction sous le régime nazi. Cependant, le Führer veut s'assurer que cet ordre, simplement transmis par radio, va être fidèlement exécuté. Il veut bien se souvenir alors que les deux visiteurs sont toujours là. La veille, il avait remis à chacun une ampoule de cyanure, mais il n'est plus question maintenant qu'ils meurent avec lui. Il importe que von Greim, longuement chapitré en ce sens, aille confirmer au commandement de la Wehrmacht la proscription du *Reichsführer* SS.

Pour cela, les deux visiteurs doivent repartir comme ils sont venus, par les airs. Un avion a été commandé par le Führer. Mais pour atterrir où ? Sur la Charlottenburger Chaussee, bien sûr ! Ce qui a fonctionné une fois doit réussir une seconde. Et en effet, le soir du 28 avril, un petit avion d'instruction biplace, un Arado Ar-96 piloté par un sergent intrépide, y atterrit. On le camoufle sous les arbres.

Dans le *Führerbunker*, Hanna fait ses adieux au Führer, à Eva Braun, à Magda Goebbels, aux deux secrétaires. On lui confie des lettres. Dans la sienne, où elle s'explique du meurtre imminent de ses jeunes enfants, Magda écrit : « La lettre doit partir : Hanna Reitsch l'emporte. Elle va s'envoler encore une fois ! » On tarde, dans l'attente d'un véhicule blindé, car von Greim ne se déplace qu'avec des béquilles et les obus tombent, de plus en plus nombreux. La soirée s'avance dans une atmosphère terrible. Hitler a fait empoisonner par son médecin Blondi, sa chienne, un berger allemand qu'il affectionnait tant. Pour chacun dans le bunker funèbre, un tel acte ne peut précéder que de peu son suicide. C'était en même temps l'occasion de tester les capsules de cyanure. Distribuées par Himmler en personne, elles étaient soudain devenues suspectes[12].

---

12. Les douze derniers jours de Hitler dans le *Führerbunker* sont retracés dans le film allemand *La Chute*, documenté essentiellement à partir des mémoires de Traudl Junge (*Dans la tanière du loup*, JC Lattès, 2005, Texto, 2014). Bruno Ganz campe avec talent un

On part enfin, tard dans la nuit. Hanna aide von Greim à gravir les escaliers étroits jusqu'à l'air libre, où les attend un engin chenillé dans un décor de ruines, d'arbres mutilés, de trous d'obus. Le fracas des duels d'artillerie maintenant très proches est assourdissant. Il n'y a plus désormais un seul espace qui ne soit sous le feu des canons soviétiques, y compris évidemment « l'Axe ». Qui sait d'ailleurs si cette piste improvisée n'est pas maintenant occupée par les Russes ?

Mais non. Par miracle, l'endroit est toujours aussi désert. L'Arado est sorti des arbres. On s'y coule difficilement à trois, tandis que des éclaireurs partent en avant s'assurer qu'il n'y a pas d'entonnoirs sur la chaussée. Le petit avion s'élance et décolle aussitôt pour jaillir soudain des arbres à la stupéfaction des soldats soviétiques. Les tirs de DCA se déchaînent avec un temps de retard sur l'avion qui réussit à gagner une couche de nuages et à s'échapper.

Le dernier avion à s'y être posé et à avoir réussi à repartir d'un Berlin pratiquement aux mains de l'Armée rouge atterrit sans encombre vers 3 heures du matin à Rechlin. Le temps d'un court repos, Hanna prend les commandes d'un Bücker pour conduire le nouveau chef de la Luftwaffe en divers lieux afin d'y rencontrer successivement Dönitz, von Keitel et d'autres chefs militaires du IIIe Reich. À chaque fois, elle échappe à la chasse alliée en volant au plus près des cimes (« Je saute par-dessus haies et buissons pour échapper aux

---

Hitler crédible (en exagérant peut-être un peu sur la mèche), parvenu au bout de sa route de mort. Curieusement, de nombreuses critiques contre ce film prirent pour argument qu'il risquait de provoquer une empathie pour… Hitler !

aviateurs ennemis »). Dans la nuit du 30 avril au 1er mai, elle apprend par la radio le suicide du Führer. La fin du IIIe Reich est proche[13].

C'est alors que la légende va s'emparer de cette histoire hors du commun, avec un avion s'échappant de Berlin, piloté par Hanna Reitsch et emmenant… Hitler ! Prisonnière des Américains, la pilote intrépide sera longuement interrogée sur ce point, mais ce sont surtout les Soviétiques qui vont longtemps laisser planer un doute sur la mort du dictateur[14].

---

13. Robert von Greim est fait prisonnier par les Américains. Il se suicide le 24 mai 1945 quand il apprend que ceux-ci prévoient de le livrer aux Soviétiques. Hanna Reitsch est elle aussi capturée par les Américains et retenue prisonnière pendant dix-huit mois. De nouveau restreinte aux seuls vols sur planeurs, elle obtient en Espagne, en 1952, la médaille de bronze aux championnats du monde de vol à voile, où elle est la seule femme à concourir (elle est alors âgée de 40 ans). À partir de 1954, elle est de nouveau employée comme pilote d'essai. Elle publie plusieurs livres de souvenirs, donne des interviews notamment à la presse américaine. Dans l'un de ceux-ci, peu de temps avant sa mort le 24 août 1979, à 67 ans (crise cardiaque), elle déclarait : « Je n'ai pas honte de dire que j'ai cru au national-socialisme. Aujourd'hui on ne peut pas trouver dans toute l'Allemagne une seule personne ayant porté Hitler au pouvoir. De nombreux Allemands se sentent coupables de la guerre. Mais ils n'expliquent pas la vraie culpabilité que nous partageons. Celle d'avoir perdu. »

14. Staline a délibérément entretenu ce doute dans le cadre de la guerre froide naissante et de la propagande : les Occidentaux ayant laissé Hitler s'évader, l'Union soviétique apparaissait de ce fait comme la seule puissance véritablement antinazie. Les multiples rebondissements au sujet des expertises des restes calcinés de Hitler n'ont pas peu contribué à entretenir ce pseudo-mystère.

L'escamotage des savants nazis

Très tôt, le *War Department* américain s'est vivement intéressé à l'appareil militaro-industriel du IIIe Reich, ouvrant dès 1942 un camp d'internement spécial à Fort Hunt en Virginie pour y faire interroger par près de six cents spécialistes tous les prisonniers susceptibles de détenir des informations sur les avancées technologiques de l'armement nazi. À partir de 1944, la propagande de Goebbels, qui ne cesse d'évoquer sur les ondes la venue des *Wunderwaffen* (« armes miracles »), ne contribue pas peu à exacerber cette fièvre d'investigation, surtout lorsque les premiers V1 et V2 tombent sur Londres. Il apparaît très vite que ces armes, certes d'une technologie révolutionnaire (tout comme, quelques mois plus tard, l'apparition dans le ciel des Me-262 à réaction), ne vont pas modifier le cours de la guerre[1], mais ce qui intéresse les Américains, c'est l'avenir. Si la défaite du IIIe Reich et du Japon est désormais inéluctable, la guerre froide se profile. La « Grande Alliance » avec l'Union soviétique est en train de se transformer en

1. Cf. Pierre Grumberg, « Les armes miracles allemandes auraient pu tout changer », *in* Jean Lopez et Olivier Wieviorka (dir.), *Les Mythes de la Seconde Guerre mondiale*, Perrin, 2015.

grande méfiance et il importe d'avoir un coup d'avance dans la course aux nouveaux armements.

Une première opération a été lancée en septembre 1943 après les débarquements en Sicile et en Italie. Baptisée *Alsos* (« bosquet » en grec), elle a pour mission, dans le cadre du projet américain Manhattan, de se renseigner sur le degré d'avancement du programme nucléaire du IIIe Reich. Une solide équipe d'une centaine de spécialistes et de militaires, américains mais aussi britanniques, est constituée et placée sous le commandement opérationnel du lieutenant-colonel Boris Pash et l'expertise scientifique du physicien néerlando-américain Samuel Goudsmit. Ce que ces hommes ne vont pas tarder à découvrir, c'est que, fort heureusement pour l'histoire de l'humanité, les nazis (pas plus que les Japonais) ne préparent la bombe atomique. À la veille de la guerre, les Allemands étaient à la pointe de la physique nucléaire, mais Hitler n'a accordé aucune attention à cette filière trop au-dessus de ses facultés intellectuelles, commente Speer dans ses *Mémoires*. À cette considération pertinente s'ajoute celle que le Führer, persuadé qu'il menait une guerre courte, s'est refusé à des programmes à long terme[2]. « Nous renonçâmes dès l'automne 1942 à construire la bombe atomique », écrit Speer. Et d'ajouter : « Hitler n'aurait pas hésité un instant à utiliser des bombes atomiques contre l'Angleterre » – ce que l'on croit sans peine.

Dès son arrivée en Allemagne, la « mission » *Alsos* s'en convainc, saisissant des documents, capturant des scientifiques de haut niveau, démantelant en avril 1945 la pile atomique expérimentale d'Haigerloch et récupérant

2. Il fallait trois à quatre ans de programme intensif pour la bombe atomique, comme ce fut le cas pour le projet américain *Manhattan*.

de-ci de-là des lingots d'uranium – le tout prouvant que la « Bombe » nazie était encore dans l'enfance. « Je me demande parfois, écrira Goudsmit, si notre gouvernement n'a pas dépensé plus d'argent dans notre mission de renseignement que les Allemands ne l'ont fait pour l'ensemble de leur projet. » À l'évidence oui, mais c'est ainsi qu'on gagne les guerres.

Une autre opération, baptisée *Overcast*, se met en place à l'été 1944, après la réussite du débarquement en Normandie. Dans la foulée de l'avance alliée, des agents de l'Army CIC[3] et de l'OSS[4] ont pour mission de rafler tout ce qui a trait aux armes nouvelles : matériels, documents, mais aussi personnes, militaires ou civils, susceptibles de détenir des renseignements. Après que les Alliés sont entrés en Allemagne, en mars 1945, des centaines d'ingénieurs et de techniciens, spécialistes de l'aéronautique, chimistes, physiciens – en un mot, tous ceux qui ont travaillé pour l'appareil militaro-industriel du Reich – sont emprisonnés dans des camps spéciaux et jalousement gardés. Il importe de ne pas laisser un tel potentiel humain à la merci des Soviétiques. Par

3. CIC : *Counter Intelligence Corps* (contre-espionnage) de l'US Army.

4. L'OSS (*Office of Strategic Services*) est un service secret américain de renseignement et d'action à l'étranger, créé en juin 1942. Il est destiné à compléter, par des réseaux clandestins et autonomes, les services de renseignement militaires et compte 13 000 agents en 1944. Démantelé à la fin de 1945, l'OSS est remplacé par la CIA en juillet 1947.

ailleurs, les armes miracles, tant vantées, peuvent être redéployées contre le Japon. La guerre n'est pas finie.

De son poste à Berne, en Suisse, le chef de l'OSS, Allen Dulles, comprend qu'il ne suffit pas d'envoyer aux États-Unis des tonnes de documents. Pourquoi ne pas en faire autant des cerveaux qui sont derrière les V1, les V2, les avions à réaction, les nouveaux sous-marins ? Roosevelt l'idéaliste s'y oppose en objectant que, pour beaucoup, ces savants sont aussi des nazis, qui pour certains devront répondre de l'accusation de crimes de guerre. Son décès, le 12 avril 1945, et l'arrivée au pouvoir de Harry Truman, qui voit les Soviétiques d'un tout autre œil, changent la donne. L'opération *Overcast* prend un nouvel élan.

Une course de vitesse s'engage alors avec les Soviétiques, qui ont évidemment lancé une action identique avec leur « Département 7 » (« Opérations scientifiques »). Des usines entières sont démontées et acheminées avec leurs personnels, quand ceux-ci n'ont pas fui devant l'avance redoutée de l'Armée rouge. Côté allié, une « liste Osenberg », véritable *Who's who* des scientifiques du IIIe Reich (15 000 noms avec les adresses postales !), établie quelque temps auparavant par l'appareil nazi lui-même, va puissamment aider les hommes de l'opération *Overcast* dans leur chasse aux savants[5].

Dans cette quête, le grand centre des fusées de Peenemünde[6], au bord de la mer Baltique, est l'objet de

5. Selon une version, la « liste Osenberg » a été envoyée aux Alliés en mars 1945 par un Polonais, technicien de laboratoire. Selon une autre, elle aurait été trouvée, oubliée là à dessein, dans des toilettes de l'université de Bonn (!).

6. On y expérimente les fusées, dont en vedette le V2, mais aussi d'autres armes d'avenir comme le missile sol-air F55 Feuerlilie ou

toutes les convoitises. Dix-huit mille ingénieurs et techniciens y sont employés sous la direction conjointe du colonel Walter Dornberger et de Wernher von Braun, né en 1912, pionnier de l'astronautique et père des fusées V2. Von Braun est-il un nazi ? Il s'en défendra, arguant qu'il n'a été qu'un chercheur travaillant pour la défense de son pays. Son inscription au parti nazi en 1937 ? Le seul moyen, selon lui, d'obtenir les crédits nécessaires à ses recherches. Son grade d'*Obersturmbannführer* dans la SS ? Une distinction purement honorifique que lui décerna Himmler lorsque ce dernier commença à s'intéresser de près au site de Peenemünde. D'ailleurs, la Gestapo l'arrête le 17 mars 1944 pour avoir commencé à envisager des « inventions d'après guerre ». Il faut que Speer, ministre de l'Armement, intervienne personnellement pour qu'il soit relâché. Il est plus que probable toutefois que von Braun ait inspecté plusieurs fois l'usine de production des V1 et des V2 de Dora-Mittelbaum[7], un camp de concentration où 20 000 déportés sont morts d'épuisement et de mauvais traitements, notamment dans la tristement célèbre chaîne de montage souterraine. Là, il n'aurait pas remarqué dans quel état se trouvaient les « ouvriers » attelés au montage des V2 ?

Toujours est-il que le 31 janvier 1945, le père des V2 et ses collaborateurs doivent évacuer Peenemünde du fait de l'avancée de l'Armée rouge. Lorsque celle-ci y arrive deux mois plus tard, il ne reste plus que des personnels de second plan. Pendant ce temps, le « noyau dur » des savants (notamment von Braun, son frère Ma-

---

encore le missile air-air R4M.

7. 5 300 V2 y auront été construits.

gnus, qui est chimiste, et Dornberger) a été transféré dans les Alpes bavaroises. Le petit groupe se rend aux Américains de la *4th Infantry-Division* le 2 mai 1945, devançant sans le savoir l'opération *Overcast*. « Mon pays a perdu deux guerres. Cette fois, je veux être dans le camp des vainqueurs », dit von Braun qui ne doute pas un instant qu'on a besoin de lui. Cependant, il ne veut ni des Soviétiques détestés, ni des Britanniques et moins encore des Français. Reste les Américains, dont le savant devine les moyens illimités.

Le 22 mai 1945, le colonel Holmes, l'un des officiers d'*Overcast*, télégraphie à Washington : « Ai sous la main plus de 400 hommes, personnel dirigeant recherches et développement Peenemünde. Ont construit V2. Crois ce développement important pour guerre Pacifique. » Comme en écho, cinq jours plus tard, le colonel Holger Nelson Toftoy, qui pilote l'opération, pose clairement la question névralgique, celle de « l'évacuation des techniciens allemands et de leurs familles[8] ».

Entre-temps, les hommes d'*Overcast* ont réalisé un magnifique coup de filet. Le 11 avril 1945, une unité de la IIIe armée américaine libère le camp de Dora. L'usine souterraine a été évacuée fin mars par les Allemands, mais des centaines de V2 sont restés là, sur leurs

8. En attendant la suite des événements, von Braun et ses collègues sont fort bien traités et excellemment nourris, au contraire du commun des prisonniers de guerre allemands qui connaissent, il faut le dire, d'effroyables conditions de détention aux lendemains de la capitulation, non pas du fait de la cruauté des soldats alliés mais parce que rien n'a été sérieusement prévu. Les savants de Peenemünde, quant à eux, en sont déjà à s'indigner qu'un soldat américain se soit emparé de la montre de Dornberger, à l'heure où se révèle toute l'ampleur et toute l'horreur des camps de concentration.

chaînes d'assemblage. Cependant, l'armée américaine n'est pas dans son secteur. Elle a avancé trop vite et il va falloir céder la place à l'Armée rouge. Alors, pendant près de deux mois, l'équipe d'*Overcast* récupère documents, machines-outils et surtout fusées intactes à divers stades de leur montage, le tout soigneusement inventorié, numéroté et acheminé par voie ferrée en secteur américain. Quand les équipes soviétiques de « Département 7 » surviennent, le 31 mai, il ne reste plus rien.

Après la capitulation allemande, l'opération reste secrète. Les V2 de Dora sont transportés à Fort Bliss au Texas, mais l'incorporation des savants continue à poser problème, le haut commandement américain craignant non sans raison de se voir reprocher d'introduire des nazis aux États-Unis. Toftoy, surnommé dès lors « Monsieur Fusée », fait des pieds et des mains jusqu'à ce que soit autorisé le projet d'« employer des scientifiques civils allemands » en invoquant « une réquisition militaire provisoire, en particulier pour contribuer à abréger la guerre contre le Japon ». On est à la fin du mois de juillet 1945, à moins d'un mois d'Hiroshima et de la capitulation japonaise. C'est dire que lorsque les sept premiers savants « allemands » – et déjà plus « nazis » – von Braun en tête, arrivent aux États-Unis le 29 septembre 1945, l'argument fallacieux de la guerre contre le Japon ne tient plus.

À la fin de 1945, une *Joint Intelligence Objectives Agency* (JIOA) est créée, qui relaie l'opération *Overcast* par une nouvelle opération baptisée *Paperclip* (« trombone »), en liaison avec l'Intelligence Service britannique. Il s'agit désormais de voir les choses en grand, à l'américaine. Et en effet, pas moins de 1 500 dossiers individuels vont être traités jusqu'en 1952. En 1946, ces « *rocket scien-*

tists » sont déjà cent quatre à poser pour la photo de famille à Fort Bliss. Après avoir été quelque temps considérés comme des prisonniers de guerre, leur statut s'est rapidement amélioré en passant à la semi-liberté puis à la liberté. Ils sont désormais sous contrat et leurs familles vont bientôt les rejoindre. Parmi eux, von Braun a tout naturellement repris les commandes des recherches.

Le 16 avril 1946 est un grand jour sur le pas de tir de White Sands au Nouveau-Mexique. Tout le personnel a quitté les bâtiments pour assister au lancement du premier V2 tiré cette fois par l'US Army. Moins d'un an après la capitulation du IIIe Reich, la fusée s'élève impeccablement dans le ciel, inaugurant le programme aéronautique américain.

La présence sur le sol des États-Unis de « spécialistes allemands » est révélée à l'opinion publique en octobre 1946 et suscite l'indignation de la presse démocrate. Dans l'hebdomadaire *The Nation,* Joachim Joester, un Allemand qui a fui le nazisme en 1933, vitupère : « Si tu aimes le meurtre collectif et que ta peau te soit pourtant précieuse, fais-toi scientifique. C'est actuellement la seule possibilité d'assassiner impunément (...). Cherche-toi donc un petit job propre, gentil et sans danger, par exemple la bombe atomique ou la fusée stratosphérique. »

Néanmoins, avec la guerre froide qui se déclare officiellement le 12 mars 1947[9], l'opinion publique ne tarde pas à considérer que tout cela va dans le bon sens, celui de la *Pax americana,* à défaut de celui de la Paix et de

9. Date à laquelle le président Truman énonce dans un discours demeuré célèbre la doctrine d'un *containment* (« endiguement ») de la poussée soviétique en Europe ainsi que du communisme mondial.

la Science. À la fin de 1969, von Braun[10] n'en déclare pas moins très sérieusement à la Société interplanétaire britannique dont il vient d'être nommé membre d'honneur : « N'est-il pas attristant que les hommes inspirés par l'idéal commun de l'envol vers les étoiles soient amenés à s'affronter en ennemis ? » Capitalisant sur son air bonhomme, il s'était lui-même intitulé lors de son arrivée aux États-Unis « *POP* » (*Prisoner of Peace*), par opposition au classique « *POW* » (*Prisoner of War*)[11].

---

10. Wernher von Braun a parlé assez vite l'américain. Il se marie en mars 1947 avec une cousine restée en Allemagne, Maria Luise von Quistorp, dont il aura trois enfants. Il obtient la nationalité américaine en 1955, dirigeant le centre de vol spatial de la NASA et collaborant avec Walt Disney à des films éducatifs. En 1961, on le voit aux côtés du président Kennedy en visite. Quelques jours plus tard, celui-ci déclare au Congrès : « Le temps est venu du pas décisif, le temps où notre patrie doit prendre la tête de la conquête spatiale. » Von Braun prend alors en charge la conception de la fusée géante *Saturn V*, un lanceur développé pour le programme spatial habité *Apollo*. Il quitte la NASA en 1972 et décède d'un cancer le 16 juin 1977.

11. Dans cette pêche aux cerveaux du IIIe Reich, les Soviétiques ne restent pas inactifs, même si les gros poissons sont pour les États-Unis. Un seul ingénieur, Helmut Gröttrup, qui était responsable du système de guidage des V2, a refusé de partir pour ne pas être séparé de sa famille. Il collabore avec l'Union soviétique sous la direction de Sergueï Korolev, fondateur du programme spatial soviétique et père du *Spoutnik* ainsi que du premier missile balistique intercontinental du camp de l'Est. L'opération *Paperclip* a eu, par ailleurs, son homologue soviétique avec l'opération *Osoaviakhim*, ponctuelle celle-là : le 22 octobre 1946, le NKVD et des unités de l'Armée rouge raflent dans leur zone d'occupation des milliers de spécialistes avec leurs familles. Ce sont entre 10 000 et 15 000 personnes qui prennent ainsi, dans quatre-vingt-douze trains, le chemin de l'Union soviétique. D'assez généreux contrats sont signés et chacun convient qu'un refus « n'est pas une option réaliste ».

Table des abréviations

AFRS : *America Forces Radio Service*
ASDIC : *Allied Submarine Detection Investigation Committee* (Royal Navy)
ASW : *Anti-Submarine Warfare* (en français : ASM)
BBC : *British Broadcasting Corporation*
BUF : *British Union of Fascists*
CCS : *Combined Chiefs of Staff*
CIC : *Counter Intelligence Corps* (contre-espionnage) de l'US Army
DCA : Défense contre avion
DCO : *Directorate of Combined Operations*
DI : Division d'infanterie
FAFL : Forces aériennes françaises libres
FBI : *Federal Bureau of Investigation*
FLAK : *Fliegerabwehrkanone* (mot à mot : « canon antiaérien »)
FUSAG : *First United States Army Group*
GA : Groupe d'armées
GMC : *General Motors Corporation*
GPRF : Gouvernement provisoire de la République française
GRU : Direction générale des renseignements de l'état-major des forces armées soviétiques
HMS : *Her Majesty's Ship* ou *His Majesty's Ship*
IS : *Intelligence Service*
JIOA : *Joint Intelligence Objectives Agency*

LCVP : *Landing Craft, Vehicle and Personal*
LRDG : *Long Range Desert Group*
LRP : *Long Range Penetration*
LST : *Landing Ship, Tank*
MI5 : *Military Intelligence,* département du contre-espionnage
MI6 : *Military Intelligence,* département du renseignement
MP : *Military Police*
NASA : *National Aeronautics and Space Administration*
NID : *Naval Intelligence Division* (services secrets de la Royal Navy)
NKVD : *Narodnïï Komissariat Vnoutrennikh Diel* ou Commissariat du peuple aux Affaires intérieures
Oflag : *Offizier-Lager* (camp d'officiers)
OKW : *Oberkommando der Wehrmacht*
OSS : *Office of Strategic Services* (États-Unis)
PM : *Prime Minister* (britannique)
POW : *Prisoner of War*
RAF : *Royal Air Force*
RSHA : *Reichssicherheitshauptamt* (Office principal de la sécurité du Reich)
SAS : *Special Air Service* (R-U)
SHAEF : *Supreme Headquarters Allied Expeditionary Force*
SKL : *See Kriegs Leitung* (État-major de la Kriegsmarine)
SOE : *Special Operations Executive*
SONAR : *Sound Navigation Ranging* (US Navy)
SS : *Steam Ship*
Stalag : *Stammlager* (camp ordinaire), venant du terme *Kriegsgefangenen-Mannschafts-Stammlager* (camp ordinaire de prisonniers de guerre)
TF : *Task Force*
UFA : *Universum Film AG*
USAAF : *United States Army Air Forces*
USS : *United States Ship*

Bibliographie

L'ordre adopté est celui, croissant, de la date d'édition.

Des biplans à l'assaut de la flotte italienne

Don Newton et A. Hampshire, *La Bataille de Tarente* (traduit de l'anglais), Paris, Presses de la Cité, 1964.

Charles Lamb, *To War in a Stringbag,* London, Cassel and Co, 1977.

Thomas P. Lowry et John W.G. Wellham, *The Attack on Taranto. Blueprint for Pearl Harbor,* Mechanicsburg (PA, USA), Stackpole Books, 1995.

Jack Grun et Alessandro Massignani, *The Naval War in the Mediterranean, 1940-1943,* Newbury (UK), Chatham Publishing, 2003.

Christopher Patrick O'Connor, *Taranto : The Raid, The Observer, The Aftermath,* Indianapolis (IN, USA), Dog Ear Publishing, 2010.

B.B. Schofield, *Stringbags in action. Taranto 1940 & Bismarck 1941,* Barnsley (UK), Pen and Sword Maritime, 2011.

Angus Konstam, *Taranto 1940. The Fleet Air Arm's Precursor to Pearl Harbor,* Oxford, Osprey Publishing, 2015.

Torpilles humaines

Thomas John Waldron et James Joseph Gleeson, *The Frogmen: The story of the wartime underwater operators,* London, Evans Bros., 1950.

Serge Ouvaroff, *Torpilles humaines*, Paris, SFELT, 1951.
Prince Valerio Borghese, *Les hommes-torpilles attaquent...* (traduit de l'italien), Paris, Amiot-Dumont, 1953.
Major W. Ch. Brou, *Nageurs de combat*, Paris, Documents du Monde, 1955.
C.E.T. Warren et James Benson, *Torpilles humaines et sous-marins de poche* (traduit de l'anglais), Paris, Arthaud, 1956.
Michel Bertrand, *Commandos de la mer : sous-marins de poche, torpilles humaines, hommes-grenouilles (1940-1945)*, Paris, Éditions maritimes et d'outre-mer, 1985.
Enzo et Laurent Berrafato, *La Decima MAS. Les nageurs de combat italiens de la Grande Guerre à Mussolini*, Paris, Histoire et collections, 2001.
David Zambon, « L'Italie a-t-elle inventé les forces spéciales ? L'innovation comme arme ! », *Ligne de Front*, n° 63, septembre 2016.

Le raid de Saint-Nazaire

C.E. Lucas Phillips, *Commandos sur Saint-Nazaire* (traduit de l'anglais), Paris, Presses de la Cité, 1959.
Amiral Adolphe Lepotier, *Raids sur mer, St Nazaire-Dieppe*, Paris, France-Empire, 1960.
David Mason, *Le Raid sur Saint-Nazaire : héroïque et sanglant exploit* (traduit de l'anglais), Verviers (Belgique), Gérard et Cie, 1971.
Jon Cooksey, *Operation Chariot : The Raid on St Nazaire*, Barnsley (UK), Pen and Sword Military Books, 2005.
Ken Ford, *L'Attaque du port de Saint-Nazaire. Le raid des commandos britanniques. Mars 1942* (traduit de l'anglais), Oxford, Osprey Publishing, 2010.
Luc Braeuer et Bernard Petitjean, *Raid sur Saint-Nazaire : 28 mars 1942, opération Chariot*, Faouët (Morbihan), Liv'éditions, 2012.

Robert Lyman, *Raid sur Saint-Nazaire. L'incroyable récit d'une opération commando légendaire* (traduit de l'anglais), Ixelles éditions, 2013.

Commandos en canoës

C.E. Lucas Phillips, *Opération « coque de noix »* (traduit de l'anglais), Paris, Calmann-Lévy, 1957.
Amiral Adolphe Lepotier, *Commando dans la Gironde*, Paris, France-Empire, 1957.
Ewen Southby-Tailyour, *Blondie : A life of Lieutenant-Colonel H.G. Hasler...*, London, Leo Cooper, 1998.
Bill Sparks, *Cockleshell Commando. The Memoirs of Bill Sparks*, Barnsley (UK), Pen and Sword Military Books, 2002.
Ken Ford, *The Cockleshell Raid. Bordeaux 1942*, Oxford, Osprey Publishing, 2010.
Robert Lyman, *Opération suicide. L'incroyable récit du raid le plus audacieux de la Seconde Guerre mondiale* (traduit de l'anglais), Ixelles éditions, 2012.
Paddy Ashdown, *A Brilliant Little Operation. The Cockleshell Heroes and the Most Courageous Raid of War*, London, Aurum Press, 2013.

Wingate et les Chindits

Christopher Sykes, *Orde Wingate*, London, Collins, 1959.
Lord Moran, *Mémoires. Vingt-cinq ans aux côtés de Churchill, 1940-1965* (traduit de l'anglais), Paris, Robert Laffont, 1966.
Derek Tulloch, *Wingate in Peace and War*, London, Macdonald, 1972.
Shelford Bidwell, *The Chindit War. The Campaign in Burma, 1944*, London, Hodder & Stoughton, 1979.
Louis Allen, *Burma. The Longest War, 1941-1945*, London, JM Dent & Sons, 1984.
Terence O'Brien, *Out of the blue : A Pilot with the Chindits*, London, Collins, 1984.

Trevor Royle, *Orde Wingate, irregular soldier,* London, Weidenfeld & Nicolson, 1995.
Michel Goya, « Chindits. Des corsaires dans la jungle », *Ligne de Front,* n° 48, mars-avril 2014.

Une razzia hors de saison

Charles Cruickshank, *The German Occupation of the Channel Islands,* Oxford U. P., 1975.
Jacques Mordal, *Hold-up naval à Granville,* Saint-Malo, Éd. L'Ancre de marine, 1991.
Paul Sanders, *The British Channel Islands under German Occupation, 1940-1945,* Jersey Heritage Trust, 2005.
Jean-Charles Stasi, *Normandie, 8 mars 1945. L'incroyable raid allemand sur Granville,* Bayeux, Éd. Heimdal, 2015.

« Coup de cymbales »

Frank Wolfgang, *U-Boote contre les marines alliées* (traduit de l'allemand), Paris, Arthaud, 1956.
Léonce Peillard, *Histoire générale de la guerre sous-marine (1939-1945),* Paris, Robert Laffont, 1970.
Léonce Peillard, *La Bataille de l'Atlantique (1939-1945),* Paris, Robert Laffont, 1974.
Peter Padfield, *Dönitz et la guerre des U-Boote* (traduit de l'anglais), Paris, Pygmalion, 1986.
Michael V. Gannon, *Operation Drumbeat : The Dramatic True Story of Germany's First U-boat Attacks Along the American Coast in World War II,* New York, Harper and Row, 1990.
Clay Blair, *Hitler's U-boat War,* tome 1 : *The Hunters : 1939-1942,* New York, Modern Library, 1996.
Kenneth Wynn, *U-boat Operations of the Second World War* (2 volumes), London, Chatham, 1997 et 1998.
Étienne Sevran, *1942 : opération Paukenschlag. Les U-Boote frappent l'Amérique,* Storia-Ebooks, 2016.

« *Get Yamamoto !* »

John Deane Potter, *Yamamoto. The Man who menaced America*, New York, The Viking Press, 1965.
Burke Davis, *Get Yamamoto*, New York, Ramdom House, 1969.
Hiroyuki Agawa, *Yamamoto, amiral de la Marine impériale, chef de guerre malgré lui* (traduit du japonais), Paris, France-Empire, 1982.
Carroll V. Glines, *Attack on Yamamoto*, New York, Orion Books, 1990.
R. Cargill Hall, *Lightning over Bougainville*, Washington D.C., Smithsonian Institution Press, 1991.
Donald A. Davis, *Lightning Strike. The Secret Mission to Kill Admiral Yamamoto and Avenge Pearl Harbor*, New York, St Martin's Press, 2005.
Mark Stille, *Yamamoto Isoroku*, London, Bloomsbury Publishing, 2012.

La capture de l'*U-505*

Daniel V. Gallery, *Twenty Million Tons Under the Sea*, Annapolis (Maryland), Naval Institute Press, 1956.
Léonce Peillard, *La Bataille de l'Atlantique (1939-1945)*, Paris, Robert Laffont, 1974.
Daniel V. Gallery, *U-505*, New York, Warner Books, 1978.
Kenneth Wynn, *U-boat Operations of the Second World War* (2 volumes), London, Chatham, 1997 et 1998.
Herbert C. Gilliland et Ro Shenk, *Admiral Dan Gallery. The Life and Wit of a Navy Original*, Annapolis (Maryland), Naval Institute Press, 1999.
Theodore P. Savas, *Hunt and Kill. U-505 and the U-boat war in the Atlantic*, New York, Savas Beatie, 2004.
Hans Jacob Goebeler et John Vanzo, *Steel boat, iron hearts. A U-boat Crewman's Life Aboard U-505*, New York, Savas Beatie, 2005.

Le taureau de Scapa Flow

Frank Wolfgang, *Enemy Submarine. The Story of Günther Prien, Captain of U-47*, London, William Kimber, 1954.
Frank Wolfgang, *U-Boote contre les marines alliées* (traduit de l'allemand), Paris, Arthaud, 1956.
Karl Dönitz, *Dix ans et vingt jours* (traduit de l'allemand), Paris, Plon, 1959.
Léonce Peillard, *Histoire générale de la guerre sous-marine (1939-1945)*, Paris, Robert Laffont, 1970.
Patrick Cosgrave, *Churchill at War. Alone, 1939-1940*, London, Batsford, 1974.
Peter Padfield, *Dönitz et la guerre des U-Boote* (traduit de l'anglais), Paris, Pygmalion, 1986.
Günther Prien, *Mémoires d'un sous-marinier allemand* (traduit de l'allemand), Bayeux, Éd. Heimdal, 1997.
Angus Konstam, *U-47 in Scapa Flow. The Sinking of* HMS Royal Oak, *1939*, New York, Random House, 2015.

« ***Doolit' do it !*** »

Ted W. Lawson, *Thirty seconds over Tokyo*, New York, Random House, 1943 (réédition Mass Market Paperback, 2004).
Carroll V. Glines, *Doolittle's Tokyo Raiders*, Princeton, Van Nostrand Co, 1964.
James M. Merrill, *Target Tokyo. The Halsey-Doolittle Raid*, Chicago, Rand McNally, 1964.
Carroll V. Glines, *The Doolittle Raid. America's Daring First Strike Against Japan*, New York, Orion Books, 1988.
James H. Doolittle et Carroll V. Glines, *I Could Never Be So Lucky Again. An Autobiography*, New York, Bantam Books, 1991.
Craig Nelson, *The First Heroes. The Extraordinary Story of the Doolittle Raid. America's First World War II Victory*, London, Penguin Press, 2002.

Clayton K.S. Chun, *The Doolittle Raid 1942. America's First Strike Back at Japan*, Oxford, Osprey, 2006.
Michel Viotte, *La Guerre d'Hollywood, 1939-1945*, Paris, Éditions de La Martinière, 2013.
(Richard Dick Cole), « J'ai bombardé Tokyo aux côtés de Doolittle ! », *Guerres et Histoire*, n° 16 (décembre 2013).
James M. Scott, *Target Tokyo. Jimmy Doolittle and the Raid That Avenged Pearl Harbor*, New York, W.W. Norton, 2016.

Hitler veut semer la terreur en Amérique

Eugene Rachlis, *They Came to Kill. The Story of Eight Nazi Saboteurs in America*, New York, Random House, 1961.
Joseph E. Persico, *Roosevelt Secret War. FDR and World War II Espionage*, New York, Random House, 2001.
Alex Abella et Scott Gordon, *Shadow Enemies. Hitler's Secret Terrorist Plot against the United States*, Guilford (USA) Lyons Press, 2003.
Michael Dobbs, *Saboteurs. The Nazi Raid on America*, New York, Knopf, 2004.
François Kersaudy et Yannis Kadari, « Raser l'Amérique ! », in *Tous les secrets du IIIe Reich*, Paris, Perrin, 2017.
www.fbi.gov/Famous *Cases and Criminals/Georg John Dash and the Nazi Saboteurs.*

Le traître de Stuttgart, lord Haw Haw et Rose de Tokyo

– Le traître de Stuttgart

Maurice Garçon (dir.), *Les Procès de la radio : Ferdonnet et Jean Hérold-Paquis – compte-rendu sténographique*, Paris, Albin Michel, 1947.
Pierre Assouline, *L'Épuration des intellectuels*, Paris, Éditions Complexe, 1996.

Laurent Joly, *Les Collabos : treize portraits d'après les archives des services secrets de Vichy, des RG et de l'Épuration*, Paris, Éd. Les Échappés, 2011.

– Lord Haw Haw

John Alfred Cole, *Lord Haw Haw and William Joyce. The Full Story*, London, Faber & Faber, 1964.

Donald Thomas, *Hitler's Englishman. The Crime of « Lord Haw Haw »*, London, Penguin, 1987.

Peter Martland, *Lord Haw Haw. The English voice of Nazi Germany*, Surrey (UK), National Archives, 2003.

Mary Kenny, *Germany calling. A Personal Biography of William Joyce*, Dublin, New Island Books, 2003.

Nigel Farndale, *Haw Haw. The Tragedy of William and Margaret Joyce*, London, Macmillan, 2005.

– Rose de Tokyo

Masayo Duus, *Tokyo Rose, Orphan of the Pacific* (traduit du japonais), New York, Kodansha International, 1979.

Russel Warren Howe, *The Hunt for « Tokyo Rose »*, London, Madison Books, 1990.

Yasuhide Kawashima, *The Tokyo Rose* Case. *Treason and Trial*, Lawrence (KS), University Press of Kansas, 2013.

L'odyssée de l'*Atlantis*

Ulrich Mohr, *Atlantis. The Story of a German Surface Raider*, London, W. Laurie, 1955.

David Woodward, *Les Embusqués du large* (The Secret Raiders) (traduit de l'anglais), Paris, Flammarion, 1957.

Edwin Palmer Hoyt, *Le « Raider 16 »* (traduit de l'anglais), Paris, Éditions maritimes d'Outre-Mer, 1971.

Léonce Peillard, *La Bataille de l'Atlantique (1939-1945)*, Paris, Robert Laffont, 1974.

August Karl Muggenthaler, *German Raiders of World War II*, Upper Saddle River (NJ, USA), Prentice Hall, 1977.

Bernhard Rogge et Wolfgang Frank, *The German Raider* Atlantis, New York, Bantam (Random), 1979.

Paul Schmalenbach, *German Raiders. A history of auxiliary cruisers of the German Navy, 1895-1945*, Annapolis (Maryland, USA), US Naval Institute Press, 1979.

Joseph P. Slavick, *The Cruise of the German Raider* Atlantis, Annapolis (Maryland, USA), US Naval Institute Press, 2003.

Cadavre menteur

Ewan Montagu, *L'homme qui n'existait pas* (traduit de l'anglais), Paris, Julliard, 1954.

Denis Smyth, *Deathly Deception. The Real Story of Operation Mincemeat*, London, Oxford University Press, 2010.

Ben Macintyre, *Operation Mincemeat* (traduit de l'anglais), Ixelles, 2011.

www.bbc.com/news magazine/*operation Mincemeat : How a dead tramp fooled Hitler*.

La *maskirovka*

Kenneth C. Keating (Major), *Maskirovka, the Soviet System of Camouflage*, article en ligne de US Army Russian Institute, 1981.

David M. Glantz, *Soviet Military Deception in the Second World War*, London, Frank Cass, 1989.

David M. Glantz et Jonathan M. House, *The Battle of Kursk*, Lawrence (KS, USA), University Press of Kansas, 1999.

Jean Lopez, *Koursk. Les quarante jours qui ont ruiné la Wehrmacht*, Paris, Economica, 2008.

Lloyd Clark, *Kursk, The Greatest Battle. Eastern Front 1943*, London, Headline, 2011.

Alexandre Thers, « Koursk : pourquoi les Allemands ont-ils perdu ? », *Ligne de Front*, n° 37, juillet-août 2012.

Nicolas Pontic, *Koursk : Staline défie Hitler*, Paris, Tallandier, 2015.

Rupert, le *paradummy*

Anthony Cave Brown, *Bodyguard of Lies*, New York, Harper & Row, 1975.
Gilbert Bloch, *Renseignement et intoxication durant la Seconde Guerre mondiale. L'exemple du Débarquement*, Paris, L'Harmattan, 1999.
Roger Hesketh, *Fortitude. The D. Day Deception Campaign*, London, St Ermin's, 1999.
Thaddeus Holt, *The Deceivers. Allied Military Deception in the Second World War*, New York, Scribner, 2004.
Mary Barbier, *D. Day Deception. Operation Fortitude and the Normandy invasion*, Westport (Connecticut), Greenwood Publishing Group, 2007.
Joshua Levine, *Operation Fortitude. The True Story of the Key Spy Operation of WWII that Saved D. Day*, London, Collins, 2011.
Bob Maloubier, *Les Secrets du Jour J. – Opération Fortitude – Churchill mystifie Hitler*, Paris, Éd. de La Boétie, 2014.

Les GI de Skorzeny

Major Milton Schulman, *La Défaite allemande à l'ouest* (traduit de l'anglais), Paris, Payot, 1948.
Otto Skorzeny, *Missions secrètes* (traduit de l'allemand), Paris, Flammarion, 1950.
Otto Skorzeny, *Les Commandos du Reich* (traduit de l'allemand), Saint-Just, 1965.
Otto Skorzeny, *La Guerre inconnue* (traduit de l'allemand), Paris, Albin Michel, 1975.
Charles B. MacDonald, *A Time for Trumpets. The Untold Story of the Battle of the Bulge*, New York, Bantam Books, 1984.
Jean-Paul Pallud, *Ardennes 1944. Peiper and Skorzeny*, London, Osprey Publishing, 1987.

Henri Bernard et Roger Gheysens, *La Bataille d'Ardenne. L'ultime* Blitzkrieg *de Hitler*, Paris-Louvain-la-Neuve, Bibliothèque d'histoire Duculot, 1990.

Patrick Rouveirol, « Skorzeny, l'homme le plus dangereux d'Europe ? », *Ligne de Front*, n° 17, mai-juin 2009.

Yann Mahé, « Les imposteurs de Skorzeny », *Batailles et Blindés*, n° 38, août-septembre 2010.

Glenn B. Infield, *Skorzeny. Chef des commandos de Hitler* (traduit de l'américain), Paris, Pygmalion, 1984 ; Paris, Perrin, « Tempus », 2012.

Guillaume Piketty, *La Bataille des Ardennes, 16 décembre 1944-31 janvier 1945*, Paris, Tallandier, 2013.

Yann Mahé, « Le baroud d'honneur des commandos allemands », *Ligne de Front*, HS n° 28, juillet-août 2016.

Opérations *Jonquille, Perce-neige, Jacinthe* et *Tulipe*

W.B. Kennedy Shaw, *Patrouilles du désert* (traduit de l'anglais), Paris, Berger-Levrault, 1948.

Arthur Swinson, *Les* Raiders, *patrouilleurs du désert* (traduit de l'anglais), Paris, Marabout, 1971.

John W. Gordon, *The Other Desert War. British Special Forces in North Africa, 1940-1943*, London, Greenwood, 1987.

Gordon Landsborough, *Tobruk Commando. The raid to destroy Rommel's base*, London, Presidio Press, 1989.

David Lloyd Owen, *The Long Range Desert Group, 1940-1945*, Barnsley (UK), Pen and Sword Military Books, 2001.

Malcolm James Pleydell, *Born of the Desert. With the SAS in North Africa*, London, Greenhill Books, 2001.

Christophe Prime, *Les Commandos SAS dans la Seconde Guerre mondiale*, Paris, Tallandier 2013.

Gavin Mortimer, *The SAS in World War II*, Oxford, Osprey Publishing, 2015.

Gavin Mortimer, *The Long Range Desert Group in World War II*, Oxford, Osprey Publishing, 2017.

Ben Macintyre, *SAS. Rogue Heroes*, New York, Viking Press, 2017.

La tragédie du convoi PQ 17

Donald Moore, *Le Convoi de la mauvaise chance* (traduit de l'anglais), Paris, France-Empire, 1958.
B.B. Schofield, *Les Convois de Russie* (traduit de l'anglais), Paris, Presses de la Cité, 1965.
Günter Karweina, *La Tragédie du PQ 17* (traduit de l'allemand), Paris, France-Empire, 1965.
Philippe Masson, « Convois de l'Arctique », dans *Dictionnaire de la Seconde Guerre mondiale*, Paris, Larousse, 1979.
Jean-Jacques Antier, *La Bataille des convois de Mourmansk, 1941-1945*, Paris, Presses de la Cité, 1981.
David Irving, *The Destruction of convoy PQ 17*, New York, St Martin's Press, 1989.
Bernard Edwards, *The Road to Russia. Artic Convoys, 1942*, Barnsley (UK), Pen and Sword Military Books, 2002.
Richard G. Walling, *Forgotten Sacrifice. The Arctic Convoys of World War II*, Oxford, Osprey Publishing, 2016.
Richard Woodman, *Arctic Convoys, 1941-1945*, Barnsley (UK), Pen and Sword Military Books, 2007.
Paul Lund et Harry Ludlam, *I was there on PQ 17. The Convoy to Hell*, Marlow (UK), W. Foulsham and Co.

Les paras soviétiques sautent sur Boukrine

David M. Glantz, *The Soviet Airborne Experience*, Combat Studies Institute, US Army (Command and General Staff College), 1984.
David M. Glantz, *A History of Soviet Airborne Forces*, London, F. Cass, 1994.
Jean Lopez, *Le Chaudron de Tcherkassy-Korsun et la bataille pour le Dniepr (septembre 1943-février 1944)*, Paris, Economica, 2011.

Jean Lopez, « Les paras rouges, le fiasco d'une avant-garde », *Guerres et Histoire*, n° 3, septembre 2011.

Marc DeVore, « Opérations aéroportées : la grande illusion », *Guerres et Histoire*, n° 3, septembre 2011.

Paul Villatoux, « Les parachutistes soviétiques, des origines à 1945 », *Ligne de Front*, HS n° 15, avril-mai 2012.

La grande évasion

Paul Brickhill, *The Great Escape*, London, Readers Union – Faber and Faber, 1952.

Sydney Smith, *« Wings » Day. The Man who Led the RAF's Epic Battle in German Captivity*, London, Collins, 1968.

Arthur A. Durand, *Stalag Luft III. The Secret Story*, Baton Rouge (USA), Louisiana State University Press, 1988.

Tim Carroll, *The Great Escape from Stalag Luft III*, New York, Gallery Books, 2005.

Simon Read, *Human Game. The True Story of the « Great Escape » Murders and the Hunt of the Gestapo Gunmen*, New York, Dutton Caliber (Penguin Random House), 2013.

Simon Pearson, *The Great Escaper. The Life and Death of Roger Bushell*, London, Hodder & Stoughton, 2014.

John Grehan, *Stalag Luft III. An Official History of the POW Camp of the Great Escape*, Annapolis (Maryland), US Naval Institute Press, 2017.

L'hallali du *Tirpitz*

Léonce Peillard, *Coulez le* Tirpitz *!*, Paris, Robert Laffont, 1965.

David Brown, Tirpitz, *the floating fortress*, Annapolis (Maryland), US Naval Institute Press, 1977.

Ludovic Kennedy, *Menace, Life and Death of the* Tirpitz, London, Sidgwick & Jackson, 1979.

Jean Trogoff, *Le Destin sans gloire du cuirassé* Tirpitz, Rennes, Éd. Ouest-France/Pen-duick, 1989.

John Sweetman, Tirpitz : *Hunting the Beast. Air Attacks on the German Battleship, 1940-1944*, Annapolis (Maryland), US Naval Institute Press, 2000.

Niklas Zertterling et Michael Tamelander, Tirpitz. *The Life and Death of Germany's Last Super Battleship*, Havertown (PA), Casemate Publishers, 2010.

Patrick Bishop, *Target* Tirpitz, London, Harper Press, 2012.

G.H. Bennett, *Hunting* Tirpitz. *Royal Naval Operations against Bismarck's Sister Ship*, Plymouth, University of Plymouth Press, 2012.

David contre Goliath

C. Vann Woodward, *The Battle for Leyte Gulf*, New York, Macmillan, 1947.

James A. Field Jr, *La Bataille de Leyte. Destruction de la flotte japonaise dans le Pacifique (21-26 octobre 1944)* (traduit de l'américain), Paris, Payot, 1949.

Masanori Ito, *The End of the Imperial Japanese Navy*, New York, Jove, 1956.

Samuel Eliot Morison, *Les Grandes Batailles navales du Pacifique, 1941-1945*. III : *La Bataille de la mer des Philippines* (traduit de l'américain), Paris, Payot, 1959.

André Thomas, *Leyte, 1944. La reconquête des Philippines et la fin de la marine japonaise*, Socomer éditions, 1994.

Thomas J. Cutler, *The Battle of Leyte Gulf*, New York, Harper Collins, 1994.

Bernard Millot, *La Bataille aéronavale de Leyte. La reconquête des Philippines, 1944-1945*, Éditions Larivière, 1996.

Bernard Ireland, *Leyte Gulf 1944. The World's Greatest Sea Battle*, Oxford, Osprey Publishing, 2006.

John Prados, *Storm over Leyte. The Philippine Invasion and the Destruction of the Japanese Navy*, New York, Dutton Caliber (Penguin Random House), 2016.

Sonderkommando Elbe

Uwe Fiest, *The Fighting Me-109*, London, Arms and Armour Press, 1988.

Alfred Price, *The Last Year of the Luftwaffe, May 1944 to May 1945*, London, Arms and Armour Press, 1991.

Hajo Herrmann, *Eagle's Wings. The Autobiography of a Luftwaffe Pilot* (traduit de l'allemand), London, Guild Publishing, 1991.

Paul L. Adams et William H. Andrews, *Heavy Bombers of the Mighty Eighth*, Pooler (GA, USA), National Museum of the Mighty Eight Air Force Foundation, 1995.

Adrian Weir, *The Last Flight of the Luftwaffe. The Fate of Schulungslehrgang Elbe, 7 April 1945*, London, Arms and Armour Press, 1997.

Martin Bowman, *The Mighty Eight at War. USAAF 8th Air Force Bombers versus the Luftwaffe, 1943-1945*, Barnsley (UK), Pen and Sword Military Books, 2010.

Le suicide du _Yamato_

Paul S. Dull, *A Battle History of the Imperial Japanese Navy (1941-1945)*, Annapolis (Maryland, USA), US Naval Institute Press, 1978.

Russell Spurr, *A Glorious Way to Die. The Kamikaze Mission of the Battleship* Yamato, New York, Newmarket Press, 1981.

Mitsuru Yoshida, *Requiem for Battleship* Yamato (traduit du japonais), Seattle (USA), University of Washington Press, 1985.

Janusz Skulski, *The Battleship* Yamato *(Anatomy of the Ship)*, Annapolis (Maryland, USA), US Naval Institute Press, 1988.

Edward Albert Sieber, « Dans un cône de feu, je pique à 90° sur le *Yamato* », *Guerres et Histoire*, n° 23, février 2015.

Marc Stille, *The Imperial Japanese Navy in the Pacific War*, Oxford, Osprey Publishing, 2014.

Nicolas Bernard, *La Guerre du Pacifique, 1941-1945*, Paris, Tallandier, 2016.

« Ils sont fous, ces Anglais ! »

Britain's Anthrax Island, BBC News, 25-07-2001.
Living with Anthrax Island, BBC News, 08-11-2001.
Domagoj Valjak, *Operation* Vegetarian *: in 1942, the British planning of killing millions of Germans by dropping anthrax onto their pastures*, The Vintage News site, 10 janvier 2018.

David Lampe, *Pyke. The Unknown Genius*, London, Evans Brothers, 1959.
Max Perutz, *La Science comme aventure humaine* (traduit de l'anglais), Paris, Odile Jacob, 2000.
Alan Francis Brooke, *War Diaries, 1939-1945*, Berkeley, University of California Press, 2001.
Laurent Pericone, « Projet Habbakuk : l'épopée du porte-avions de glace », *Guerres et Histoire*, octobre 2013.
Jean-Charles Foucrier, *La Guerre des scientifiques, 1939-1945*, Perrin, 2019.

Fausse monnaie

Adolf Burger, *The Devil's Workshop. A Memoir of the Nazi Counterfeiting Operation*, London, Frontline Books, 2009 (1re édition en 1983).
Bryan Burke, *Nazi Counterfeiting of British Currency during World War II : Operation Andrew and Operation Bernhard*, San Bernardino (CA, USA), Book Shop, 1988.
Kevin C. Ruffner, « On the Trail of Nazi Counterfeiters », *Studies in Intelligence*, CIA, 2002.
Arturo L. Delgado, *Counterfeit Reich. Hitler's Secret Swindle*, Frederick (MD, USA), PublishAmerica, 2006.

Lawrence Malkin, *Krueger's Men. The Secret Nazi Counterfeit Plot and the Prisoners of Block 19*, New York, Little, Brown and Company, 2008.

Ballons-bombes et bombes chauves-souris

Robert C. Mikesh, *Japan's World War II Balloon Attacks on North America*, Washington DC, Smithsonian Institution Scholarly Press, 1973.

Ross Coen, *Fu-Go. The Curious History of Japan's Balloon Bomb Attack on America*, Lincoln (NE, USA), University of Nebraska Press, 2014.

Robert C. Mikesh (adaptation Christian-Jacques Ehrengardt), « L'attaque des Mongols fiers. L'offensive stratégique japonaise contre les États-Unis », *Aero Journal*, n° 44 (déc. 2014-janv. 2015).

Tanaka Tetsuko, « La fabrication des ballons-bombes », *in* Haruko Taya Cook et Theodore F. Cook, *Le Japon en guerre, 1931-1945* (traduit de l'américain), Paris, Éd. de Fallois, 2015.

Carroll V. Glines, « The Bat Bombers », *Air Force Magazine* (US), octobre 1990.

Jack Couffer, *Bat Bomb. World War II's Other Secret Weapon*, Austin (TX, USA), University of Texas Press, 1992.

Alexandre Thers, « L'opération X-Ray », *Ligne de Front*, n° 45, sept.-oct. 2013.

James J. Halley, « Operation Outward », *Aviation News Magazine* (UK), 31 oct.-13 nov. 1986.

Raoul E. Drapeau, *Operation Outward. Britain's World War II offensive balloons*, http://sites.ieee.org/ny-monitor/files/2011/09/OPERATION-OUTWARD.pdf

Michael R.D. Foot, *Des Anglais dans la Résistance. Le service secret britannique d'action (SOE) en France, 1940-1944* (traduit de l'anglais), Paris, Tallandier, 2011.

High-value targets

Callum MacDonald, *The Killing of Reinhard Heydrich. The SS « Butcher of Prague »*, New York, Da Capo Press, 1989.
Ray R. Cowdery et Peter Vodenka, *Reinhard Heydrich. Assassination*, Lakeville (MN, USA), Victory WW2 Publishing, 1994.
Max Williams, *Reinhard Heydrich. The Biography*, vol. 2 : *Enigma*, Church Stretton (UK), Ulrich Publishing, 2003.

Michael Asher, *Get Rommel. The British Plot to Kill Hitler's Greatest General*, London, Orion Books, 2004.
Christophe Prime, *Les Commandos SAS dans la Seconde Guerre mondiale*, Paris, Tallandier, 2013.

Faut-il tuer Hitler ?, Éd. Italiques, 1998 (fac-similé de la traduction française du rapport Foxley du SOE publié par *Public Record Office*).
Roger Moorhouse, *Killing Hitler*, New York, Bantam Books, 2006.
Alexandre Thers, « Assassiner Hitler. Opération Foxley », *Ligne de Front*, n° 35, mars-avril 2012.
Thierry Lentz, *Le Diable sur la montagne. Hitler au Berghof, 1922-1944*, Paris, Perrin, 2017.

Otto Skorzeny, *La Guerre inconnue* (traduit de l'allemand), Paris, Albin Michel, 1975.
Dwight William Tuttle, *Harry L. Hopkins and Anglo-American-Sovietic Relations, 1941-1945*, Leiden (NL), Taylor & Francis, 1983.

Keith Eubank, *Summit at Teheran*, New York, William Morrow publishing, 1985.

Peter Wilhelm Stahl, *Commandos secrets. La vérité sur KG 200* (traduit de l'allemand), Paris, Albin Michel, 1983.
Christian-Jacques Ehrengardt, « Kampfgeschwader 200. L'escadre secrète du IIIe Reich », *Aéro Journal*, n° 41, juin-juillet 2014.
Geoffrey J. Thomas et Barry Ketley, *Luftwaffe KG 200. The German Air Force's Most Secret Unit of World War II*, Mechanicsburg (PA, USA), Stackpole Books, 2015.

Franz Kurowski, *The Brandenburger Commandos. Germany's Elite Warrior Spies in WW2*, Mechanicsburg (PA, USA), Stackpole Books, 1997.
David Greentree, *Knigh's Move. The Hunt for Marshal Tito, 1944*, Oxford, Osprey Publishing, 2012.
Yann Mahé, « Les commandos du Reich », *Ligne de Front*, HS n° 28, juillet-août 2016.

Hanna Reitsch au *Führerbunker*

Hanna Reitsch, *Aventures en plein ciel* (traduit de l'allemand), Paris-Genève, La Palatine, 1952.
Hanna Reitsch, *Flying is my Life* (traduit de l'allemand), New York, G.P. Putnam's Sons, 1954.
Earl F. Ziemke, *Battle for Berlin. End of the Third Reich*, New York, Ballantine Books, 1969.
Judy Lomax, *Hanna Reitsch. Flying for the Fatherland*, London, John Murray Publishers, 1988.
Joachim Fest, *Les Derniers Jours de Hitler* (traduit de l'allemand), Paris, Perrin, 2002.
Antony Beevor, *La Chute de Berlin* (traduit de l'anglais), Paris, Éd. de Fallois, 2002.

Rochus Misch, *J'étais le garde du corps d'Hitler, 1940-1945* (traduit de l'allemand), Paris, Le Cherche-Midi, 2006.
Bernhard Rieger, « Hanna Reitsch (1912-1979). The Global Career of a Nazi Celebrity », *German History*, Oxford U.P., 2008.
Sophie Jackson, *Hitler's Heroine. Hanna Reitsch*, Stroud (UK), The History Press, 2014.
Clare Mulley, *The Women who Flew for Hitler*, New York, St Martin's Press, 2017.

L'escamotage des savants nazis

Bernd Ruland, *Wernher von Braun* (traduit de l'allemand), Paris, Tallandier, 1970.
Clarence G. Lasby, *Project Paperclip. German Scientists and the Cold War*, New York, Atheneum, 1975.
Linda Hunt, *L'Affaire Paperclip. La récupération des scientifiques nazis par les Américains, 1945-1990* (traduit de l'américain), Paris, Stock, 1995.
Norman M. Naimark, *The Russians in Germany. A history of the Soviet Zone of occupation, 1945-1949*, Cambridge (Mass., USA), Belknap Press of th Harvard U.P., 1995.
Xavier Traco, « Opération *Paperclip* ou comment les Américains ont recyclé les cerveaux nazis ! », *Ligne de Front*, n° 25, sept.-oct. 2010.
Annie Jacobsen, *Operation Paperclip. The Secret Intelligence Program that Brought Nazi Scientists to America*, New York, Little, Brown and Company, 2014.

Table

RUSE

INCONSÉQUENCE

PERSÉVÉRANCE

SACRIFICE

IMAGINATION

RAISON D'ÉTAT

Du même auteur (*suite*)

Le Petit Livre de la Seconde Guerre mondiale, First, 2010.
Le Petit Livre de l'histoire du XXe siècle, First, 2010.
Images de la folie, Gallimard, 2010.
Le Canapé de Beria, J.-C. Lattès, 2011.
Les Lettres de cachet. Une légende noire, Perrin, 2011.
Dictionnaire du Débarquement (direction et corédaction), Éditions Ouest-France, 2011.
Murs. Une autre histoire des hommes, Perrin, 2012 ; coll. « Tempus » (*Histoire des murs*), 2014.
Petit dictionnaire des inconnus célèbres, First/Historia, 2013.
La Bastille dévoilée par ses archives, Omnibus, 2013.
Le Mythe du 14 Juillet ou la Méprise de la Bastille, J.-C. Lattès, 2013.
Crèches de Noël du monde entier, Éditions Ouest-France, 2013.
Le Débarquement pour les Nuls, First, 2014 ; nouvelle édition entièrement revue sous le titre : *Tout sur le Débarquement*, OREP, 2019.
Enfants de dictateurs (codirection avec Jean-Christophe Brisard), First Histoire, 2014.
L'Effrayant Docteur Petiot : fou ou coupable ?, Perrin, 2014 ; Points Crime, 2015.
La Seconde Guerre mondiale, Perrin, 2015 ; coll. « Tempus », 2018.
Le Chien des Boches, Albin Michel, 2016.
Une journée avec (codirection avec Franz-Olivier Giesbert et corédaction), Perrin/Le Point, 2016.
Une journée particulière (codirection avec Franz-Olivier Giesbert et corédaction), Perrin/Le Point, 2017.
Tout sur Mein Kampf, Perrin, 2017 ; coll. « Tempus », 2019.
Histoire de la France en 365 dates (en collaboration avec Isabelle Dumielle), Perrin, 2018.
Crois ou meurs ! Histoire incorrecte de la Révolution française, Tallandier/Perrin, 2019.